101가지
묵주기도
이야기

101 INSPIRATIONAL STORIES OF THE ROSARY

Sister Patricia Proctor, OSC

Copyright © 2003 by Franciscan Monastery of Saint Clare, Spokane, Washington
Korean translation copyright © 2009 by ST PAULS, Seoul, Korea

101가지 묵주기도 이야기

초판 발행일 2009. 9. 23
1판 8쇄 2021. 7. 28

엮은이 파트리시아 프락터 수녀
옮긴이 장말희
펴낸이 서영주
총편집 황인수
편집 김지영　**디자인** 박지현
제작 김안순　**마케팅** 서영주　**인쇄** 세진디피에스

펴낸곳 성바오로
출판등록 7-93호 1992. 10. 6
주소 서울특별시 강북구 오현로7길 20(미아동)
취급처 성바오로보급소　**전화** 944-8300, 986-1361
팩스 986-1365　**통신판매** 945-2972
E-mail bookclub@paolo.net
인터넷 서점 www.**paolo**.kr
www.facebook.com/**stpaulskr**

값 13,000원
ISBN 978-89-8015-723-5
교회인가 2009. 8. 4　**SSP** 883

성경 ⓒ 한국천주교중앙협의회, 2021.

이 도서의 국립중앙도서관 출판시도서목록(CIP)은 e-CIP홈페이지(http://www.nl.go.kr/ecip)와 국가자료공동목록시스템(http://www.nl.go.kr/kolisnet)에서 이용하실 수 있습니다.(CIP제어번호 : CIP2009002823)

이 책은 저작권법의 보호를 받으므로 무단전재와 무단복제를 금합니다.
이 책 내용의 전부 또는 일부를 재사용하려면 반드시 저작권자와 성바오로출판사의 동의를 얻어야 합니다.

101가지 묵주기도 이야기

파트리시아 프락터 수녀 엮음
장말희 옮김

§ 아베 마리아 §

삶에서 만났던 수많은 문제와 어려움 속에서 묵주기도를 바치며
그 응답을 받은 모든 그리스도인들이 보내 준 도움에 감사하며 이 책을 바칩니다.

감
사
의
　
기
도
를
　
드
리
며

　　　　　　　　저는 평스 책을 읽을 때 저자의 감사를 전하는 이 부분
은 거의 읽지 않습니다. 그렇기에 독자 여러분이 이 부분을 읽지 않고
책장을 넘기는 심정을 이해합니다. 그러나 이 책은 너무나도 많은 사
람들의 고백을 모아 실은 것이기에 이 지면을 빌려서 세상에서 가장
큰 글자로 "감사합니다!"라는 말씀을 드려야 한다고 느꼈습니다.
　　제일 먼저 성모님께 가장 깊이 감사 인사를 드립니다. 성모님께서
는 이 작업을 통해 저에게 큰 기쁨을 주셨습니다. 많은 도움과 협력을
받으면서 성모님께서 전부 알아서 해 주신다는 것을 알았고 저는 그저
뒷자리에 앉아 여행을 즐기기만 했습니다.
　　두 번째로 요한 바오로 2세 교황님께 감사합니다. 묵주기도를 권장
하신 교황님께서는 이 세상을 가장 위대한 선물로 가득 채워 주셨습니

다. 전 세계가 이토록 선하시고 덕이 높으신 교황님을 모실 수 있게 된 것은 큰 축복임에 틀림없습니다.

다음으로 저와 함께 지내는 공동체의 특별하고 멋진 자매들을 언급해야겠습니다. 겨우 일곱 명이 함께 생활하고 있지만 이 작업을 함께하면서 서로를 완벽하게 도왔기 때문에 우리보다 서너 배 많은 수의 인원이 할 수 있는 일을 해낼 수 있었습니다.

이제 더 넓은 감사의 물결 속으로 들어가야겠습니다. 맨 먼저 '묵주기도 부대部隊'에 깊은 감사의 말씀을 전하고 싶습니다. 그분들은 이 작업을 묵주의 바다 위로 띄워 준 훌륭한 친구들입니다. 이 작업은 처음부터 끝까지 기도로 이루어졌습니다. 웹 사이트에는 19,000단이 넘는 기도가 올라왔지만 저는 그보다 더 많은 기도가 바쳐졌고 앞으로도 바쳐질 것을 알고 있습니다. 여러분 모두에게 깊이 감사 인사를 드립니다. 하늘나라에서 우리 모두는 다시 만나, 서로를 만나게 해 주신 하느님의 찬미 노래를 부를 것입니다.

처음 이 작업을 시작하면서 이 책을 출간해 줄 출판사를 찾을 수 있기를 바랐습니다. 가톨릭서적 출판사인 '세인트 앤서니 메신저 출판사'의 프란치스코회 형제들과 'Our Sunday Visitor'에서 일하는 분들에게 연락을 취했습니다. 그분들 모두 이 책을 출간하는 데 큰 관심을 갖고 있었지만, 2004년 이전에 출간하기는 어려운 상황이었습니다. 저는 이 책이 2003년 '묵주기도의 해'에 출간되기를 간절히 바라고 있었습니다. 그래서 동화의 빨간 암탉처럼 '좋아. 그렇다면 우리가 직접 해 보자!' 하고 마음먹었습니다. 저는 '무식해서 용감한 은총'을 받은 덕분에 출판에 대해 아무것도 모르면서도 아무런 걱정도 하지 않았습니다. 동료 수녀님들의 조언으로 '출판' 관련 책을 몇 권 구입해서 우리는 일에 착수했습니다.

그 책들을 읽으면 읽을수록 해야 할 일이 얼마나 많은지를 알게 되었습니다. 그것은 코끼리 한 마리를 산꼭대기로 데려가고 싶어 했던 어느 남자의 이야기와 같았습니다. 그는 코끼리를 앞에서 끌고 뒤에서 밀면서 천신만고 끝에 산꼭대기로 데려갈 수 있었습니다. 산꼭대기에서 뿌듯한 심정으로 이마의 땀을 닦으면서 자기가 올라온 산 아래를 굽어보았습니다. 그런데 그곳에는 그를 애타게 기다리는 백 마리가 넘는 코끼리가 있었습니다.

저는 그때 기도가 얼마나 큰 힘을 주는지 진정으로 느낄 수 있었습니다. 이 작업이 실패할 것이라는 생각은 한 번도 하지 않았습니다. 때로 제 건강이 걱정스러운 순간이 있기는 했지만 잠을 잘 자고 나면 그런 생각은 금세 사라져 버렸습니다. 이 작업을 하면서 제 마음을 설레게 했던 것은 많은 분들이 보내 주신 아름답고 감동적인 이야기였습니다. 이야기 한 편 한 편이 제게 경외심을 갖게 했습니다. 저는 동료 수녀님들에게 그 많은 이야기들은 성모님께서 제 치마폭에 떨어뜨려 주시는 아름답고 귀한 다이아몬드와 같다고 말했습니다. 성모님께서 이 이야기를 모든 사람들에게 들려주기를 원하셨기에 이 책이 세상에 나오도록 그분께서 도와주시리라는 것을 잘 알았습니다. 그리스도인은 물론 비그리스도인들까지도 묵주기도를 통해 받은 선물은 참으로 놀라웠습니다.

원고가 계속 들어오는 가운데 마음씨 좋은 친구들이 크고 작은 기부금을 보내 주어 이 성모님의 책을 만드는 데 필요한 비용을 충당할 수 있었습니다. 그분들의 도움으로 저희 앞에 놓인 일을 모두 잘 해낼 수 있었습니다. 감사합니다. 감사합니다. 정말 감사합니다.

이제 마지막으로 이 책을 아주 특별하게 만들어 주신 특별한 분들을 언급해야 하겠습니다. 멋진 편집자 캐시 펠티, 앤 마리 릴리스, 닉 엘프링크, 그리고 '성녀 클라라의 가난한 자매 수도회'의 마시아 캐이라코르 수녀님, 레이아웃을 맡아 주신 대일 덩컨, 표지를 디자인해 주신 마이크 콕스, 정말 많은 도움을 주신 바브 라이스, 색인을 담당해 주신 신시아 랜딘, 묵주기도의 역사를 집필해 주신 리차드 그리블 신부님, 신비를 설명해 주신 리차드 프라고메니 신부님, 세스 머리와 웹상의 도움을 주신 코니 올슨. 이 책은 이 모든 분들의 손을 통해, 많은 기도와 소중한 친구들의 도움을 받은 결과물입니다. 감사합니다!

차례

| 감사의 기도를 드리며
| 추천사
| 일러두기
| 서론

무사히 돌아오기를 빌며 | 25
묵주기도와 졸업 시험 | 26
자수정 묵주 | 26
묵주, 그리고 웃음 | 29
제일 친한 친구 | 30
해산 임박! | 32
묵주기도가 무사히 돌아오게
해 줄 거야 | 36
묵주기도의 힘 | 38
묵주기도 치유 | 38
아버지의 뜻이 이루어지게 하소서 | 40
성모님 손에서 안전하게 | 43
가망이 없습니다 | 45
깜빡이는 노란 신호등 | 46
개종한 신자를 사랑하시는 성모님 | 50
성모님에 대한 기억 | 53
여섯 번의 심장마비 | 54

묵주를 만들어라! | 55
우리 아버지 | 58
구름 위에서 기도하다 | 60
다 잘 될 거야 | 62
그는 자신이 유죄라고 진술했습니다 | 64
사랑의 표시 | 73
모든 사람을 위한 묵주기도 | 75
묵주기도의 비결 | 77
기도해야만 했어요 | 80
오토바이 사고 | 82
묵주기도 웹 사이트 | 83
캐시의 심장마비 | 85
9일 기도의 치유 | 87
언덕을 올라가다 | 89
묵주기도로 하나 되어 | 90
교황님을 위해 햇살이 빛나다 | 94
무지갯빛 묵주 | 95
꾸지람 | 97
쿠웨이트의 성모님 | 98
성모님의 방문 | 99
강력한 기도 | 100
묵주기도와 대형 컨테이너 트럭 | 102

기도하는 방법을 알고 있지 않느냐 │ 106	함께 기도하는 가족 │ 149
묵주를 주다 │ 107	성모님께서 내 손을 잡아 주실 때 │ 150
묵주 선물 │ 109	빈말을 되풀이하다 │ 154
목숨을 살려 주시다 │ 112	묵주는 끊어지지 않았다 │ 158
믿음을 갖게 되었어요 │ 114	천사 정비사 │ 161
성모님의 보호 아래 │ 115	성모님, 감사합니다 │ 162
기적의 석탄 배달 │ 117	묵주를 품고 주님 곁으로 │ 165
특별한 이름 │ 119	공중 폭발 │ 168
어린 신부의 기도 │ 121	니콜라스가 숨을 쉬지 않아요 │ 169
마술에서 풀려나다 │ 125	생명의 선물 │ 172
성모님의 응답 │ 128	내가 왜 그 신부님을 위해
기적을 바라며 │ 129	기도해야 하는 거야? │ 174
신세진 걸 갚으세요 │ 131	엄마의 마지막 숨과 성모님 │ 175
더 좋은 문 │ 134	문 두드리는 소리 │ 177
성모님께서 잃어버린 묵주알을	기적을 베풀어 주시다 │ 179
찾아주시다 │ 136	열 손가락의 기도 │ 180
개종에 힘이 되어 준 묵주 │ 137	기도를 들어주시다 │ 182
할머니를 바라보며 │ 139	성모님의 전구를 믿으며 │ 183
편두통을 낫게 하시며 │ 140	우리 곁에 계시는 성모님 │ 184
묵주 신부님 │ 141	포기하지 마 │ 186
아침과 저녁에 바치는 묵주기도 │ 142	지속적인 간청 │ 188
어둠 속에 들려온 목소리 │ 145	어디 두었을까 │ 190

산모와 아기의 건강을 빌며 | 192

성모님의 신호 | 193

하늘나라가 묵주기도로 넘치다 | 196

부모님의 기도 | 196

언덕 위의 빨간 스테이션왜건 | 199

매력적인 만남 | 200

힘을 주는 묵주기도 | 204

성모님을 위한 장미 송이 | 206

두 번 생명을 주시다 | 208

맥스와 성모님의 기적 | 210

성모님의 학교 | 212

십자성호 | 223

성모님 앞에 무릎을 꿇다 | 224

1%의 확률 | 226

묵주기도가 주는 평화 | 228

장미 향기 | 228

장미 한 송이씩 | 230

필요한 순간에 | 232

선종 | 233

새 야구 글러브 | 233

성모님께서 묵주기도를 도와주시다 | 238

성모님의 하늘 | 241

어머니의 가르침 | 242

나의 특별한 마리아 | 243

가족과 함께하는 기도 | 243

함께 모여 묵주기도를 | 245

내 삶에 들어온 사랑 | 246

폭풍우 속의 도우심 | 247

특별한 선물 | 248

묵주의 여인 | 249

집으로 돌아오는 여정 | 251

성모님께서 보내 주신
아주 특별한 은총 | 253

치유를 전구해 주신 성모님 | 254

다시 발견하는 거룩함 | 255

로버트 제임스 콜린스의 죽음 | 257

카우보이 수호천사 | 258

성모님의 전구로 | 259

지하실의 물 | 260

백미러에 걸려 있는 묵주 | 261

결혼 생활을 지켜 주신 무한한 사랑 | 265

브라이언의 묵주 | 267

58년간의 신혼 생활 | 272

불가능한 기적 | 273

후파 위에서 춤추는 천사들 | 275

무사 귀환 | 279

치유하는 사랑 | 280

어느 어두운 밤 | 282

어머니의 사랑의 열매 | 283

누구도 던져 버리지 못한다 | 285

성모님께서 찾아 주신 직장 | 286

결혼 생활을 구한 고양이 | 288

하느님을 사랑하는 배우자 찾기 | 294

사랑하는 할머니 | 296

| 부록

신비에 대해서-고대와 현대 : 다시 찾아온 묵주기도 | 300

묵주기도의 유래 : 역사와 전승 | 307

묵주기도를 바치는 자녀들에게 성모님께서 주신 15가지 약속 | 318

묵주기도를 바치는 방법 | 320

묵주기도의 묵상 | 328

추천사

2002년 10월 16일, 교황 요한 바오로 2세 성하께서는 「동정 마리아의 묵주기도Rosarium Virginis Mariae」라는 제목으로 교황 교서를 발표하셨습니다. 그리고 2003년 10월 16일까지의 한 해를 '묵주기도의 해'로 지낼 것을 권고하셨습니다. 교황님께서 묵주기도를 강조하심으로서 이 기도가 풍성하고 오랜 전통을 지녔음을 다시 생각하는 중요한 계기가 되었습니다. 교황님께서는 보화와 같은 이 전통에 '빛의 신비'라는 새로운 신비를 더하셔서 더욱 풍요로운 기도가 되게 하셨습니다.

그 순서에 따라 묵주기도를 바치면서 우리는 신앙의 중요한 신비를 묵상합니다. 기도를 통해 우리에게 베풀어 주시는 하느님의 선하심을 다시 발견하고 인식하게 해 주는 영원한 원천인 예수님 생애의 위대한 순간들을 또다시 생각합니다. 힘들고 고통스러운 순간에 집중하기 어려울 때 단순하게 반복하며 바치는 묵주기도로 우리는 하느님의 변함없는 현존을 느끼고 평화 가운데 있게 됩니다.

교황 교서에서 요한 바오로 2세 성하께서는 복음 메시지를 온전히 또 깊이 느끼는 방법으로 묵주기도를 규칙적으로 바치기를 권장하십니다. 묵주기도가 성모님의 기도라는 특성에도 불구하고 교황님께서는 이 기도가 근본적으로 예수님 중심의 기도라는 것을 상기시키십시다. 점차 복잡해지고 어려워지는 이 세상에서 묵주기도는 우리 삶이 예수님의 현존에 중심을 두도록, 또한 우리 신앙의 여정에 깊은 영향을 주는 신앙의 신비에 초점을 맞추도록 해 주는 소중한 선물입니다.

우리는 각자 나름대로의 방법으로 묵주기도를 바칩니다. 어린 시절, 농사를 짓던 고향집에서 저녁 식사 후에 어머니께서 묵주기도를 바치게 하셨던 시간을 기억합니다. 저는 오랫동안 이른 아침마다 노르딕트랙이라는 런닝머신에서 운동을 해 오고 있습니다. 사람들은 "지루하지 않습니까?"라고 자주 묻습니다. 아니요. 지루하지 않습니다. 왜냐하면 그 시간이 바로 묵주기도를 바치는 시간이기 때문입니다.

'성녀 클라라의 가난한 자매 수도회'의 파트리시아 프라터 수녀님은 사람들의 삶에 깊은 영향을 준 묵주기도와 관련된 사연들을 100편도 넘게 모았습니다. 각각의 사연은 가톨릭교회 공통의 영적 유산을 지키는 데 도움이 되는 신앙을 증거하고 있습니다. 저는 우리가 그 사연들을 읽고 더 깊이 묵주기도를 체험하고, 그로 인해 변화와 위안의 힘을 느낄 것이라 생각합니다.

| 스포캔교구 주교 윌리엄 S. 스킬스타드

일러두기

파트리시아 수녀님이 묵주기도 책을 출간하자고 했을 때, 작은 공동체가 감당할 수 없는 막중한 일이라는 생각이 들었습니다. 수녀님이 일을 시작하고 다함께 일을 진행하면서 생각하면 할수록 반드시 해야 한다는 절실함이 더해 갔습니다.

묵상이란 기도와 같은 것이며 삶의 거의 모든 어려움이 우리를 기도로 이끕니다. 저희 '성녀 클라라의 가난한 자매 수도회' 수녀들은 수백 통의 편지와 전화, 그리고 다른 매체를 통해 힘든 문제 앞에서 절박하게 도움이 필요한 사람들을 수없이 접할 수 있었습니다. 묵주기도를 통해 예수님과 그분 어머니의 생애를 묵상하면서 도움이 필요한 사람들이 힘을 얻고 마음의 평화를 갖게 됩니다.

그분들의 이야기에서 용기를 얻었고 수도원이 온통 이 일을 해내야 한다는 의욕으로 가득 찼습니다. 파트리시아 수녀님이 오랜 시간 작업하고 기도하며 성모님의 도움에 의탁하는 모습을 보며 저희는 필요한 모든 것을 돕는 것으로 힘을 보탰습니다.

저희는 이제 이 책에 실린 수많은 삶의 이야기와 사건들이 저희에게 그러했던 것처럼 독자 여러분께도 용기를 주시기를 기도합니다.

독자 여러분께 그 이야기를 전해 드릴 수 있고, "여러분께 위안과 평온함을 주고, 여러분께 길을 안내하고, 마침내 여러분께 더 많은 기쁨을 드릴 해답이 여기 있습니다."라고 말씀드릴 수 있어서 저희는 무척 기쁩니다. 이 책에서 많은 용기를 얻으시길 빕니다.

| 워싱턴주 스포캔의 수도원에서 메리 리타 돌런 수녀
'성녀 클라라의 가난한 자매 수도회'

서론

한 텔레비전 뉴스 프로그램에서는 '누구나 사연이 있다Everybody Has a Story'라는 특집을 방영하는데 그 내용이 시청자들에게 많은 재미를 안겨 주고 있습니다. 출연자가 눈을 가리고 전화번호부에서 무작위로 한 사람을 고르면 그가 '이번 주 사연'의 주인공이 되는 것입니다.

저는 성모님께서도 그와 똑같은 방법으로 이 책을 만들게 해 주셨다고 생각합니다. 어느 날, 산책을 하면서 묵주기도를 바치고 있었는데(사실 이 책을 만들기 전에는 자주 묵주기도를 바치지 않았습니다) 성모님께서 저를 살짝 찌르시며 이렇게 말씀하셨습니다. "얘야, 네가 해야 할 일이 있다!"

제가 '성녀 클라라의 가난한 자매 수도회'에 입회한 지 20년이 넘었습니다. 그 세월 동안 저는 하느님께서 활동하시는 방식에 대해 몇 가지를 생각하게 되었습니다. 제 말씀을 오해하지 마시기를. 하느님께서는 좀 교활한 데가 있는 분이시라고 생각합니다. 그분께서는 여러분에게 살짝 속임수를 쓰십니다. 모든 준비를 갖추어 놓으시고 우리는 그 모든 것이 우리가 해낸 것이라고 생각하며 살아갑니다. 그러나 어느 순간 갑자기 "속았다!" 하는 깨달음이 찾아옵니다. 이것이 성경말씀과 전혀 일치하지 않는다고 생각되신다면 예레미야가 하느님께 한탄하는

부분을 생각해 보십시오. "주님, 당신께서 저를 꾀시어 저는 그 꾐에 넘어갔습니다."(예레 20,7)

　자신의 의지를 자유롭게 선택하지 않는 사람은 없습니다. 그러나 '우연'이라는 것이 있습니다. 우연히 마주친 사람과 나중에 결혼을 하는 경우도 있고 평소에 전혀 관심이 없던 어떤 책을 우연히 보게 되고 그로 인해 생각이 완전히 바뀌는 경우도 있습니다. 그런 사소한 '우연' 모두가 하느님께서 우리 몰래 '속임수를 쓰시듯' 활동하시는 방법이 아닌가 싶습니다.

　제가 조용히 정원을 산책할 때 바로 그런 일이 일어났습니다. 요한 바오로 교황님께서 2002년 10월부터 2003년 10월까지를 '묵주기도의 해'로 선포하시고 새로운 신비를 발표하신 지 이삼일 지난 날이었습니다. 저는 묵주기도의 힘을 믿으면서도 그것이 마치 십계명 같다는 생각을 해 왔습니다. 하느님께서 도미니코 성인을 통해 우리에게 묵주를 건네 주셨고 우리는 그 묵주를 집어 들고 바치게 되어 있는 것입니다 (이 책 부록의 '묵주기도의 유래'를 보시면 그 시작에 놀라실 것입니다!).

　교황님께서 그것에 변화를 주셨고 그것은 놀랄 만한 변화였습니다. 혁신적인 것이기도 했습니다. 그 결과 묵주기도는 갑자기 21세기의 기도가 되었습니다. 중세와 연관된 것이었으나 동시에 '오늘날'에도 분명 특별한 기도가 되었습니다. 새로 더해진 신비와 더불어 묵주기도는 중세 가톨릭의 먼지를 털고 나와 새로운 생명과 경이로움을 가져왔습니다! 하늘 아래 완전히 새로운 것이 되었습니다. 요한 바오로 교황님께서 이미 팔순을 넘기셨지만 아직도 하실 일이 많으셨던 것입니다!

　묵주기도에 새삼스레 열중하며 산책을 계속하던 중에(제가 꾐에 빠졌다고 생각한 게 바로 이 부분입니다) 성모님께 더 많은 사람들이 묵주기도를 바치도록 장려하는 데에 우리 공동체가 할 일이 무엇인지를 여쭤봐야겠다는 생각이 들었습니다. 그랬더니 즉시 이런 생각이 떠올랐습니다. '책을 내면 어떨까?' 「영혼을 위한 닭고기 수프Chicken Soup for the Soul」나 신앙 잡지 「가이드포스트Guideposts」와 비슷한 내용의 책을 만들자는 생각이었습니다. 물론 우리가 만드는 책은 묵주기도를 바치고 놀라운 응답을 체험한 사람들의 이야기를 모은 성모님의 책이 될 터였습니다.

그때를 돌아보면 문제를 던져 주신 분은 성령이셨고, 그 답을 알려 주신 분은 당연히 성모님이셨음을 압니다. 그 후에 일이 진척된 것을 보면 그 사실을 증명할 수 있습니다. 백지상태에서 나온 이 놀라운 생각은 한 치의 오차도 없이 진행되었습니다. 메리 리타 원장수녀님 이하 모든 수녀님들이 정말 멋진 생각이라고 하셨습니다.

그분들의 말씀에 힘입어 온라인에서 무료로 전하는 평화카드를 기부해 주시는 참 좋은 친구분들에게 책에 대한 이야기를 했습니다. 그분들은 열렬한 반응을 보여 주었을 뿐만 아니라 즉시 자신의 이야기를 보내왔습니다. 저는 숨 돌릴 틈도 없이, 능력도 되지 않으면서 출판의 해변을 향해 용맹하게 노를 저어 갔습니다.

제게 보내온 여러분의 이야기는 참으로 훌륭했습니다. 각각의 이야기는 전부 달랐고, 묵주기도의 힘을 놀라울 만치 훌륭하게 증명하는 특별한 것이었습니다. 이메일을 열어 볼 때마다 새로운 이야기가 도착해 있었고 마치 소중한 선물을 받은 것만 같았습니다. 그리고 이따금 바치던 묵주기도를 어느새 매일 시간이 될 때마다 바치고 있었습니다.

이 책이 그 영향력을 발휘한 것이지요!

저는 묵주기도서와 관련된 웹 사이트를 만들었습니다.─www.Rosary101.com─이 새로운 사이트에서 저는 이 책이 잘 만들어지기를 기도해 달라고 부탁했습니다. 저는 다시 한 번 훌륭한 친구들의 기도의 물결에 몸을 맡길 수 있었습니다. 미국 전역에서 그리고 전 세계에서 '묵주기도 부대'에 동참하겠다는 소식을 보내오셨습니다. 오늘까지 성모님의 묵주기도를 위한 이 작은 일에 용기를 북돋우는 묵주기도가 19,000단 이상 바쳐졌습니다.

성모님께서는 당신께서 원하시는 일을 신속하게 처리하십니다. 이 책이 만들어지는 데는 6개월이 채 안 걸렸습니다. 제가 이 글을 쓴 다음 원고는 곧바로 인쇄에 들어갈 것이고, 그때부터 성모님의 뜻에 따라 성모님의 손에서 진행될 것입니다. 책 한 권 한 권이 묵주기도를 더 많이 전파하고 묵주기도의 힘을 전하는 임무를 해낼 것입니다. 이는 제가 하는 일이 아니라 성모님께서 하시는 일이기 때문입니다.

이 작업은 진정 제 개인의 일이 아니라고 말씀드릴 수 있습니다. 저는 그저 마음을 열고 하느님께 "네." 하고 대답했을 뿐이며 그 다음은 하느님께서 하셨습니다. 여러분께서 이 책을 읽으시고 확신에 찬 목소리로 하느님께 "네."라고 대답하시기를, 그리고 여러분 앞에 놓인 일과 특별히 필요한 것을 묵주의 여왕이신 성모님의 강력한 보호와 도우심에 의탁하시기를 빕니다.

| 워싱턴주 스포캔의 수도원에서 파트리시아 프락터 수녀

'성녀 클라라의 가난한 자매 수도회'

묵주기도는

우리 삶이 예수님의 현존에

중심을 두도록,

우리 신앙의 여정에

깊은 영향을 주는 신비에

초점을 맞추도록 해 주는

소중한 선물이다.

무사히 돌아오기를 빌며

　제2차 세계대전이 한창이던 1944년 이른 봄, 미주리 레오폴드에 있는 독일인과 네덜란드인 교우 공동체의 성 요한 성당에 평화의 모후께 봉헌할 성모 동산이 세워지기 시작했다. 모든 본당 신자의 힘으로 성모 동산을 건립하기 위해 어린아이들까지도 벽면에 사용할 반짝이는 석영이 박힌 돌을 날라 왔다. 주변의 산과 강가의 돌들을 운반해 와서 본당 신자들 가운데 건축 일에 종사하는 교우들이 담을 쌓고 바닥에 깔아 콘크리트로 작업을 마무리했다. 그해 5월, 제2차 세계대전에 참전 중인 성 요한 성당 소속 형제들의 무사 귀환을 위해 평화의 모후 경당을 봉헌했다. 그리고 동시에 세계 평화와 모든 군인들이 무사히 집으로 돌아오게 해 주시기를 간구하며 묵주의 기도를 시작했다. 본당 교우들은 날씨가 허락하는 날이면 저녁마다 그곳에 모여 어스름한 석양 가운데 묵주기도를 올렸다.

　처음에는 제대 앞에 44명의 이름을 새긴 대리석 판이 놓여 있었다. 제2차 세계대전에 참전하고 있는 젊은이들의 이름이었다. 전쟁이 끝난 이후에도 많은 본당 신자들이 한국과 베트남 등 세계 여러 곳에서 일어난 전쟁에 참전하게 되었다. 그렇게 시작된 본당 식구들의 묵주기도는 오늘날까지 계속되고 있는데, 지금까지 국가를 위해 복무한 본당 신자들 가운데 목숨을 잃은 신자는 한 사람도 없다. 거의 죽을 뻔한 끔찍한 일을 겪은 사람들도 많았고 다친 사람들도 있었지만 목숨을 잃을 정도로 부상 당한 사람은 아무도 없었다.

| 미주리 레오폴드에서 닉 J. 엘프링크

묵주기도와 졸업 시험

고등학교 졸업을 앞두고 마지막 시험을 치르는 중이었다. 내 친구는 시험기간 내내 묵주기도를 바쳤다. 최선을 다해 시험 준비를 한 그 친구는 자신의 능력을 최대한 발휘할 수 있도록 도움을 청하는 기도를 했던 것이다. 그리고 전 과목에서 만점을 받았다.

나는 그때 천주교 신자가 아니었지만, 그 친구에게 부탁해 묵주기도하는 방법을 배웠다. 아직도 성모님에 대해 잘 알지 못하지만, 35년 전 스물한 살이었을 때 가톨릭에 입교하게 된 것은 그때 배운 묵주기도 덕분이라고 확신한다.

나는 이따금 모태 신앙을 지닌 교우들은 다른 신자들이 성사를 통해 받는 것을 이미 가지고 태어난다고 믿는다. 그런 신자들을 통해 얻게 되는 신앙의 풍요로움에 나는 진심으로 감사한다.

| 뉴욕 애티카에서 마리안 J. 페리스

자수정 묵주

나는 42년 전에 가톨릭으로 개종했지만 사실은 태어나기도 전에 이미 성모님의 은총을 받았다. 우리 어머니는 나를 낳으셨지만 결혼하시지 않고 미혼모로 사셨다. 1942년에 내가 태어났을 당시, 서른여덟 살이었던 어머니는 팔순의 부모님을 모시고 세 명의 오빠들과 함께 살고 계셨다.

내가 태어나기 4년 전, 루터교 신자였던 어머니는 한 보석 가게에서 단지 너무 아름답다는 이유로 자수정 묵주를 사셨다. 가톨릭 신자인 친구들이 그 용도를 알려 주었지만, 가톨릭 신자가 아니었던 어머니는 묵주기도를 바치는 방법을 몰라서 묵주를 작은 금빛 상자에 담아 장식장에 넣어 두셨다.

내가 어렸을 때 어머니는 이따금 장식장을 정리하셨는데, 그럴 때면 어머니는 내가 그 묵주를 목에 걸고 집안을 돌아다니는 것을 허락하셨고 청소가 끝나면 다시 상자에 담아 안전하게 넣어 두곤 하셨다. 묵주를 목에 걸고 있으면 왠지 내가 중요한 사람인 것처럼 느껴져서 기분이 좋았다.

나는 자라면서 가톨릭과 관련된 것들에 매력을 느끼곤 했다. 수도복을 입은 수녀님들만 봐도 왠지 좋았다. 1950년대 초에 '파티마의 성모'라는 영화가 상영되고 있을 때 어머니와 나는 그 영화를 무척 재미있게 감상했다. 나는 영화에서 본 성모님처럼 따라하곤 했다. 일곱 살이었을 때 어머니와 나는 가톨릭 신자인 어머니의 친구들을 따라 성당에 가서 구속주회 행사에 참석했는데 그 시간은 참으로 즐거웠다.

내가 열여섯 살이었을 때 가톨릭으로 개종한 사촌언니가 성당에서 결혼했고, 그로부터 2주 후에 나는 장래 남편이 될 사람을 만났다. 물론 그는 가톨릭 신자였다. 그 후 2년 동안 '콜럼버스 기사단'(the Knights of Columbus, 미국의 평신도 단체)의 소책자와 내가 구할 수 있는 많은 자료를 통해 가톨릭의 여러 가지 기도문을 혼자 배우고 익혔다.

열여덟 번째 생일에 나는 우리 동네 성당의 신부님을 찾아가서 교리를 받고 싶다고 말씀드렸다. 신부님께서는 가톨릭 신자와 결혼하기 때문에 교리를 받겠다는 것인지 물어보셨다. 그래서 가톨릭과 관련된 나의 지난 일들을 말씀드리자 무척 기뻐하시는 것 같았다. 몇 주 후에 어머니에게 묵주를 사고 싶다는 말씀을 드리자 어머니는 내가 어렸을 때 보았던 그 자수정 묵주를 꺼내 주셨다.

참으로 놀라운 것은 어머니께서는 내가 태어나기 4년 전에 자수정 묵주를 사셨는데 자수정은 2월의 탄생석이고 내가 바로 2월에 태어났다는 것이다. 나는 지금도 그 묵주로 기도하고 있으며, 성모님께서 언제나 나를 도와주고 계신다.

지금도 마찬가지지만 1940-50년대에 사생아로 태어나 성장하는 것은 힘든 일이었고, 적법한 혼인관계에서 태어나지 않은 나를 키우는 어머니에게도 힘든 일이었다. 우리 모녀는 주일 오후에 성가를 부르고 성경을 읽으며 보내는 시간이 많았다. 그 시간들은 무엇과도 바꿀 수 없는 소중한 것이었다.

성모님께서는 사람들의 온갖 놀림과 비난을 참아 내게 해 주셨고, 어머니는 내가 대접받고자 하는 것과 다르게 사람들을 대하면 안 된다고 가르치셨다. 그토록 좋은 어머니와 훌륭한 '아버지'였던 세 분의 삼촌들이 계신 것 또한 축복이었다. 그분들은 어머니와 나를 지켜 주셨고 사랑해 주셨으며, 나를 세상에서 제일 특별한 아이로 대해 주셨다.

작년에 영적 가르침을 받기 위해 어떤 신부님을 만난 자리에서 나의 지난 이야기를 말씀드린 적이 있다. 신부님께서는 내가 태어나기 오래전부터 이미 성모님께서 그 모든 것을 계획하신 것 같다고 말씀하셨다. 나는 그 말씀이 옳다고 믿는다.

| 미네소타 헥터에서 조앤 엑스타인

성모님께 온갖 사소한 것과 모든 큰 슬픔을 전부 말씀드리십시오.
그분은 온 세상의 기쁨과 슬픔을 함께 나누는 분이십니다.

― 카릴 하우셀란데르

묵주, 그리고 웃음

막내딸 제인이 일곱 살이었을 때 넘어져서 왼쪽 팔꿈치를 다친 적이 있다. 엑스레이 검사 결과 팔꿈치 뼈가 부러진 게 보였다. 아이가 응급실에서 치료를 받는 동안 나는 친정엄마와 함께 대기실에 앉아 기다리다가 작은 플라스틱 통에 넣어 갖고 다니는 묵주를 꺼냈다. 묵주기도는 정신적으로 힘들 때마다 항상 나의 피난처가 되어 주었다.

친정엄마는 딸그락거리는 소리를 듣고 내 얼굴을 보면서 "너 오늘 몇 알 째 먹는 거니?" 하시다가 알약이 아니라 묵주를 꺼내면서 딸그락 소리가 났다는 것을 아시고는 웃으셨다. 나도 덩달아 웃음이 나왔다. 이 웃음이 우리를 긴장에서 벗어나게 해 주었다.

성모님 감사합니다!

| 플로리다 포트 월턴 비치에서 패트리샤 M. 애거턴

제일 친한 친구

나는 열 살 때부터 성모님과 아주 특별한 사이로 지내고 있다. 뭐가 그렇게 특별한지 궁금해 하실 분들께 먼저 내가 개신교 신자였다는 사실을 말씀드린다. 개신교 친구들은 나를 이상한 아이로 여겼다. 친구들과 소꿉놀이나 인형놀이를 할 때 나는 '엄마'나 '선생님' 역할은 절대로 하지 않았다. 그 대신 언제나 베일을 쓰고 성모님이나 수녀님이 되는 역할만 하려고 했다.

언젠가 이모를 따라 한 가게에 간 적이 있었는데, 이모가 내게 뭐든지 사 줄 테니 골라 보라고 했다. 그곳에는 정말 아름다운 꽃장식품과 오르골orgel이 많았지만 내 관심을 끈 것은 반대편 선반에 놓여 있는 물건이었다. 그것은 15㎝ 정도 높이에 파스텔 색의 성모님 반신상이었다. 나는 그 조각상이 너무나도 갖고 싶었다. 내가 붙박이처럼 서서 발길을 돌리지 못하자 이모는 흔쾌히 그것을 사 주시면서 "그런데 쉴라, 아빠가 뭐라 하실까?" 하고 물었다. 나는 뭐라 하실지 모르겠지만 괜찮다고 대답하면서 "내 방에 둘 거야."라고 덧붙였다.

나는 지금까지 40년 넘게 그 조각상을 간직하고 있다. 이사할 때면 언제나 내 손으로 직접 들고 갔고 아무도 그 성모상을 만지지 못하게 했다. 이모에게 그 조각상을 선물받은 후에 묵주기도를 배우기 시작했다. 나는 개신교 신자였지만 가톨릭 신자인 친구들이 많아서 그건 어려운 일이 아니었다. 그리고 지금으로부터 12년 전에 나는 마침내 가톨릭으로 개종했다. 막내아들이 열심히 권유한 덕분이었다. 아들과 나는 세례성사와 견진성사를 받고 첫영성체를 했다. 미사 내내 눈물이 흘렀다. "…어린아이가 그들을 몰고 다니리라." 우리 아들이 나를 그렇게 이끌었던 것이다!

나는 성모님께서 언제나 나와 함께하심을 안다. 묵주기도를 드릴 때뿐만 아니라 친정어머니가 알츠하이머병으로 6년 동안 고생하시다 숨을 거두신 그 순간에도 성모님께서는 나에게 세상에서 가장 아름다운 체험을 하도록 허락하셨다.

혼수상태에 빠졌지만 어머니는 아직 떠나실 준비가 안 되신 것 같았다. 그 특별한 날 밤, 우리 가족은 묵주기도를 바쳤다. 어머니는 기도를 하실 수 없었지만 나는 어머니 손에 쥐어 드린 묵주로 어머니가 들으실 수 있도록 큰 소리로 묵주기도를 바쳤다. 기도를 끝냈을 때 나는 성모님께서 함께하심을 분명히 느낄 수 있었다. 그분께서는 내 어깨에 손을 얹으시고 "이제 시간이 되었다."라고 말씀하셨다. 마음이 평온해지며 두려움이 완전히 사라지는 것을 느꼈다.

나는 어머니 침대 옆에 있던 의자와 묵주를 치우고 어머니께 입맞춤을 했고 다음 순간 어머니는 숨을 거두셨다. 내가 상상할 수 있는 한 가장 아름다운 순간이었다. 입가에 엷은 미소를 지으며 떠나신 어머니를 바라보며 어머니를 위한 사랑과 평화가 나를 감싸는 것을 느꼈다. 성모님께서 다시 말씀하셨다. "네 어머니는 평화 가운데 계시고 곧 아버지를 만나실 것이다. 아주 행복하시다."

나는 그 말씀이 사실임을 알았고 어머니가 평생 사랑하셨던 아버지와 함께하실 것도 알았다. 아버지는 당신이 사랑하던 여인에게 오셔서 2002년 2월 14일 밸런타인데이에 어머니를 본향으로 데려가셨다.

| 오하이오 유니언포트에서 쉴라 D. 다우델

∞ 묵주기도는 모든 문제를 해결해 줍니다 ∞

　신부님, 우리가 살고 있는 이 세기의 마지막에 지극히 거룩하신 동정 성모님께서 새롭게 거룩한 묵주기도의 힘을 알려 주셨습니다. 현세적이거나 영적인 모든 것을 넘어서서, 우리 개개인의 삶과 가족, 세상의 모든 가정의 문제, 신앙 공동체와 민족과 국가의 모든 문제들까지도 그것이 아무리 어려운 것이라도 묵주기도의 힘으로 해결할 수 없는 문제는 없다고 강조하십니다. 아무리 어려운 문제라도 우리는 거룩한 묵주기도로 해결할 수 있습니다. 묵주기도로 우리는 자신을 구원할 것입니다. 묵주기도로 우리는 거룩해질 것입니다. 묵주기도로 우리는 주님께 위안을 드리며 많은 영혼을 구원할 것입니다.

　- 루치아 수녀님께서 1957년 12월 26일에 푸엔테스 신부님께 거룩한 묵주기도에 관해서 하신 말씀

해산 임박!

　첫아이를 임신한 지 36주가 되었을 때 나는 곧 다가올 D-day(해산일)를 생각하며 가슴이 두근거렸다. 해산 전 마지막 두 번째 검진을 하러 병원에 갔을 때는 배가 너무 불러서 진찰대에 올라가기 힘들 정도였다. 담당 여의사는 익숙하게 정기 검진을 하면서 분만에 대해 궁금하거나 염려되는 점이 있는지를 친절하게 물었다. 나는 자신 있게 미소 지으며 고개를 저었다. 만반의 준비가 되어 있었다. 분만 유도제도

사용하지 않고, 자연분만으로 아이를 낳을 계획이었다. 임신 육아 관련 책에서 모두 그렇게 권하지 않았던가? 해산의 고통은 모두 잊힌다고 했다. 호흡법을 연습했고 남편도 옆에서 해산을 도울 예정이었다.

그렇게 자연분만만을 생각하다가 나는 의사가 배를 누르면서 미간을 살짝 찌푸리는 것을 보았다. 내가 걱정하는 눈빛으로 바라보자 의사는 아무 이상이 없다고 얼른 안심시키면서 태아의 머리가 아직 아래쪽으로 내려오지 않았다고 말했다. 의학 용어로 골반단위骨盤端位라는 것이었다.

"괜찮겠죠?" 내가 물었다.

"네." 하며 의사는 다음 정기검진 전에 정상 위치가 될 것이라고 덧붙여 말했다. 나 역시 어떤 경우에는 태아가 해산이 임박해서야 정상 태위가 된다는 것을 알고 있었기에 그다지 걱정하지 않았다. 그 다음 주에 아기 옷을 세탁해서 새 옷장에 차곡차곡 넣었다. 그밖에도 준비할 게 정말 많았다. 드디어 해산 임박!

그러면서도 순간순간 아기가 정상 태위로 돌았는지 궁금했고 배를 만지면서 확인해 보려 했지만 도무지 감이 잡히질 않았다. 나는 무거운 몸을 이끌고 힘겨운 걸음으로 마지막 검진을 위해 병원에 갔고, 의사가 진찰하는 동안 초조하게 기다렸다. 의사의 얼굴에 드러난 표정이 그때까지도 골반단위라는 것을 알 수 있게 했다. 자연분만을 하겠다는 희망이 사라지는 순간이었다.

"이제 어떻게 해야 되죠?" 나는 어떤 선택을 해야 하는지 물었다. 의사는 제왕절개 수술로 아이를 낳든지 '외부 전위법'이라는 방법을 써서 분만을 유도할 수도 있다고 말했다. 나는 제왕절개 수술을 받지 않겠다고 단호하게 말하면서 자연분만의 희망을 버리지 않았다.

"그런데 '외부 전위법'이란 건 뭔가요?" 내가 물었다. 의사는 임신부의 배를 밖에서 압박해서 태아를 정상위로 돌리는 것이라고 설명해 주었다. 겁이 났다. 무척 아플 것 같았다. 의사는 태아의 엉덩이 부분이 이미 내 골반 쪽으로 내려와 있기 때문에 그 방법 또한 성공할 확률은 50%밖에 안 된다는 말도 했다.

"그 과정에서 태아가 골반단위로 다시 돌아갈 가능성도 있고, 또 성공한다 해도 위험 요소가 있다는 사실도 아셔야 합니다. 탯줄이 태아를 감아서 위험한 상황이 될 수도 있습니다."

나는 너무 놀라 숨이 막힐 것 같았다. 그건 심각한 일이었다. 탯줄은 아이의 생명줄이 아닌가. 의사는 만약의 사태에 대비해서 언제라도 제왕절개 수술을 할 수 있도록 준비해 놓겠다고 했다. 나는 점차 두려워지기 시작했다.

집에 와서 남편과 상의했다. 우리는 제왕절개 수술을 하지 않게 되기를 바라며 '외부 전위법'을 선택하기로 했다. 두려움이 가시지 않았다. 우리 부부는 아기가 정상 태위로 돌기를 빌며 매일 기도했고, 남편은 아기가 혹시 알아들을 수도 있다는 희망으로 내 배에 대고 배 속의 아기에게 부탁도 했다.

나는 그때까지 세상 선배들에게 들은 모든 방법을 시도해 보았다. 물구나무를 서기도 했고, 배 아랫부분에다 음악소리를 들려주어 아기가 그 소리를 들으려고 몸을 돌려 머리를 아래로 향하게 해 보려는 시도도 했다. 우리는 가족과 친지들에게 사실을 알렸고 모두가 우리를 위해 기도해 주었다.

마침내 그날이 되었다. 나는 의사가 지시한 대로 금식을 하고 두려움에 떨며 오전에 병원으로 가서 환자복으로 갈아입었다. 의사도 수술복으로 갈아입고 준비를 마쳤다. 간호사는 언제라도 수술실을 쓸 수 있도록 준비해 놓았다고 의사에게 말했다. 간호사가 정맥주사를 준비하는 동안 나는 애써 웃으며 마음을 다잡았다.

의사가 잠시 머뭇거리더니 간호사에게 아직 정맥주사를 놓지 말라 하고는 다른 방에 있던 초음파 기계를 밀고 들어왔다. 마지막으로 태아의 위치를 확인해 보고 시작해야겠다는 의미였으리라. 초음파 검진이 시작되었다. 의사와 간호사가 신속하게 검사 준비를 하고 손을 움직여 검진을 하더니 갑자기 탄성을 지르며 태아가 몸을 돌려 정상 태위가 되었다고 말해 주었다! 가슴이 벅차올랐다. 나는 얼른 진찰대에서 내려와 순식간에 환자복을 벗어던졌다. 의사에게 고맙다는 인사를 하면서 이 모든 것이 기도 덕분이라고 말했다. 의사는 웃으며 고개를 끄덕였다.

병원을 나서며 친정엄마가 할머니께 기쁜 소식을 전하는 전화를 드렸다. 전화를 받으신 할머니께서는 기적이 일어났다고 기뻐하시면서 성모님의 전구 덕분이라고 진지하게 말씀하셨다. 그걸 어떻게 아시냐고 궁금해서 여쭸더니 할머니께서 아기가 정상 태위로 돌아오도록 간절하게 청하며 묵주기도 15단을 마친 바로 그 순간에 우리 전화를 받으셨다고 말씀하셨다.

그 다음 주에 나는 건강하고 예쁜 여자애를 순산했다. 우리는 성모님께 영광을 돌리며 아기의 이름을 미리암이라고 지었다.

| 메릴랜드 아나폴리스에서 캐서린 J. 하프

성모님,
온 세상이 살아 계신 하느님의 성전이신 당신께 경배합니다.
당신에게서 세상 구원의 시작을 보았기 때문입니다.
하느님의 아드님께서는 당신을 통해
인간의 모습을 갖추셨음을 기뻐하셨습니다.
당신께서는 인간의 첫 불순종으로
하늘과 땅 사이를 막아 놓은 미움의 벽을 허무셨습니다.
당신을 통해 신성과 인성이 한 사람 안에 결합했을 때
하늘이 땅과 만났습니다.

— 성 베르나르도

묵주기도가 무사히 돌아오게 해 줄 거야

12년 동안 가톨릭계 학교에 다닌 나는 자연스럽게 묵주기도를 바쳤다. 어머니날(매년 5월 둘째 주 일요일)과 아버지날(매년 6월 셋째 주 일요일)에 우리는 특별히 부모님을 위해 묵주기도를 많이 바치려고 노력했다. 그것은 우리의 생활이었고 교육이었다.

학교를 졸업하고 직장생활을 하며 부모님과 생활할 때, 가톨릭으로 개종한 우리 아버지는 내가 올바른 신앙생활을 하도록 가르쳐 주셨다. 아버지는 묵주기도의 힘을 누구보다 굳게 믿는 분이셨다.

제2차 세계대전이 한창일 시기에 두 형부와 사촌 그리고 장래 남편이 될 남자친구까지 모두 전장으로 나갔다. 아버지는 그들이 전부 무사히 돌아올 때까지 매일 한 사람 한 사람을 위해 묵주기도를 바치겠다고 말씀하셨다. 남자친구가 전쟁 포로가 되었을 때도 아버지는 걱정 말라고 하시며 하느님의 뜻이라면 그가 반드시 돌아올 것이라고 말씀해 주셨다. 일을 마치고 집으로 돌아올 때 보면 아버지는 흔들의자에 앉아 묵주기도를 하고 계신 적이 많았다.

참으로 기쁘고 자랑스럽게도 전쟁에 나갔던 형제들이 전부 무사히 집으로 돌아왔다. 아버지는 결혼식에 내 손을 잡고 제대를 향해 가시면서 미소를 띠고 이렇게 말씀하셨다. "내가 말했지, 무사히 돌아올 거라고."

아버지는 그 다음해에 돌아가셨지만 우리 가족의 마음속에 지금도 살아 계신다. 내 손자들과 증손자들의 마음속에도. 남편과 나는 올해로 결혼 55주년을 맞았다. 아버지, 제가 필요할 때 곁에 계셔 주시고 그토록 훌륭한 표양이 되어 주셔서 정말 감사합니다.

| 웨스트버지니아 헌팅턴에서 도로시 J. 도나휴

성모님,
제 마음이 당신 향한 사랑을 결코 그만 두지 않게 하시고
제 입술이 당신께 드리는 찬미를 결코 멈추지 않게 하소서.
- 성 보나벤투라

묵주기도의 힘

15개월쯤 전에 나는 아주 오랫동안 바치지 않았던 묵주기도를 다시 시작하기로 마음먹었다. 새로운 마음으로 시작하려고 새 묵주도 장만했다. 어느 날 저녁, 갑자기 정전이 되는 바람에 테라스에서 묵주기도를 해야겠다고 생각하며 밖으로 나가 의자에 앉아 성호를 긋는 순간, '짠!' 하고 전기가 들어왔다. 그런 지향을 두고 기도를 시작한 것은 정말 아니었는데…. 그 일로 나는 묵주기도에 대해 새로운 경외심을 갖게 되었다. 아베 마리아!

| 캘리포니아 어번에서 제니 T. 데비느

묵주기도 치유

나는 1931년 3월 15일에 태어났고 캐나다 노바스코샤에 살고 있다. 묵주기도는 언제나 나와 함께했고 지금도 내 삶에서 큰 부분을 차지한다.

1982년 3월이었다. 한쪽 가슴에 혹이 만져져 나는 두려움에 떨며 병원에 갔다. 의사는 즉시 수술을 받아야 한다고 했다. 수술 직전에 묵주를 꺼내 들고 수술실르 가면서 계속 움켜쥐고 있었다. 마취 주사를 맞고 의식이 몽롱해지기 시작했다.

의사들은 내가 완전히 마취 상태에 빠졌는지 확인하다가 내 손에 들려 있는 묵주를 보고, 그것을 빼내려는데 얼마나 세게 움켜쥐고 있었는지 무척 애를 먹었다고 했다. 수술은 잘 끝났다. 그 혹은 암으로 진전될 수 있는 종양이었지만 잘 제거되었고 다른 신체에 아무런 영향을 미치지 않았다고 했다. 그 후 지금까지 19년 동안 나는 암과 상관없이 잘 지내고 있다. 내 기도의 힘과 수술 전에 남편과 딸이 나를 위해 계속 열심히 기도한 덕분에 나는 살아났다.

이런 일도 있었다. 우리 큰오빠는 12년간 요양원에서 지내다 돌아가셨다. 우리 형제는 여덟 명이었는데, 부모님은 사순 시기에 매일 미사에 참례하고 밤마다 반드시 묵주기도를 바치게 하셨다. 그러나 큰오빠는 나이가 들면서 알코올중독자가 되었고 결국 집을 나가고 말았다. 그 후 오빠의 삶은 비참했고 구걸을 하면서 노숙자로 지내기도 했다.

술을 가까이 하기 전에 오빠는 정말 좋은 사람이었다. 성당에서 복사로 활동도 했지만 결국 믿음을 잃고 교도소를 들락거리는 삶을 살았다. 하지만 요양원에 들어가서는 다시 기도하는 생활을 했고 간호사들에게 묵주를 찾아 달라고 부탁하곤 했다.

폐암으로 돌아가시게 되었을 때 우리는 매일 오빠에게 갔다. 병으로 쇠약해져서 팔을 들 수 없으면서도 오빠는 우리에게 침대 옆에서 묵주기도를 하라는 손짓을 하시곤 했다. 임종이 다가왔을 때 우리 가족은 오빠 곁에 있었다. 오빠는 묵주를 손에 쥔 채 우리를 한 번 쳐다본 다음 묵주 쥔 손을 힘겹게 들고 천장을 바라보더니 환하게 미소 지으며 온 힘을 다해 묵주를 가슴에 올려놓았다. 그 모습을 지켜본 간호사는 "형제님은 성모님의 얼굴을 보셨어요!"라고 말했다.

성모님의 전구로 많은 기적을 체험한 나는 교회에서 열심히 활동하고 있다. 성체분배자로 환자 봉성체를 하고 미사에서 기타 반주를 한다. 외아들 샤론은 네 살에 간질 발작이 있었지만 약물 치료와 기도를 통해 치유되어 지금은 교회에서 성경을 봉독하게 되었다.

| 캐나다 노바스코샤 야머스에서 마리안 피츠제럴드

우리의 선하신 어머니 마리아의 마음은 온통 사랑과 자비로 넘칩니다.
그분께서는 우리의 행복만을 바라십니다.
우리가 그분께 의탁만 하면 전부 들어주실 것입니다.

— 성 요한 마리아 비안네

아버지의 뜻이 이루어지게 하소서

일흔 살이 되신 친정어머니께서 폐암으로 고생하시던 때였다. 아버지(가톨릭 신자가 아니셨다)와 케빈 오빠, 수잔과 베티 리 언니와 나는 어머니가 고통스러워하실 때마다 함께 묵주기도를 했다.

어머니의 의식이 흐려지셨을 때에도 우리는 묵주기도를 계속했다. 묵주기도는 우리 가족을 하나로 일치시켰고, 어머니가 고통과 두려움을 느끼실 때나 희망을 갖고자 하실 때마다 위로가 되었다. 또한 더 이상 아무것도 할 수 없다고 느낄 때 우리에게 힘을 주었다.

그렇게 묵주기도를 하던 어느 순간 "아버지의 뜻이 이루어지게 하소서."라는 기도 구절의 의미를 깨닫게 되었다. 모든 일은 주님께서 주관하시고, 우리 삶에 가장 필요한 것과 가장 좋은 것을 주시는 그분께서 우리 어머니를 도와주실 것임을 깨달았던 것이다.

나는 어머니의 치유를 비는 기도를 하지 않고 그것이 어떤 것이든 그분의 뜻대로 이루어지게 해 주시기를 기도했다. 그분께서 가장 좋은 것이 무엇인지 아시고 우리 각자에게 필요한 것을 주시리라는 것을 알게 되었다. 그리고 그렇게 해 주셨다. 어머니는 1994년 11월 21일 새벽에 조용히 숨을 거두셨다. 어머니의 친정가족들이 모두 모여 어머니가 어떤 분이셨는지, 얼마나 사랑했는지를 이야기하고 어머니께 알려 드렸다. 그보다 더 좋은 일이 있을까?

그리고 한 달쯤 후 성탄 전야에 나는 69세이신 아버지가 어머니와 사시던 집에서 쓰러져 계신 것을 발견했다. 그날은 부모님의 50주년 결혼 기념일을 사흘 앞둔 날이었다. 나는 아버지가 그날을 기념하지 못하실 것을 예감했다. 구급차를 불렀고 오빠와 언니들도 병원으로 달려왔다. "아버지의 뜻이 이루어지게 하소서."

우리 형제들이 병원에 전부 모였을 때 아버지는 이미 혼수상태셨다. 우리는 말없이 성당에서 사람이 오기를 기다렸다. 우리 상황을 알리는 연락은 했지만 성 루카 성당의 성탄 전야가 얼마나 바쁜 날인지 잘 아는 나는 부제님이라도 한 분 와 주시기를 고대했다. 아버지는 힘겹게 생명줄을 잡고 계셨다.

본당에서 형제님 한 분이 오셨다. 편찮으신 어머니를 방문했던 그 형제님은 방문을 통해 우리 아버지를 알고 있었다. 그는 세례를 위해 필요한 성구를 급히 챙겨 왔다고 하면서 이렇게 물었다. "혹시 아버지께서 세례를 받겠다는 의지를 표현하신 적이 있으신지요?"

하느님께서 모든 일을 주관하고 계셨다. 나는 울고 있지만 웃으면서 몇 주 전에 아버지와 나눈 이야기를 그에게 들려주었다. 아버지는 그때 어머니를 먼저 보내신 후 폐렴으로 병원에 입원해 계셨다. 아버지가 세례를 받지 않으셨기 때문에 나는 아버지가 돌아가시면 장례를 어떻게 치러야 좋을지 여쭤보았다.

내 형제들이 증언할 수 있는 사실은 이렇다. 만일 아버지께서 싫으셨다면 이렇게 말씀하셨을 것이다. "듣기 싫다! 가 봐라." 그렇지만 아버지는 그런 말씀 없이 좀 거북해하시며 다음에 얘기하자고 했다. 그래서 나는 더 이상 말하지 않았고 나중에 아버지를 찾아가 다시 이야기를 해야겠다고 생각했었다.

로건 신부님께서 이 문제를 물어오셨을 때 나는 사실대로 말씀드려야 했다. "아버지는 '듣기 싫다!'라고 말씀하시지 않았어요. 그건 그러시겠다는 뜻이라고 생각합니다." 내 형제들도 그렇게 생각한다고 말했다. 로건 신부님께서 세례수를 들고 기도하신 다음 아버지를 축복하셨다. 그 순간 아버지의 몸이 편안해지시더니 숨을 거두셨다. 아기처럼 순결하게 태어나신 것이었다! "아버지의 뜻이 이루어지게 하소서."

부모님을 여의고 우리 형제들은 힘든 시간을 보내야 했지만, 하느님을 믿고 그분께서 영원한 생명을 약속하셨기에 우리는 잘 견뎌 낼 수 있었다. 우리는 주님의 기도와 성모송으로 묵주기도를 바치면서 힘든 일들을 이겨 냈고 앞으로도 그럴 것이다.

"아버지의 뜻이 이루어지게 하소서."

부모님 베티와 에디를 기억하며

| 뉴욕 레고 파크에서 미셸 하인즈

성모님의 위대함과 전구에 대해 말하면,
도움이 필요한 이들이 성모님께 달려가지 않는 것은
날개가 없이 날고자 하는 것과 같습니다.

— 교황 레오 13세

성모님 손에서 안전하게

　나는 매일 묵주기도를 바치는데, 그날 그 특별한 날의 묵주기도는 영원히 잊지 못할 것이다. 당시 스무 살이 된 우리 딸 질이 어려움에 처해 있었다. 임신을 한 채 집을 떠날 생각을 하고 있었던 것이다. 잘 알지도 못하는 남자의 꾐에 빠져 가족을 떠나 그 남자가 있는 네바다로 가겠다고 했다. 그 남자는 도박꾼이었다. 이혼한 남편과 나는 그 남자가 혹시 우리 딸을 사창가로 팔아넘길까 봐 걱정이 되었다. 그곳에서 매춘은 불법이 아니었다.
　그날 저녁 딸을 설득해서 집을 떠나지 않겠다는 다짐을 받았는데, 다음 날 아침에 일어나 보니 딸은 편지 한 통을 남긴 채 집을 떠나고 없었다. 편지에는 엄마를 사랑한다는 말과 걱정하지 말라는 내용이 써 있었다. 나는 완전히 정신을 잃은 상태로 전남편과 딸의 친구들에게 전화를 했다. 저녁에 아이 아빠가 그 남자와 통화를 했는데 딸아이는 이미 네바다로 가는 버스를 탔다는 것이었다.
　나는 미친 듯이 울부짖으며 미시간에 사는 나의 '영적 대모'인 친구에게 전화를 했다. 친구는 질에 대해 알고 있었다. 내 얘기를 듣고 친구는 "내가 전화할게. 기다려." 하고는 조금 후에 전화를 해서 이렇게 말했다. "질을 위해 기도를 했어. 그런데 기도 중에 떠오른 생각은 네가 묵주기도를 해야 한다는 것과 성모성심께 질을 봉헌해야 한다는 것이었어." 나는 수화기를 놓자마자 묵주를 들고 침대로 가서(이미 아주 늦은 시각이었다) 울면서 묵주기도를 시작했다. 며칠 전부터 잠을 거의 못자고 있던 터라 묵주기도를 2단 바치고는 잠이 들고 말았다.

새벽 세 시쯤에 갑자기 잠이 깬 나는 침대에서 벌떡 일어나 딸이 쓴 편지를 다시 읽었다. 그런데 편지 말미에 쓰인 내용은 처음 읽었을 때 미처 보지 못한 내용이 있었다. '걱정 마세요, 엄마. 저는 지금 기적의 메달을 목에 걸고 있어요.'

나는 뛸 듯이 기뻐서 큰 소리로 웃으며 성모님께 감사했다. 그리고 침대로 돌아가 묵주기도를 마치고 잠이 들었다. 다음 날 아침에 나는 전남편에게 전화를 걸었다. 그는 너무 상심해서 정신이 나간 사람 같았다. 나는 우리 딸이 아직 떠나지 않고 이곳에 있으니 걱정하지 말라고 했다. 그걸 어떻게 아느냐는 물음에 마음으로 안다고 했다. 전남편은 가톨릭 신자가 아니었다. 나는 기도를 했고 딸이 아직 떠나지 않았다는 믿음이 있다고 말한 다음 기쁘게 미사 참례할 준비를 했다.

미사가 끝나고 돌아와 다시 전남편에게 전화를 했더니 그의 아내가 받았다. 아이 아빠가 휴대전화로 딸과 통화를 하고 있었기 때문이었다. 딸은 저녁 버스를 타기 전까지 친구 집에 있다고 했다. 아이 아빠는 딸 친구의 전화번호만 알 뿐 주소를 몰랐기 때문에 딸을 데리러 갈 수 없었다. 나는 딸에게 전화해서 내 조카이자 딸아이의 사촌인 카를로가 데리러 갈 것이라고 했다. 조카애는 딸아이와 통화만 할 수 있으면 30분 내로 그 애를 집으로 데려올 수 있다고 장담했던 것이다. 그리고 훌륭히 해냈다.

딸이 집으로 돌아왔을 때 내가 물었다. "왜 첫차를 타지 않았니?"

딸아이는 "왜 그랬는지 모르겠어. 손에 버스표를 들고도 버스를 탈 수가 없었어. 그래서 다음 날 버스표로 교환했어."라고 말했다.

딸아이가 처음 버스를 타려던 시각은 내가 묵주기도를 시작한 바로 그 시각이었다. 성모님께서 우리 딸을 지켜 주셨던 것이다. 원죄 없이 잉태되신 성모님, 당신께 의탁하는 저희를 위하여 빌어 주소서!!

| 오하이오 애크런에서 카렌 I. 스탑스

사람들은 때때로 우리가 성모님을 생명, 자비,
그리고 구원의 어머니로 부르는 것에 의문을 가집니다.
이 모든 호칭이 하느님의 어머니라 불리는 것에 견줄 수 있을까요?
— 추기경 존 헨리 뉴먼

가망이 없습니다

남편의 심장발작은 치명적이었고 의사는 가망이 없다고 했다. 나는 절망감으로 주저앉았다. 남편의 나이 겨우 마흔일곱이었다. 소문은 빠르게 이웃으로 전해졌고 친구 한 명이 찾아왔다. 친구는 "얘, 진정해. 그리고 아이들 좀 오라고 해. 이제부터 우리 다 함께 묵주기도를 바치자." 우리는 식탁에 둥글게 모여 앉아 묵주기도를 했다. 기도를 마친 후 그 친구는 말없이 떠났다.

다음 날 병원에 도착해서 내가 들은 말은 지난밤에 남편의 상태가 크게 호전되었다는 소식이었다. 남편이 목숨을 건졌던 것이다! 집으로 돌아왔을 때 아이들은 우리 집 지붕에 날아와 앉은 하얀 비둘기 한 마리를 보며 기뻐하고 있었다. 그것으로 우리는 성령께서 우리 가족에게 평화를 가져다주셨다고 확신했다.

성모님, 찬미받으소서!

| 노스캐롤라이나 샬럿에서 베아트리체 C. 스트루프

오, 하느님의 어머니. 당신을 믿기에 저는 안전할 것입니다.
당신의 보호 아래 저는 아무것도 두려워하지 않을 것입니다.
당신의 도움으로 저는 싸워 적들을 물리칠 것입니다.
당신께 의탁하는 것은 구원의 무기이기 때문입니다.

− 성 다미아노

깜빡이는 노란 신호등

외할머니는 돌아가시기 전에 우리 집에서 5년 동안 병상에 계시면서 한 번도 손에서 묵주를 놓은 적이 없으셨다. 그리고 친정어머니도 2년 동안 병고를 겪으실 때마다 외할머니처럼 항상 묵주를 들고 계셨다.

1999년 1월 13일, 외할머니의 기일에 부모님과 우리 아들은 집에 있었다. 나는 당시 2년차 준교사로 전문학교 수준의 수업을 하고 있었는데, 집에서 30㎞정도 떨어진 곳의 어느 고등학교에 수업을 하러 가게 되었다. 그곳 플래잰트뷰까지 운전하고 가 본 적은 없었지만 나는 예수님과 성모님께서 나를 인도해 주실 것을 믿었다.

그날 밤은 안개와 먹구름이 낀 칠흑 같은 밤이었다. 차의 시동을 켤 즈음에는 심술궂게도 가랑비까지 내리기 시작했다. 나는 성삼위께 안전한 여행을 위한 도움을 청하고 도로에 접어들면서 묵주기도 테이프를 틀었다. 새로 포장된 도로를 가면서 혹시 길을 지나칠까 봐 서행했다. 교통량이 많은 도로여서 차가 밀리는 곳이 많았다.

그러나 노란 신호등이 점멸하는 곳에서 좌회전을 해야 하는데 그만 안개 때문에 신호등을 보지 못하고 지나치고 말았다. 근처 정비소에서 차를 돌려 골목길로 들어섰다. 노란 신호등이 있는 사거리에서 학교까지는 4백 미터 정도였지만, 날씨 때문에 사거리가 온통 차로 뒤엉켜 왼쪽으로 나 있는 가파른 언덕길로 들어서서 도로가 나올 때까지 차를 몰고 올라가게 되었다.

언덕을 올라가기 전에 성삼위에 맞춰 세 사람을 보내고, 성가정에 맞춰 세 사람을 보낸 다음 주위에 아무도 없는 것을 확인하고 묵주기도를 계속하며 드디어 엑셀을 밟았다. 그런데 언덕길을 겨우 몇 센티미터 진입하는 순간 젊은 여성이 운전하는 자동차가 위에서 속력을 내며 달려 내려오는 것이 보였다. 그 차는 내가 앉은 운전석 옆면을 치고 들어왔고 나는 얼른 엑셀에서 발을 뗐다. 내 차는 미끄러지듯 돌며 그

차를 들이받았다.

　순식간에 일어난 일이었다. 내 차는 길가에 섰고 그 아가씨의 차는 길 한복판에 있었다. 나는 얼른 차에서 내려 그녀가 다치지 않았는지 확인하러 갔다. 옆을 지나던 밴에서 내린 여자가 자기 휴대전화로 경찰을 불렀다.

　예수님과 성모님의 은총 덕분에 아무도 다친 사람은 없었다. 내 차는 시동이 걸렸고 역시 예수님과 성모님의 은총으로 자동차 외부에 흠집이 생기고 전조등이 깨졌고 뒷문과 트렁크 옆면이 조금 찌그러진 정도였다.

　경찰이 도착했다. 날씨 때문에 생긴 사고라고 했다. 젊은 아가씨는 충격이 심했는지 울음을 그치지 못했다. 경찰관이 그녀의 남자친구를 전화로 불러 데려가게 했다. 경찰은 내 보호자를 부르라고 했지만 나는 그럴 필요가 없다고 했다. 아버지는 시력도 안 좋은데다 밤길 운전이 힘드셨다. 경찰은 내 차를 점검하더니 시동이 걸리지 않는다고 하면서 아버지를 불러야 한다고 했다. 조금 전에 시동이 걸리던 내 차가 시동이 걸리지 않는다는 게 이상했다. 후드를 열고 살펴봤지만 아무 이상이 없었다.

　그때 문득 떠오른 게 있었다. 이너셔 스위치! 모든 포드 자동차에는 충격 시 폭발을 막기 위해 연료관을 차단하는 이너셔 스위치라는 것이 있다. 경찰은 내 말을 알아듣지 못하고 내가 '이너셔 스위치'란 용어를 꾸며 대고 있는 것으로 생각하는 듯한 표정이었다. 나는 자동차 트렁크를 열고 스위치를 찾기 시작했다.

　바로 그때 다른 경찰이 다가오더니 "그 스위치는 바로 여기 있습니다." 하면서 트렁크에 손을 넣었고 곧 엔진 소리가 들렸다. 경찰은 내게 여러 번 이런 일을 겪은 것 같다고 말했다. 나는 웃으며 아니라고 했다. 그 사고는 내가 겪은 최초의 사고인 동시에 꽤나 큰 사고라고 말했다.

경찰관은 고개를 끄덕이며 나에게 무척 침착하다고 했다. 나는 그에게 묵주기도 테이프를 틀어서 들려주었다. 그는 다시 고개를 끄덕였다. 경찰은 내가 가야 할 학교로 먼저 가서 학생들에게 내가 곧 도착할 것이라고 알려 주었다. 나머지 경찰 두 명은 아버지가 도착해서 내게 이상이 없는 것을 확인하실 때까지 나를 지키고 있었다. 아버지는 집으로 돌아가시고 나는 학교로 갔다.

내 차와 충돌한 그 여성은 보험에 가입하지 않았기 때문에 수리 비용을 받는 데 꼬박 3년이 걸렸다. 그동안 '찌그러진' 차를 몰고 다니는 것쯤은 아무렇지도 않았다. 나는 내 생명과 그 젊은 여자의 생명이 온전한 것이 동정 성모님의 거룩한 묵주기도 덕분이라고 생각한다. 또한 사고 직후 시동이 걸렸던 것도 묵주기도 덕분이라고 생각한다. 연료관이 이미 차단되어 시동이 걸릴 수 없었던 그 순간에 시동이 걸린 것은 성모님께서 엔진이 작동할 수 있다는 것을 내게 알려 주시고 트렁크에 있는 이너셔 스위치의 존재를 생각나게 해 주시려는 것이었다고 나는 믿는다.

차의 우그러진 부분을 고친 것이 일 년 전이다. 내 친구들은 웬만하면 새 차로 바꾸라고 하지만, 나는 내 차를 볼 때마다 내 생명을 지켜 주신 성삼위와 성가정에 감사한다. 또한 운전할 때면 내가 얼마나 많은 은총을 받았는지를 다시금 절실하게 깨닫는다.

그 사고가 있은 지 수 개월 후에 나는 '원죄 없으신 성모님의 카르멜 재속회'에 입회 신청서를 냈고, 입회 허락을 받아 수련자가 된 지 3년이 된다. 나는 내 삶이 묵주기도를 통해 성삼위와 성가정의 은혜를 입고 있다고 굳게 믿으며 성삼위와 성가정에 의지한다. 그분들의 뜻이 같기 때문이며 성삼위 없는 성가정, 성가정 없는 성삼위는 결코 없기 때문이다.

| 테네시 클라크스빌에서 실린 M. 앤더슨

허락해 주신다면 거룩한 믿음의 사람들, 특별히 모든 사람들이 존경하고 사랑한다고 얘기되는 예수님의 어머니 마리아를 뵈오려 예루살렘에 가고 싶습니다. 참하느님을 낳으신 그분을 뵙고 그분께 말씀드리는 일이 우리 신앙의 벗이라면 누구에게나 기쁨이 아니겠습니까?

−로욜라의 성 이냐시오

개종한 신자를 사랑하시는 성모님

그것은 성령의 이끄심이었다. 어느 날 여동생이 내게 전화를 해서 묵주를 들고 가까운 성당으로 가서 기도를 하라고 했다. 내가 왜 가톨릭교회로 가야 하는지, 또 묵주가 무엇인지를 동생에게 물었다. 당시 아버지가 돌아가신 지 몇 달 지났을 때였는데, 나는 아버지가 진리를 깨달으셨고 우리 모두가 그것을 알기를 간절히 원하셨다는 것을 나중에 알게 되었다.

동생은 내가 반드시 가톨릭교회로 가야 한다고 강조했다. 그래서 나는 성당에 갔고 정오쯤 성당의 맨 뒷자리에 앉아 있게 되었다. 그렇게 매일 성당에 갔다. 날이 갈수록 성당이 편안하게 느껴졌고 곧 매일 미사에 참례하면서 미사 후 다른 사람들이 하는 대로 묵주기도를 하게 되었다. 그러다 마침내 묵주기도를 이끌 수 있게 되었고 신부님께 나아가 강복을 받게 되었다. 그해 예비신자 교리를 받기에는 이미 늦었기에 다음 교리반이 시작될 때까지 참고 기다려야 했다.

그렇게 기다리는 동안 성체와 성모님, 그리고 자비로우신 하느님을 향한 사랑이 점점 강해졌고, 성모님의 도우심으로 대희년을 준비하는 3년의 첫해에 나는 교회의 일원이 되었다.

1997년은 우리 집안에 많은 은총이 내린 해였다. 가톨릭 신자인 여동생 제리 외에 친정어머니와 언니가 가톨릭 신자가 되었고 이제 오빠가 우리처럼 진리를 깨닫게 되기를 기다리고 있다.

나는 매일 묵주기도를 바치며 본당에서 묵주기도를 이끄는 부선창자副先唱者로 봉사하고 있다. 내가 성모님과 묵주기도를 깊이 사랑하는 것은 하느님께서 주신 은총이다. 교황님께서 '묵주기도의 해'를 선포하신 것은 우리 모두에게 커다란 축복이었다. 사랑이 많으신 천상의 어머니께서는 언제나 우리에게 제일 좋은 것만을 주고 싶어 하신다.

시댁 식구 중에는 가톨릭 신자가 없지만, 남편의 조카손녀 에밀리는 다섯 살이 되었을 때 성당에 다니고 싶다고 했고 아이의 부모가 동의해서 지난 5월에 첫영성체를 했다. 에밀리의 여동생도 가을부터 어린이 예비신자 교리반에 다니기로 되어 있다. 에밀리의 사촌오빠도 성당에 관심을 보이고 있어서 그 아이가 우리 집에 오면 나와 함께 매일 미사에 참례하고 미사 전 묵주기도를 하곤 한다.

나는 그 아이들에게 묵주를 선물했고 성모님께서 그들을 성당으로 이끄심을 나는 알고 있다. 내게 그렇게 하셨던 것처럼. 에밀리는 여섯 살이 되어 주일 어린이 미사에서 묵주기도를 이끌고 있다.

| 플로리다 베로비치에서 웬디 L. 보링거

삶을 이해하고 살아 보기 전에는 대체로 복잡해 보일 것이다. 특히 고도로 문명화된 사회의 삶이 그렇다. 나이프, 포크, 스푼, 유리잔, 냅킨, 손을 씻는 그릇 등이 준비된 만찬 의식을 예로 들어 보자.

어떤 미개인이 이런 만찬에 처음 초대되었다고 상상해 보자. 이 모든 복잡한 의식이 사교와 소통과 친지들과의 모임에 배경과 부속물로 사용된다는 말을 들으면 그는 이렇게 말할 것이다.

"음식 없이 이야기를 나누거나 격식 없이 음식을 들면 훨씬 단순할 텐데…."

분명 훨씬 단순할 것이다. 그러나 훨씬 덜 문명화된 것이다. 묵주기도는 매우 지적이고 대단히 문명화된 기도 형식이다. 일단 이해하기만 하면 그것은 우리의 마음을 빼앗는다.

– 메이지 워드

성모님에 대한 기억

어렸을 때 열두 명의 대가족이었던 우리는 밤마다 자기 전에 함께 모여 묵주기도를 바치곤 했다. 우리는 농사가 주업인 작은 마을에 살았는데, 그 시절에 묵주기도는 당연한 일이었다.

5월 성모 성월과 10월 묵주기도 성월이면 우리 본당 공동체는 성체 현시와 묵주기도에 대한 공경을 드리기 위해 함께 모였다. 학교에서 그리고 우리 엄마를 통해 우리는 성모님에 대해 많은 것을 배웠고 성모님을 우리의 어머니로 깊이 사랑하게 되었다. 5월과 10월이면 매일 저녁 성당까지 1.5km를 걸어가서 묵주기도를 바친 기억이 난다. 또한 잠들기 전에 성모송을 세 번 외우면 성모님께서 우리가 죽을 때 틀림없이 함께하신다는 말을 들었던 기억도 난다.

십대가 되어 집을 떠나 있을 때 나는 무엇 때문인지 어렸을 때와 달리 착실하게 묵주기도를 바치지 않고 지냈다. 하지만 성모님께서는 항상 내 곁에 계시면서 내가 당신을 기억할 날을 기다려 주셨다. 나는 성모님께 돌아왔고 요즘은 그때 집과 학교에서 받은 가르침에 깊이 감사하고 있다. 그 옛날 우리 본당 공동체는 주변에 많은 감화와 영향을 미쳤지만, 요즘은 성모님을 공경하는 달인 5월과 10월에 성체 현시를 하는 본당이 없다.

성모님께서는 늘 나의 보호자이시며 언제까지나 내 곁을 지켜 주실 분이라고 믿는다. 나는 매일 묵주기도를 바치며 내가 잠든 밤에 나를 위해 기도해 주시기를 청한다.

| 캐나다 서스캐처원 프린스 앨버트에서 루이지 몰린

묵주기도는 완벽합니다.

기도로 바치는 찬미와 기도가 알려 주는 가르침,

기도로 받는 은총과 기도로 얻을 수 있는 공적 때문입니다.

― 교황 베네딕토 15세

여섯 번의 심장마비

남편 패트릭은 32년 간 경찰관으로 일하고 은퇴했다.

2000년 10월, 우리는 캐나다 나이아가라 폭포를 관광하고 있었다. 우리 부부가 39년 동안이나 즐겨 찾는 곳이었고 그때는 친구들 방문도 겸하고 있었다. 집으로 돌아오기 전날 밤, 호텔방에서 남편은 정말 무서운 심장 발작을 일으켰다. 무려 여섯 번의 심장마비가 찾아왔던 것이다. 호텔 구급대가 3분 이내에 도착해 전기 충격으로 겨우 목숨을 건질 수 있었다.

병원에서는 남편이 살아서 집으로 돌아갈 수 없을 거라고 했다. 나는 주님과 비오 성인께 남편과 조금만 더 함께하게 해 달라고 애원하며 기도하기 시작했다. 남편은 신부님을 뵙고 싶다고 했다. 다음날 참으로 아름다운 신부님이 오셔서 병자성사를 주셨다. 그리고 열흘 후에 남편은 집으로 돌아올 수 있었다. 남편은 집에 도착하자 미사 참례를 하겠다고 했다. 40년 넘게 미사 참례를 하지 않던 사람이었다. 나는 너무도 감사했다. 게다가 놀랍게도 남편은 묵주를 달라고 했다.

미사 중에 내가 본 남편의 그 아름다운 모습을 여러분은 상상도 하지 못할 것이다. 넘치도록 많은 은총을 받은 이 아름다운 남자는 온 정성을 다해 묵주기도를 바쳤다. 그때를 생각하면 이 글을 쓰는 지금도 흐르는 눈물을 참을 수 없다.

나는 주님께서 사랑이 가득하신 마음으로 남편 패트릭의 기도를 듣고 계신다고 생각한다. 때로 우리 주님께서는 정신을 차리라고 우리 머리를 한 대 치시는 게 아닌가 싶다. 지난 세월 남편과 함께해 온 시간에 깊이 감사하며 더 많은 감사를 드릴 수 있기를 희망한다. 여러분도 믿듯이 주님과 성모님께서는 우리에게 부족함이 없게 채워 주시리라 믿는다.

| 오하이오 레이놀즈버그에서 바바라 L. 바로우

묵주기도를 정성스레 바치면 그로써 예수님과 성모님께 더 많은 영광을 드리고 다른 어떤 기도보다 더 많은 공적을 쌓는 것입니다.
- 몽포르의 성 루도비코

묵주를 만들어라!

나에게 묵주의 기적은 2001년에 시작되었다. 나는 의학적으로 밝혀내지 못하는 병으로 심하게 앓고 있었다. 병원에서 CT촬영, 복부 X레이, 정밀 혈액검사, 소화기관 검사, 결장경 검사, 위내시경, 쓸개 검사, 간 검사 등 수없이 많은 검사를 받았다. 그러나 아무 도움도 되지 못했다. 의사들이 할 수 있는 것은 내 통증을 완화시키기 위한 마약성 진통제를 권하는 일뿐이었다. 내 삶은 온통 통증과 싸우며 소진되어 갔다. 우울증과 자살 충동이 내 정신을 파고들었다. 남편 리처드는 속수무책으로 병명을 모른 채 앓고 있는 나만큼이나 좌절하고 있었다. 우리의 결혼 생활은 고통으로 치달았다.

그러나 내 삶에 변화가 찾아왔다. 남편은 오순절 교회를 나가면서 믿음을 갖고 행복을 느꼈다. 나는 남부침례교 신자였지만 점차 멀어졌고 다른 신앙을 가지려고도 했지만 결국 전부 포기하고 말았다. 그런데 첫 번째 기적이 일어났다. 밤새 뒤척이며 잠을 이루지 못하고 자리에서 일찍 일어난 어느 날 아침, 찻물을 올려놓고 텔레비전을 켰다. 나는 쇠약해져 있었고 극심한 통증에 시달리고 있었다. 소파에 누워 텔레비전 채널을 여기저기 돌리다가 가톨릭 방송 EWTN(Eternal World Television Network)을 보게 되었다. 별로 보고 싶지 않은 방송이었지만 왠지 다른 채널로 돌리고 싶지도 않았다.

거기서 '묵주기도'라는 것이 나오기에 무심하게 들었고, 이어서 '미사'라는 것이 방송되었다. 그것 역시 별로였지만 계속 보고 있었더니 안젤리카 수녀님의 시간이 이어졌다. 그 프로그램은 재미있었고 수녀님도 좋았다. 그때 남편이 일어나 채널을 돌렸고 나는 차를 한 잔 더 마시려고 주방으로 걸어갔다. 그런데 그때 어떤 목소리가 들렸다. 아주 분명하고 차분하게 그러나 거역할 수 없는 목소리가 이렇게 말했다. "묵주를 만들어라."

통증이 너무 심하면 제정신이 아닌 때도 있었기에 나는 환청을 들었다고 생각했다. 그러나 같은 소리가 두 번 연거푸 들리자 터무니없다는 생각을 하면서도 확인해 보기로 했다. 인터넷을 켜고 '묵주 만들기'라는 사이트를 찾았다. 그랬더니 '성모님의 묵주 만드는 사람들'이라는 창이 열렸다.

켄터키 루이빌에 있는 그 사람들에게 전화를 걸기 전에 나는 돈이 없다고 거짓말하기로 했다. 그러면 묵주 재료를 보내 주지 않을 것이라고 생각했다. 전화를 받은 상냥한 여자는 끈으로 만드는 묵주와 고리를 엮어 만드는 묵주가 있는데 어떤 것을 원하는지 물었다. 내가 잘 모르겠다고 대답하자 그녀는 내 이름과 전화번호, 주소를 묻고 ID를 알려 주었다. 값을 물었더니 15달러라고 했다. 나는 '요때다' 하고 가진 돈이 없다고 했다. 그런데 놀랍게도 그녀는 "괜찮아요. 30일 이전에 돈을 보내 주면 되니까요. 혹시 전부 지불하지 못하면 되는 대로 조금씩 지불하세요."라고 말하는 것이었다. 나는 너무 당황해서 고맙다는 말조차 못했던 것 같다. 그녀는 묵주 재료가 도착하려면 일주일에서 열흘 정도 걸릴 테니 기다려 달라고 했다.

그런데 다음 날 아침 우편함에 그 물건이 들어 있었다! 두 번째 기적이었다. 그 주에 남편과 나는 백 개가 넘는 묵주를 만들었다. 세 번째 기적은 매일 아침 내가 묵주기도 방송을 틀어 놓고 그 의미도 모르는 채 묵주기도를 따라했다는 것이다. 그렇게 9일이 지났을 때 내 병이 완전히 나았다. 나는 그때 9일 기도가 뭔지도 몰랐다. 그리고 10일째 되는 날 아콜라에 있는 성당에 전화를 걸어 조 앨런 신부님과 캐럴 바우어 씨를 만나기로 했다. 가톨릭으로 개종하기 위해서였다.

네 번째 기적은 남편의 개종이었다. 나는 몇 달 동안 남편의 개종을 위한 기도를 했다. 입교식을 치르던 특별 미사에서 남편은 자리에서 일어나 조 신부님과 캐럴 자매에게 가더니 "저도 아내와 함께 저 자리에 서야겠습니다." 했다.

남편과 나는 일리노이 스프링필드에서 세례를 받고 2002년에 함께 견진성사를 받았다. 요즘 우리 부부는 성체 분배자로 봉사하면서, 아서 요양원의 노인들을 위해 봉성체를 하고 그분들과 일주일에 한 번 묵주기도를 바친다. 또한 예비신자 교리반에서 봉사하면서 곧 성경 봉독자로 활동하게 될 것이다.

| 일리노이 아서에서 캐서린 M. 힐러

우리 아버지

우리 아버지 알베르토는 이탈리아 파도바 지방의 산 마르티노 디 루파리에서 1915년에 태어나셨다. 일생동안 신심이 깊은 분이셨고 그 신앙은 아버지의 가족에게서 물려받은 것이었다.

아버지가 청년이셨을 때 이탈리아에서는 2년간 의무적으로 군복무를 해야 했다. 지금도 그렇지만. 아버지가 군에 입대하시기 전에 할머니께서는 새로운 환경에서 힘들 때 기도로 도움을 청하라시며 묵주를 주셨다. 아버지는 할머니의 뜻에 따랐고, 무사히 군복무를 마치고 제대하기 직전에 유럽에 전쟁이 발발해서 아버지는 결국 총 10년이란 기간 동안 군복무를 하게 되었다.

제2차 세계대전 당시, 아버지는 아프리카에서 주둔하면서 수많은 포화砲火를 견디셨다. 주머니에는 할머니가 주신 묵주를 간직했고, 동료 군인들이 전사하는 상황에서도 참호에서 홀로 살아남으셨다. 운이 좋으셨던 것일까 아니면 묵주 덕분이었을까? 물론 아버지는 묵주 덕분이라고 확신하셨다. 아버지는 다리에 포탄 파편이 박힌 채 세계대전에서 살아남으셨다. 그 파편은 아버지 삶에서 전쟁을 되새기는 기념물로 남아 있었다. 아버지는 전쟁포로가 되었다가 전후에 풀려나서 살아남게 된 것을 감사하며 집으로 돌아오셨다.

아버지는 모험적인 일생을 사셨다. 전쟁 후에 결혼하신 아버지는 가족을 이끌고 1951년 캐나다 온타리오 겔프로 이민을 오셨다. 많은 이탈리아인들이 전쟁 후에 이민을 갔다. 아버지는 잠시도 가만히 있는 분이 아니셨다. 캐나다에서 건설 회사를 시작했을 때에도 주머니에는 늘 묵주를 가지고 다니셨다.

어느 건설 현장에서 주머니에 있던 묵주가 담벼락 뒤 깊은 틈새로 떨어진 적이 있었다. 아버지는 너무나도 상심했고 기적을 가져다주는 그 묵주를 어떻게 꺼내야 할지 애를 태우셨다. 그런데 참으로 놀랍게도 그 벽이 무너져서 묵주를 다시 찾을 수 있었다. 아니, 아버지가 그 벽을 일부러 무너뜨린 것은 결코 아니었다. 아버지는 그것이 성모님의 전구 덕분이라고 믿으셨다.

1997년 6월 24일, 아버지는 성공적인 삶을 끝내시고 숨을 거두셨다. 아버지와 50년을 해로하신 우리 어머니 젬마는 아버지를 당신 어머니에게서 받은 묵주와 함께 안장해 드렸다. 아버지 삶의 수많은 고난과 시련과 성공을 지켜본 묵주였기 때문이다. 아버지는 기도와 믿음을 증거하는 이 글이 책에 실리는 것을 자랑스러워하실 것이다.

| 캐나다 온타리오 겔프에서 마리엘라 G. 르보

나자렛의 비천한 처녀가 천사의 아룀에 순명을 표하자
자연법칙의 은총 안에서
하느님의 어머니가 되셨을 뿐만 아니라
그분께서 낳으신 성자의 권세 아래
하나가 되는 모든 이의 어머니가 되셨습니다.
하느님의 어머니께서는
모든 포도나무 가지의 어머니가 되신 것입니다.

- 성 아우구스티노

구름 위에서 기도하다

우리 부부는 2002년 6월에 결혼했다. 우리는 신혼여행으로 메주고리예와 루르드로 성지순례를 하기로 했다. 특별한 시간을 성모님의 인도로 예수님과 함께한 것은 진정 축복이었다. 우리는 이 성지순례를 통해 묵주기도 신심이 더욱 깊어졌고, 우리 마음에 새겨져 있던 특별한 어떤 것을 다시 찾는 계기가 되었다는 것을 깨달았다.

프랑크푸르트에서 싱가포르까지 열세 시간 동안 비행기를 타야 했는데, 키가 185cm인 나에게 크게 불편한 비행은 아니었다. 아내가 창가에 앉고 나는 그 옆에, 그리고 내 곁에는 어떤 남자가 앉았다. 그는 예의 바른 신사로 보이려고 짐짓 애를 쓰는 사람 같았다. 그런데 이 남자가 잠이 들더니 내 어깨에 머리를 기대고 팔과 다리까지 내게 걸쳐 놓는 바람에 그렇지 않아도 밀실 공포증이 있는 나는 더욱 힘들어졌다.

아무렇지도 않은 체하려고 애를 쓰며 아내에게 "이런 상태로 열세 시간을 버티기는 힘들 것 같아!"라고 말했다. 아내에게는 농담처럼 들렸는지 모르지만 나는 점차 약이 오르고 화가 났다. 그 남자와 내 상황이 무척 불쾌하고 짜증이 났다.

그때 아내가 묵주를 꺼내 나를 위해 기도를 시작했고 나도 함께 묵주기도를 바쳤다. 그저 편안하게 숨이라도 쉴 수 있으면 좋겠다는 바람뿐이었다. 1단을 바치고 나자 짜증으로 날카로워진 마음이 가라앉으며 편안해졌다. 그때 묵주기도 지향은 그 남자가 내 어깨와 가슴에 올려놓고 있던 팔을 치우게 해 달라는 것이었다. 그런데 그가 팔을 거두어 팔꿈치를 위로 세우면서 자기 머리 뒤로 올리는 것이었다.

나는 기분이 좋아져서 다시 성모님께 괜찮으시다면 죄송하지만 그 남자의 다리도 치워 주십사고 기도했다. 감사하게도 성모님께서는 내 기도를 들어주셔서 그 남자의 다리는 통로 쪽으로 옮겨 갔다. 그는 비행 내내 팔꿈치로 하늘을 찌르는 자세로 잠을 잤다. 곡예사가 봤다면 대단하다고 감탄했을 것이다.

나는 평화롭고 행복한 마음으로 아내를 바라보았고, 우리는 주님께서 성모님을 통해 그 높은 구름 위에서도 우리에게 베풀어 주신 선하심을 찬미했다.

| 오스트레일리아 빅토리아 나레 워렌 사우스에서 존 W. 다이커

내 영혼이 주님을 찬송하고
내 마음이 나의 구원자 하느님 안에서 기뻐 뛰니

그분께서 당신 종의 비천함을 굽어보셨기 때문입니다.

이제부터 과연 모든 세대가 나를 행복하다 하리니

전능하신 분께서 나에게 큰일을 하셨기 때문입니다.

그분의 이름은 거룩하고

그분의 자비는 대대로

당신을 경외하는 이들에게 미칩니다.

그분께서는 당신 팔로 권능을 떨치시어

마음속 생각이 교만한 자들을 흩으셨습니다.

통치자들을 왕좌에서 끌어내리시고

비천한 이들을 들어 높이셨으며

굶주린 이들을 좋은 것으로 배불리시고

부유한 자들을 빈손으로 내치셨습니다.

당신의 자비를 기억하시어

당신 종 이스라엘을 거두어 주셨으니

우리 조상들에게 말씀하신 대로

그 자비가 아브라함과 그 후손에게 영원히 미칠 것입니다.

- 루카 복음서 1장 46-55절

다 잘 될 거야

 둘째아이를 임신했을 때 나는 성모님을 더욱 가까이 느끼게 되었다. 임신 5개월째에 나는 콘크리트 계단에서 발을 헛디뎌 넘어지는 사고를 겪었다. 그 일로 인해 엑스레이 검사 결과, 태아의 머리가 커지는 뇌수종에 걸렸다는 진단이 나왔고, 합법적인 낙태 시술이 허락되었다. 그러나 나는 결코 그럴 생각이 없었고 태어나지 않은 내 아이를 위해 주변사람들과 싸웠다. 그때부터 나는 매일미사 참례를 시작했고 묵주기도를 배워서 열심히 기도하기 시작했다.

마침내 해산이 임박해서 분만실로 들어갔다. 그런데 분만을 담당할 의사가 그런 아이를 받고 싶지 않다면서 밖으로 나가 버리는 것이었다. 하는 수 없이 간호사는 얼른 다른 의사를 수소문해서 등을 떠밀듯이 데리고 들어왔다. 내가 마취를 하고 제왕절개로 아이를 낳지 않고 자연분만을 하겠다고 고집하자 의사는 난감해 했다.

진통이 오고 묵주기도를 하다가 눈을 들어 보니 의사 뒤에 서 계신 성모님이 보였다. 성모님께서는 의사의 어깨에 손을 얹고 미소 띤 얼굴로 나를 보고 계셨다. 그리고 "다 잘 될 거야." 하시며 고개를 끄덕이셨고, 의사는 손을 들어 자신의 어깨에 놓인 성모님의 손을 살짝 두드리며 와 주셔서 감사하다고 말했다.

그 의사와 나는 한 번도 만난 적이 없었지만 우리는 성모님의 현존을 함께 느꼈고 분만이 잘 이루어질 것을 알았다. "여인 중에 복되시며 태중의 아들 예수님 또한 복되시나이다." 그리고 모든 일이 잘 되었다. 나는 머리가 크지 않고 몸무게 3.9kg인 건강하고 잘생긴 사내아이를 낳았다. 지금 그 아이는 서른세 살의 멋진 남자로 성장했다. 오직 기도와 충실한 믿음만으로 하느님의 기적을 이룰 수 있었다.

| 미주리 스프링필드에서 로즈마리 J. 핸리

마리아께서는 하느님의 어머니이시고
예수님과 우리의 어머니이시며 교회의 어머니이십니다.

― 콜카타의 마더 데레사

그는 자신이 유죄라고 진술했습니다

내 아들 토마스에게 참으로 아름다운 삶의 변화가 일어났다. 그리고 그를 아는 수많은 사람들과 모르는 사람들에게도 아들로 인한 삶의 변화가 지금도 계속되고 있다.

토마스는 알코올의 위험을 잘 알고 있었지만, 스코틀랜드와 아일랜드계 미국인에게 내재한 기질 때문인지 자신이 알코올중독자가 될 가능성이 더 많다는 사실을 믿지 않았다. 어쩌면 그 아이는 '나이 든' 사람만이 알코올중독자가 된다고 생각했는지도 모른다. 토마스는 술을 입에 대자마자 곧 중독이 되고 말았다. 여덟 살 때부터 술을 마시기 시작하더니 아빠의 맥주를 훔쳐 마셨고, 얼마 후에는 친구들과 어울려 닥치는 대로 마셨다.

아들이 열세 살이 되었을 때 우리 부부는 이혼 소송의 판결을 받았고 그 아이는 그날로 폭력 조직에 들어갔다. 아들은 알코올중독이 자신의 삶에 어떤 영향을 미칠지 알지 못했던 것처럼, 폭력배가 된 자신이 스스로에게, 가족과 공동체에게 어떤 위험을 초래할지 알지 못했다. 이후 그 아이의 삶은 악몽 그 자체였다. 그것에 대해서 여러분에게 자세히 밝히지 않겠지만 아들이 삶에서 어떤 변화를 겪었는지에 대해서는 말하고 싶다.

토마스의 외모는 무척 험상궂다. 얼굴 표정은 굳어 있고 태도는 뻣뻣했다. 그러나 오래전 그를 재판했던 같은 판사 앞에 섰던 그날 모든 것이 변했다. 그날 법원은 텅 비어 있었다. 토마스의 사건이 그날의 유일한 재판이었다. 토마스의 변호사가 법정 앞으로 걸어 나와 자신의 의뢰인인 토마스를 쓸모없는 인간이라고 몰아세우며 그를 종신형에 처해야 한다고 말했다. 그리고 나에게 '토마스'라는 아들이 세상에 없다고 생각하며 살라고 했다.

나는 그 변호사에게 그래도 엄마가 어떻게 있는 아들을 없는 셈치고 살 수 있겠느냐고 하면서 토마스를 위해 함께 기도해 달라고 했다. 그는 기가 막힌다는 듯 웃기만 했다.

그 특별한 날에 토마스는 모든 것이 자기에게 등을 돌릴 것을 알았다. 판사는 아들의 변호사에게 피고를 변호하지 않으면 법정 모욕죄를 적용하겠다고 말했다. 토마스는 이미 몇 가지 혐의로 기소되어 있는 상태였다.

아들은 이제 미성년자가 아닌 성인으로 재판을 받았고 중죄 혐의를 받고 있었다. 판사는 아들에게 최종 변론을 하라고 했다. 그러자 아들은 뜻밖에도 자신이 '유죄'라고 말했다. 변호사조차 놀라서 할 말을 잃었다. 토마스는 자신이 중독자이며 스스로 제어하지 못한다고 말했다. 그리고 나서 '주님의 기도'와 '성모송'을 바치고 눈물을 흘렸다(토마스는 한 번도 운 적이 없는 아이였다). 그의 혐의에 대한 기소와 변호 내용이 믿기지 않을 정도로 달라지기 시작했다.

판사는 토마스에게 중독 치료 프로그램이 있는 시설로 보낼 것을 선고했다. 하지만 토마스는 종신형을 받고 감옥으로 가겠다고 했다. 기소와 변론을 담당한 검사와 변호사는 토마스를 신뢰한다고 했고 재판관도 동의를 표했다. 속기사도 울고 있는 가운데 토마스는 재판관 이하 참석자들에게 절대로 실망시키지 않겠다고 했다. 치료 시설로 보내지기 전에 토마스는 구치소에 있으면서 주방일을 자원했다. 집에서도 해 본 적이 없는 일이었다.

면회를 갔을 때 아들은 식당에 나를 데려가더니 식탁을 보여 주며 이런 이야기를 했다. 식사를 하고 나서 대걸레로 식당 바닥을 닦고 있는데 걸레의 실이 탁자 다리 밑에 걸려서 그 실을 주머니에 넣고 방으로 돌아가 말린 다음 그것으로 1단짜리 매듭 묵주를 만들었다고 한다. 그리고 동료들에게 묵주기도를 가르치기 시작했고 그 동료들도 이제 자기 묵주를 만들어 방에 걸어 놓고 기도를 바친다고 했다.

다시 면회를 갔을 때였다. 다른 수감자가 면회 온 엄마와 함께 우리 테이블로 다가왔다. 그 엄마는 자기 아들을 살려 준 토마스에게 고맙다는 인사를 하고 싶다고 했다. 다른 방 수감자들이 그녀의 아들을 심하게 괴롭힌 나머지 자살까지 하려고 했고 그를 괴롭힌 사람들이 오히려 자살하라고 윽박지르기도 했다는 것이었다.

교도관들이 그 아이의 옷을 벗기고 정신병자를 수감하는 안전장치가 된 독방에 넣었는데도 그 아이는 변기에 머리를 넣고 다시 자살 시도를 할 정도로 죽기로 마음을 먹었다는 것이다.

토마스는 그 이야기를 듣고 알몸인 그 아이의 수치심을 덜어 주기 위해 교도관들에게 속옷을 달라고 하고는 그 방으로 들여보내 달라고 했다. 토마스는 아이에게 그곳에 있는 동안 보호자가 되어 주고 교도관들에게 필요한 조치를 취해 달라고 했으며 가혹 행위가 더 이상 없도록 해 주겠다고 안심시켰다. 조치는 잘 이루어졌고 가혹 행위를 한 사람들은 엄중한 감시를 받게 되었다. 토마스는 그 아이와 매일 기도를 했다.

구치소를 떠나 치료 시설로 가면서 토마스는 그곳 동료들에게 수갑을 차지 않고 돌아오겠다고 약속했다. 그리고 그 약속을 지켰다. 치료 시설에서 토마스는 훌륭한 강사가 되어 청소년기의 힘든 문제에 대해 수많은 사람들에게 강연을 했다. 토마스의 사건을 맡았던 판사는 일부러 시간을 내서 '엄마가 다른 형제들'에게 하는 토마스의 강연을 몰래 들으러 왔다. 토마스는 어린 범죄자들에게 이렇게 말했다.

"여러분은 낙인찍힌 집단이 아닙니다. 여러분은 범죄 통계치에 불과한 존재가 아닙니다. 여러분은 미래이며 저는 여러분을 믿습니다. 저는 여러분이 교육을 받고, 삶의 방향을 바꾸고, 가정을 갖게 될 때까지 여러분 곁에 있을 것입니다. 왜냐하면 저는 여러분의 형제이며 여러분을 사랑하기 때문입니다. 제가 지금 하는 말을 단 한 사람이라도 듣고자 한다면 저는 다시 돌아올 것이며, 그것으로 제 삶은 충분히 가치가 있습니다."

토마스가 치료 시설로 갔을 때 그곳에 반대파 폭력단들이 중독 치료를 받고 있었다. 그들은 토마스를 가만 두지 않겠다고 벼르고 있었다. 그들과 마주쳤을 때 토마스는 셔츠를 벗고 자기 몸의 문신을 보여주며 이렇게 말했다. "형제가 되는 것을 방해하는 것이라면 피부색이든 이런 문신이든 어떤 것에라도 침을 뱉겠다."

토마스와 다른 아이들에게 조용히 밖으로 나오라는 말이 전해졌다.

운동장에서 마주한 상대방 아이는 어금니를 꽉 다물고 주먹을 쥐어 보이며 자기 의사를 전달했다. 그 아이가 발걸음을 돌리는 순간, 토마스는 그에게 달려들어 양팔로 그를 꼼짝 못하게 뒤에서 안고 "너는 내 사랑을 막을 수 없어!"라고 외치고 또 외쳤다. 팔을 풀고 마주보던 두 아이는 교실 창을 통해 다른 많은 아이들이 내려다보는 가운데 서로를 껴안았다.

그때부터 토마스의 구기는 묵주기도가 되었다.

토마스는 열일곱 살에 오토바이 사고로 세상을 떠났다. 이틀 동안 문상을 온 사람들로 영안실이 꽉 채워졌다. 폭력 조직에서 나와 새 삶을 사는 친구들, 경쟁 관계에 있던 조직원들, 장례미사를 집전해 주신 여섯 분의 신부님과 두 분의 몬시뇰, 아들 사건의 재판을 담당하고 조사서(弔辭)를 읽어 주신 판사님 등. 판사님은 토마스가 짧은 생애 동안 실천한 선행의 일부라도 본받을 수 있다면 행복한 사람이 될 수 있을 것이라는 편지를 보내왔다.

토마스는 살아 있을 때 적대 관계에 있던 사람들을 마음을 열고 받아들였다. 지역 신문은 제1면에 토마스의 이야기를 실었다. 토마스는 텔레비전 광고를 찍었고 죽기 이틀 전에 방송되었다. 그런 연유로 텔레비전에서도 토마스의 이야기를 소개했다.

토마스는 낙태를 반대하는 강연을 지속하면서 낙태가 전쟁이나 폭력 조직보다 더 무서운 폭력이라고 했다. 심지어는 가족계획을 교육하는 강사를 따라다니며, 청소년 클럽에서 태아 모형을 나누어 주고 그 모형을 높이 치켜들고 이렇게 외쳤다. "여러분, 이것이 조직 덩어리로 보입니까? 내게는 아기로 보입니다." 어린 청소년들은 기립 박수를 쳤고 아이들은 안내석으로 몰려와서 임신중절 합법화에 반대하는 인쇄물을 가져가고 토마스와 이야기를 나누었다. 가족계획 프로그램을 소개하던 곳에는 한 여성만 남아 있을 뿐이었다.

토마스 주위의 많은 젊은이들은 낙태를 주장하는 사람들에게 넘어간 희생자들이었다. 토마스는 그들에게 생명의 참모습을 보도록 도와주고, 아무도 생명을 없앨 권리가 없다는 사실을 알려 주면서 오직 하느님만이 그 권리를 지닌 분이시라고 역설했다. 토마스는 혼전 동거 연인들에게 결혼할 것을 격려하기도 했다. 그들 중 몇몇은 결혼을 하고 아기를 낳아 우리 집에 찾아오기도 했고, 성당에 나가고 있다고 알려 주기도 했다.

토마스는 대학에 갈 예정이었고, 졸업 후에는 약물과 알코올 중독자를 상담하는 일을 하고 싶어 했다. 결혼을 하고 가정을 이루고 싶다고도 했다. 미래에 대한 희망을 가졌지만, 왠지 열여덟 살이 될 때까지 살 수 없을 것 같다는 말을 여러 번 했었다.

아들이 죽기 전날 밤, 친구들과 텔레비전 영화를 보고 있었다. 친구 하나가 토마스에게 "만일 내일 죽는다면 넌 어디로 갈 것 같니?" 하고 물었다. 토마스는 "내가 천사처럼 착하게 살지는 못했지만 그래도 내일 죽는다면 나는 천국으로 갈 게 분명해. 왜냐하면 예수님을 믿으니까." 하고 대답했다. 친구들은 토마스에게 '선교사'라는 별명을 지어 주었다.

토마스는 아이들을 무척 좋아했다. 죽기 두 시간 전에도 친구의 아이와 놀아 주었다. 그리고 토마스는 농구를 좋아했고 미식축구도 좋아했다. 공을 던지고 잡는 놀이도 좋아했다. 그 모든 것이 폭력 조직과 약물과 술에 빠져들어 먹고 먹히는 삶을 살기 전에 토마스가 즐기던 것들이다.

그리고 그 운명의 늪에 아들은 어린 시절의 순수함으로 돌아갔다. 열여섯 살이던 친구와 침수沈水된 다른 친구의 집에 가서 가구 옮기는 일을 도와주러 집을 나설 때 토마스는 스카풀라를 목에 걸고 있었다. 함께 탔던 친구의 트럭이 굽은 빗길에 미끄러지면서 가로등을 들이받는 사고가 났을 때, 하느님께서는 우리 아들이 세상에서 쿼터백(미식축구에서 전위前衛와 하프백의 중간 위치 또는 그 위치에 있는 선수-편집자 주) 역할을 잘해 낸 것을 아시고 더 넓은 경기장에서 뛸 만하다고 여기셨을 것이라 믿는다. 이곳에서 훌륭한 경기를 했으므로.

토마스가 세상을 떠난 후 태어난 남자아이 다섯 명이 토마스라는 이름을 갖게 되었다. 그 아이들의 부모가 "아무도 생명을 없앨 권리가 없습니다."라고 했던 토마스의 말을 듣지 않았다면 낙태되어 세상을 보지 못했을 수도 있는 아이들이다.

많은 사람들이 아들의 묘지를 방문하고 묘비에 있는 토마스 사진을 본다. 그 눈을 들여다보면 자신을 더 잘 알게 된다고 말한다. 그 결과 약물과 알코올 중독에서 벗어나도록 그리고 치료 프로그램을 받도록 도움을 청하는 사람들이 생겼다. 어떤 방문객들은 토마스의 메시지에 도움을 받아 가담했던 폭력 조직의 상징물이나 자신이 중독되었던 술이나 약물 등과 함께 "이것을 여기에 두고 가며 이제부터 올바른 길을 가겠다." 하는 편지를 놓아두기도 한다. 그래서 나는 그런 편지들을 넣을 우편함을 묘지 곁에 만들었고, 토마스에게 그들을 도와주기를 청했다. 어떤 부모들은 자신들의 자녀들을 도와달라는 청을 했고 기도의 응답을 받았다는 감사 편지를 넣기도 했다.

위령의 날에 우리는 아침 미사 참례 후에 세상을 떠난 사랑하는 사람들을 위해 기도를 바치고 묘지 축복식을 거행했다. 어떤 가족이 내게 다가와 기도를 청하는 편지를 토마스의 묘지에 두고 갔는데 그 응답 받았다고 했다. 나는 그 가족에게 토마스 곁에 누운 친구의 묘지를 보여 주었다. 그 아이는 경찰이 쏜 총에 맞아 사망했다. 죽기 전날 밤, 그는 친구에게 토마스가 죽을 때 스카풀라를 했으니까 자기도 해야겠다면서 스카풀라를 목에 걸었다고 했다.

나는 토마스의 장례미사 때 사람들이 가져가도록 스카풀라와 묵주를 놓아두었고 아들의 친구 장례미사 때에도 그렇게 했다. 그것을 가져간 사람들이 그들 삶에 '완전한 변화'를 갖게 되었다는 이야기를 우연히 듣기도 했다.

성모님께서는 도미니코 성인에게 묵주기도와 스카풀라로 세상을 구하시겠다고 말씀하셨다. 사회에서 그토록 멸시를 받았지만 하느님과 그분의 어머니께 넘치는 사랑을 받았던 그들 젊은이의 삶과 죽음을 통해 그것이 사실임을 확신할 수 있었다. 두 아이의 묘비에는 똑같이 과달루페의 성모님과 자비의 하느님 상이 놓여 있고 사랑의 힘을 증거하는 묵주와 스카풀라가 걸려 있다. 나는 아직도 토마스의 외침을 듣는다. "너는 내 사랑을 막을 수 없어!"

토마스가 세상을 떠났을 당시 나는 위기에 처한 임신부들을 위한 상담소(낙태하지 않도록, 아이를 낳도록 권유하고 실제로 여러 가지 도움을 주는 비영리 단체)에서 일하고 있었다. 이 이야기를 글로 쓰고 있는 동안 아들이 떠나고 2년 정도 지났을 무렵 내가 기고했던 짧은 글이 눈에 띄었다. 그 글은 아들 토마스의 사명이 아직 끝나지 않았다는 것을 내게 알려 주고 있었다. 그 제목은 "최악의 의심과 꿈의 실현"이다.

"나는 아이를 하나 더 가지기에는 너무 나이가 많았고, 낳은 아이들도 이미 다 성장했기 때문에 이것이 그냥 지나가는 감기 정도이길 바랐다. 마약 중독자 남편을 쫓아낸 지 얼마 되지 않았는데, 요즘 들어 딸의 행동이 이상했다. 아무래도 딸아이가 임신한 것 같다. 딸아이를 데려가서 나와 함께 검사를 받아야겠다."

그 모녀가 접수 서류를 작성했다. 십대의 딸은 엄마에게 '낙태, 입양, 부모' 중에서 어떤 것을 선택해야 할지 물어보았다. 엄마는 딸에게 아기는 자신에게도 딸에게도 선택사항이 아니라고 말했다.

검사 결과를 기다리는 동안 나는 그 모녀에게 우리 가족의 지난 이야기를 해 주면서 하느님께서 우리 삶을 얼마나 유익하게 변화시켜 주셨는지를 알려 주었다. 그리고 토마스가 죽기 전에 만든 내용을 짧게 편집한 비디오를 보여 주었다. 그랬더니 그 엄마는 토마스를 안다고 했다. 자기 아들과 어울리던 친구들 가운데 한 명이었다는 것이다.

그 엄마는 그때 하느님께서 자신의 태내에 있는 아이를 위한 계획을 가지고 계심을 깨달았다. 내 아들을 위한 계획을 가지고 계셨듯이. 딸도 임신임이 확인되자 그녀 역시 생명을 세상에 낳기로 결심했다. 그들 모녀는 서로 친구가 되고 도움을 주는 사람이 되어 어린 두 아이를 키우고 보살폈다. 딸은 학업성적이 우수한 학생이 되었고, 엄마는 손자의 보호자가 되었다. 우리는 그런 과정과 결과에 행복했고 그들 모녀와 사이좋게 지내고 있다.

| 플로리다 잭스에서 로즈 마리 댄포스

가장 훌륭한 기도 방법은 거룩한 묵주기도이다.

– 성 프란치스코 드 살

사랑의 표시

젊은 시절 나는 교회 활동을 열심히 했다. 그때 가톨릭 신자가 아닌 이혼남을 만나 사랑에 빠졌고, 그가 이전 혼인의 무효 판결을 받겠다는 약속을 하고 우리는 결혼했다. 남편은 결혼 초에 두 번이나 혼인 무효 판결을 받으려고 애를 썼지만 뜻대로 되지 않아 혼인 장애는 계속 남아 있었다. 증인이 필요한 단계조차 이르지 못했고 교회 법원에 상정되지도 못했다.

이런 두 번의 시도 끝에 남편은 그만 포기하고 말았다. 남편이 군대에 있어서 주둔지에 따라 옮겨 다니며 많은 신부님들을 만나 상담을 했지만 결과는 언제나 마찬가지였다. 나는 더 이상 교회 활동에 온전히 참여할 수 없었고 다시 할 수 없을 것만 같아 절망했다. 남편은 점차 냉정한 태도를 보이기 시작했다. 그는 무척이나 가톨릭 신자가 되고 싶어 했지만 첫 결혼의 무효 판결을 받지 않고는 신자가 될 수 없었다. 그런 현실 앞에서 나 역시 원망을 안고 냉담하게 되었다.

그러나 6년이란 세월이 흐른 뒤에 나는 점심시간마다 다시 묵주기도를 시작했다. 그리고 3년 후 어느 날, 성 세실리아 성당에 갈 일이 있었다. 성당 뒤편에서 아트쇼를 하게 된 친구의 초대를 받았기 때문이었다. 성당으로 들어가는 순간 아! 성령께서 나를 붙드시더니 나를 돌려놓으셨다! 다시 성당에 나가기 시작했고 혼인 무효 판결에 대해 신부님과 다시 상의를 해야겠다고 마음먹었다. 고해성사로는 죄 사함을 받지 못하며 성체를 받아 모실 수 없다는 주임신부님의 말씀을 듣자 나는 감정적으로 또 정신적으로 궁지에 몰린 기분이었다. 그날 다시 절망에 빠져 하루 종일 울면서 첫영성체 때 받은 흰색 묵주를 들고 기도를 올렸다. 다음날 아침에 일어났을 때 40년이 넘은 그 묵주의 연결고리가 금색으로 변해 있는 것을 보았다. 나는 다시 울기 시작했다. 주님께서 나를 얼마나 사랑하시는지 깨달았고 내가 그렇게까지 형편없는 인간이 아니라는 것을 깨달았기 때문이었다.

남편은 다시 무효 판결을 신청했다. 아주 천천히 진행되었지만 4개월 후에 서류는 마침내 주임신부님의 책상을 떠나 법원 사무실을 거쳐 다시 플로리다교구로 보내졌다. 그리고 3년 후 혼인 무효 판결이 내려졌다. 우리 부부는 2002년 11월 22일, 성녀 세실리아 축일에 교회의 축복을 받았다(남편은 이날이 나에게 얼마나 특별한 날인지 모른 채 이날을 선택했다).

지난 3년 동안 나는 묵주 연결고리가 금색으로 변하는 것을 두 번 더 경험했다. 판결 과정이 더디게 진행되어 내가 절망에 빠졌을 때, "아, 주님. 저는 죄 사함도 받지 못하고 영성체도 못할 만큼 죄 많은 인간이에요." 하는 생각에 빠졌을 때 일어났다. 그것은 주님께서 나를 정말 사랑하시며 내가 그토록 죄 많은 인간이 아니라는 것을 내게 말씀해 주시는 방법이었다.

나는 매일 묵주기도를 드리며 친구들과 함께 기도하기도 한다. 지금은 남편이 교회 안으로 들어오기를 간절히 기도하고 있다. 묵주기도를 하는 동안 나의 기도와 물음이 응답을 받는 것이 놀라울 따름이다. 나는 묵주기도를 정말 좋아한다. 묵주기도를 하면서 예수님과 성모님께 연결되어 있다는 것을 확실히 느끼기 때문에 앞으로도 꾸준히 계속할 것이다.

남편과 나는 결혼한 지 22년이 되었고 이제 열 살 된, 다운증후군을 앓고 있는 아들이 우리 부부에게 축복으로 주어졌다. 다시 교회로 온전히 돌아왔다는 것이 얼마나 기쁘고 감사한지 모른다.

| 네브래스카 라비스타에서 캐롤 페티스

여러분이 만일 누군가를 우리 주님과 그분의 신비체에
온전히 귀의시키기를 원한다면
그 사람에게 묵주기도를 가르치십시오.
그러면 두 가지 중에 한 가지가 일어날 것입니다.
그가 묵주기도를 그만두거나
아니면 믿음의 선물을 받게 될 것입니다.
— 풀턴 J. 쉰 대주교

모든 사람을 위한 묵주기도

우리 성당은 두 개의 개신교회와 나란히 이웃하며 자리하고 있다. 우리는 일주일에 한 번 그들과 서로를 위해 기도하며 대림 시기와 사순 시기에 때때로 종파를 초월한 미사나 예배를 드리기도 한다.

지난여름 우리 본당 주임신부님께서는 개신교회에서 어르신들을 위한 프로그램에 일주일에 한 번 묵주기도를 주관해 줄 사람을 보내 달라는 부탁이 있었다고 말씀하셨다. 나는 사정이 여의치 않다고 말씀 드렸고, 신부님은 다른 사람을 추천해 줄 수 있는지 물으셨다. 나는 친구 리즈를 추천했다. 그녀는 가톨릭으로 개종해서 본당 일에 무척 열심한 신자였다. 리즈가 수락했을 때 나는 그 일이 정말 대단한 일이 되겠다 싶었다. 묵주기도를 주관하는 날을 며칠 앞두고 리즈가 내게 전화를 했다. 사실은 묵주기도를 하는 방법을 배운 적이 없다면서 도와 달라는 것이었다.

리즈가 딸을 수영장에 데려다 준 다음 30분 정도 짬을 낼 수 있었다. 나는 리즈를 수영장 주차장에서 만나 묵주기도하는 방법을 가르치기 시작했다. 복되신 성모님께 온 마음을 다해 바치는 기도를 리즈에게 알려 주는 시간은 얼마나 아름답고 기쁜 일이었는지! 그리고 다른 사람들에게 그렇게 기도를 알려 주게 된다는 사실 또한 참으로 기쁜 일이었다.

리즈는 나중에 가톨릭 후원자들과 묵주기도를 함께 바쳤을 뿐만 아니라 몇몇 개신교 신자들도 함께 묵주기도를 바쳤다고 알려 주었다.

│ 로드아일랜드 워릭에서 도리스 A. 포스터

묵주기도는
우리의 구원자이시며 당신의 어머니를 지극히 사랑하시는

예수 성심을 움직이는 가장 강력한 무기입니다.

– 몽포르의 성 루도비코

묵주기도의 비결

이야기는 우리 어머니에게서 시작된다. 어머니는 가톨릭 신앙을 갖고 자랐으며, 평범한 십대를 보내고 일찍 결혼해서 열아홉 살에 나를 낳으셨다. 그때 공교롭게도 아주 짧은 기간 동안 많은 친척들이 돌아가시는 일이 있었는데, 무슨 이유에선지 어머니는 그 죽음이 전부 자신의 탓이라고 믿으며 교회에서 멀어졌다.

몇 년이 지나 두 아이를 갖게 된 후 어머니는 이혼하셨다. 이 시기에 어머니는 친구와 뉴에이지 운동에 참여했다. 아마 그 뒤 수년 간 거기에 몸담고 계셨던 것 같다. 이 글을 쓰면서 그 당시를 기억하면 떠오르는 일은, 마음이 무거웠던 어느 날 그해 초에 첫영성체를 준비하며 내가 만들었던 묵주를 꺼내 들었던 것이다. 함께 살던 아줌마가 "그걸 왜 꺼냈니?"라고 물었던 기억이 난다. 어린 마음에 왠지 묵주기도를 해야 할 것만 같았다. 어쨌든 그때 얼마 동안 묵주기도를 했다.

어머니는 어떤 남자를 만났고 그 사람과 세 번에 걸쳐 결혼식을 하셨다. 처음 결혼식은 '뉴에이지식'으로 집에서 했고, 두 번째는 몇 년 후 법정에서, 그리고 마지막으로 합당한 결혼식을 한 번 더 하셨다. 이 남자는 우리 삼남매를 '입양' 했다(이야기 끝의 내 성을 보기 바란다).

그리고 얼마 후에 두 가지 중대한 일이 있었다. 어머니가 자신의 삶을 완성할 무언가가 필요하다고 자각하신 것과, 비슷한 때에 외할머니께서 당신의 딸인 우리 어머니를 사랑하지 않는다고 선언한 사건이었다. 그날 밤 어머니는 성모님 앞에서 울부짖으며 "성모님, 당신이 제 어머니십니다."하고 외쳤다. 그러고 나서 '뉴에이지'에서 올바른 길로 방향을 전환하며 어머니와 나는 처음으로 천사들을 생각했고 그분들에게 기도하기 시작했다. 어느 날 아침, 우리는 텔레비전 토크쇼에서 손을 몸에 대고 아픈 곳을 고치는 '신앙 요법가'를 보게 되었다. 수소문을 해서 그 카리스마적 치유자의 치유 기도회에 참석했다. 우리가 처음 참석한 그 기도회에서 어머니는 묵주와 몽포르의 루도비코 마리아 성인의 「묵주기도의 비결」이란 책을 사셨다.

그날 저녁, 어머니와 우리 삼남매는 묵주기도를 바쳤다. 아버지는 이때까지만 해도 동참하지 않으셨다. 아버지는 가톨릭에서 유아세례를 받았지만, 오순절교 신자로 교육받고 자랐다. 어머니는 우리 가정을 원죄 없으신 성모 성심께 의탁했고, 많은 기도를 봉헌하는 가운데 때가 되자 놀랍게도 아버지의 마음이 돌아섰다. 우리 가족은 고해성사를 보고 미사 참례를 하게 되었고, 마침내 아버지도 저녁 묵주기도를 함께 바치셨다. 성모님께서는 우리 모두를 하나 되게 하셨고 올바른 길로 이끄셨다. 쉰아홉 개 묵주알로 이루어진 한 줄의 묵주를 통해서.

그런데 이야기는 여기서 끝나지 않는다. 그렇게 얼마 동안 신앙생활을 하던 중에 어머니는 합당한 신자가 되기 위해서는 혼인 무효 판정을 받아야 한다는 사실을 알게 되었다. 이 과정이 진행되는 동안 어머니와 아버지는 본의 아니게 교회와 멀어져 생활할 수밖에 없었다. 그래도 우리는 묵주기도를 계속했고 미사 참례도 하면서 우리의 신앙을 키워 갔다. 성모님께서는 언제나처럼 당신 자녀들을 위해 당신 아드님께 전구해 주셨고, 비록 혼인 무효 판정이 수년 걸렸지만, 마지막 판정은 일 년을 넘기지 않고 메일로 도착했다. 과달루페의 복되신 동정 마리아 축일에 어머니의 첫 결혼이 무효로 선언되었고 일주일 후, 부모님은 교회의 축복을 받으며 혼인성사를 받으셨다.

아버지는 당시 성인 교리를 받고 계셨고 그해에 나와 함께 견진성사까지 받으셨다. 한 가족으로서 우리는 지금 주님을 기쁘게 해 드리기 위해 열심히 노력하고 있다. 남동생은 사제직의 소명을 깊이 느끼며 복사로 봉사하는 은총을 받았다. 그리고 우리는 인터넷에서 손으로 만든 묵주를 저렴한 가격에 판매하는 사도직을 수행하고 있다. 누구라도 원하면 아주 오랫동안 사용할 수 있는 튼튼한 묵주를 구입할 수 있다. 우리 가족은 교회로 돌아오기까지 여러 개의 묵주로 기도를 바쳤다. 줄이 약해서 자꾸 끊어졌기 때문이었다. 나는 아직도 첫영성체 때 만들어 사용하다가 끊어진 묵주를 가지고 있다. 그 묵주는 내가 처음 기도를 시작할 때 사용했던 것이다.

나는 현재 스물한 살이다. 큰딸이었기에 우리 가족의 삶에서 좋은 일과 나쁜 일을 전부 보고 느끼는 축복을 받았다고 생각하며, 하느님께서 원하시는 대로 그 모든 것을 나와 다른 가족을 위해 기억할 수 있는 은총을 받았다고 생각한다.

| 일리노이 시카고에서 다니엘 로사리오

∞ 묵주기도의 비결 ∞

성 베르나르도와 성 보나벤투라는 하늘의 여왕이신 성모님께서 지상의 자비롭고 상냥한 사람들 못지않게 자상하시며 감사를 잊지 않는 분이 분명하다고 말합니다. 다른 모든 창조물을 능가하시는 것과 마찬가지로 그분께서는 감사의 덕목에서도 우리 모두를 초월하십니다. 그러므로 우리에게 백배의 보답을 해 주시지 않고서는 우리가 사랑과 존경으로 드리는 영광을 받지 않으실 것입니다. 성 브나벤투라는 우리가 성모송으로 인사를 드리면 성모님께서 은총으로 보답하실 것이라고 말합니다.

기도해야만 했어요

지난 해 9월, 개인적으로 무척 힘든 시간을 보내야 했다. 나는 뭔가 잃어버린 듯한 허전함을 지울 수가 없었다. 우울증 치료제를 복용하면서 눈물로 나날을 보내야 했다. 그러던 어느 토요일, 오래된 보석함을 정리하다가 리타 이모님이 몇 년 전에 사 주신 묵주가 눈에 띄었다. 아버지는 십 년 전 갑작스레 돌아가셨다. 그때 우리 가족은 아버지가 소생하시기를 기도하면서 묵주가 필요했는데, 이모님이 그것을 사다 주셨던 것이다. 그때 이후 한 번도 묵주를 만진 적이 없었다. 어딘가에 치워 놓고 잊고 있었던 것이다.

나는 몇 년 전에 가톨릭을 떠났고 뒤도 돌아보지 않았다. 그러나 그 묵주를 손에 들고 침실에 서 있으면서 묵주기도를 해야겠다고 느꼈다. 그렇다. 묵주기도를 해야만 했다. 나는 두려움 앞에서 절박한 심정이었다. 그런데 '성모송'과 '주님의 기도'는 기억이 났지만 묵주기도를 하는 방법이 생각나지 않았다. 다음날 친정엄마에게 전화해서 그 방법을 알려 달라고 했더니 갑작스런 내 말에 놀라며 이유를 물으셨다. 나는 손에 묵주를 다시 들었을 때 느꼈던 심정을 말씀드렸다. 그러자 엄마는 다음 날 알려 주겠다며 전화를 끊었다가 마침 엄마 직장 동료에게 그 이야기를 했고 차에 묵주기도 책을 가지고 있던 그분을 통해 바로 그 책을 내게 보내 주셨다.

다음 날은 2001년 9월 11일이었다. 그날 무슨 일이 있어났는지는 독자 여러분에게 굳이 말하지 않아도 알 것이다. 나는 온종일 울고 있었다. 누군가가 일이 생기기 전에 기도하라고 자꾸 내게 경고하는 것만 같았다. 거의 십삼 년 동안 냉담 중이었던 나는 우연히 가까운 성당에서 그 다음 날 묵주기도회가 열린다는 말을 듣게 되었다.

다음 날 정오에 그 성당을 찾아갔다. 계단을 올라가면서 집으로 돌아온 듯한 편안함을 느낄 수 있었다. 묵주기도를 바치는데 기도 방법을 적은 쪽지가 없이도 자연스레 순서가 떠올라 잘할 수 있었다. 기도하는 내내 눈물을 흘리면서 내 곁에 계신 성모님을 느낄 수 있었다. 기도가 끝났을 때 옆에 앉았던 어느 여인이 나를 안아 주었다. 내가 누군지도 모르는 그 여인은 아마 나를 위해 그렇게 해야 한다고 느꼈던 것 같다. 그날 이후 내 삶은 변화되었다. 그리고 다음 첫 주일에 집 근처에 있는 본당을 찾아 갔고 지금은 본당에서 열심히 활동하고 있다. 아직도 성당 계단을 오를 때마다 고향에 온 듯한 편안함을 느낀다.

성모님께서 말씀하셨다는 것을 나는 안다. 엄마에게 묵주기도 방법을 묻던 날 밤, 엄마는 내게 전화를 해서 나에게 특별한 은총을 받는 일이 일어나고 있다고 말씀하셨다. 묵주기도는 그 어떤 것도 헤쳐 나갈 수 있도록 나를 도울 것이다.

올해 엄마의 생신에 묵주를 선물로 보내 드렸다. 지금도 묵주를 손에 들 때면 뭔가 특별한 느낌을 갖는다. 앞으로도 항상 그럴 것이다.

| 워싱턴 밀 크리크에서 로렐 T. 구크

오토바이 사고

나는 유아세례를 받은 신자는 아니다. 2001년 9월 10일에 성인 예비신자 교리반에 다니기 시작했고, 2002년 성령강림 대축일에 세례성사와 견진성사를 받았다. 내 신앙에 대해 아직도 배워야 할 것이 많다는 점은 말할 것도 없다. 어쨌든 가톨릭은 오래전부터 나를 움직여 왔고, 다른 신앙과 달리 내 영혼을 위로해 주었다.

몇 년 전이었다. 가까운 친구이기도 한 직장 동료가 오토바이 사고로 목숨이 위태로운 부상을 입었다. 머리 부상이 너무 심해서 생명을 건지기 어려울 것이라는 진단이 나왔다. 나는 집에 앉아 눈물을 닦으며 내가 할 수 있는 일을 찾던 중에 가방에 넣어 가지고 다니는 묵주를 발견했다. 그 당시에는 묵주에 대해 내가 아는 것이라곤 기도문뿐이었다. 까만 구슬로 엮은 묵주를 들고 기도문을 외우면서 하느님, 성모님, 또는 그 누구라도 내 기도를 듣고 계신다면 제발 친구의 목숨을 살려 달라고 기도하기 시작했다. 그때 얼마나 마음이 아팠는지, 얼마나 간절하게 기도했는지 지금도 기억이 난다. 다음 날 병원 응급실로 친구를 찾아가 보니 그는 혼수상태였고 당연히 내가 옆에 있는 것도 알지 못했다. 친구의 몸은 반쪽이 부상을 입은 상태였고, 머리는 피가 묻어 있는 채로 부어올라 있었다.

그런데 닷새 후 기적이 일어났다. 그 친구는 일반 병실로 옮겨졌고 신체 기능이 정상으로 돌아와 더 이상 보조기구의 도움이 필요 없어졌다. 병실에 들어서자 나를 알아보았고 잠시 이야기도 나누었다. 아직도 단기 기억 상실의 문제는 있지만 '정상'적인 생활을 하고 있다. 의사들도 그가 살 수 없을 것이라고 생각했지만 그는 살아났다. 많은 사람들이 그 친구를 위해 기도했고, 무지하지만 절실한 마음으로 바친 묵주기도가 친구의 회복에 조금이나마 도움이 되었기를 바라는 마음이다. 나는 성모님께서 그날 밤 나의 기도를 들어주셨음을 안다.

| 텍사스 포트워스에서 마샤 스튜어트

매일 묵주기도를 바쳐라.
– 파티마의 성모님께서 루치아에게

묵주기도 웹 사이트

1960년대 후반, 나는 캘리포니아 산호세 지역 대학에 다니는 젊은 이였다. 그때 가톨릭 신자가 되었는데, 그로부터 얼마 후 지금은 생각나지 않지만 내가 공감할 수 없는 어떤 점 때문에 나는 교회로부터 멀어졌다. 그리고 30년이란 세월이 흘러갔다. 나는 정신적으로 황폐해졌고 온전한 삶을 유지하는 것조차 어려운 상황에 처하게 되었다. 그러던 어느 날, 우연히 가톨릭 웹 사이트를 알게 되어 그곳에 있는 기도문을 복사해서 기도를 바치기 시작했다. 그것은 내게 큰 도움이 되었다.

그리고 다시 묵주기도를 알려 주는 웹 사이트를 알게 되었다. 첫영성체 때 선물로 받은 묵주가 하나 있었지만 사용해 본 적이 없었던 나는 묵주기도를 바치기 시작했고 그렇게 매일 기도하면서 말할 수 없이 큰 위로와 도움을 받았다. 성모님께서는 묵주기도를 통해 나를 당신 아드님과 교회로 다시 돌아오게 해 주셨다. 1998년이 끝날 무렵, 캘리포니아 랭커스터에 있는 예수 성심 성당에서 나는 30년 만에 고해성사를 보고 30년 만에 다시 미사 참례를 했다. 그날 복음 말씀이 '되찾은 아들'의 이야기였던 것을 기억한다. 나는 주님께서 되찾은 딸이었다.

지금 내 삶에서 묵주기도는 가장 중요한 기도가 되었고, 페이틴 신부님의 묵주기도 책은 기도를 하면서 각각의 신비를 묵상하는 방법을 배울 수 있도록 도와주었다. 나는 묵주기도로 하루를 시작한다. 이렇게 시작하는 하루는 더욱 활기차고 하루하루 더 나아지고 있다. 묵주기도가 내게 얼마나 큰 도움이 되는지를 말로 설명하기는 어렵다. 올해 초에 나는 레지오마리애에 입단했다. 다른 사람들이 그들의 삶에서 교회를 접하고 묵주기도를 통해 나와 같은 체험을 할 수 있도록 돕는 단체로, 이런 활동은 내게도 유익함을 준다.

내가 교회로 돌아온 지 6개월이 채 안 되었을 때 어머니가 돌아가셨다. 내가 가톨릭 신앙에서 영적인 힘을 얻고 매일 바치는 묵주기도의 도움과 교회 활동에 참여하지 않았더라면 어머니를 잃은 슬픔을 견뎌 내지 못했을 것이다.

| 캘리포니아 랭커스터에서 달린 리스터

캐시의 심장마비

나는 버지니아 뉴포트뉴스에 있는 카르멜 산의 성모님 성당에 다니고 있다. 2002년 12월 2일, 성 엘리사벳 길드St. Elizabeth's Guild의 친구에게서 전화가 왔다. 우리 길드(guild, 중세 시대 상공업자들이 만든 상호 부조적인 동업 조합)의 조합원으로 JC 페니 미용실에서 헤어스타일리스트로 일하는 캐시 챔피언이 근무 중에 극심한 심장마비를 일으켰다는 연락이었다. 나는 즉시 우리 길드의 자매들에게 전화를 걸어 기도를 청했고, 캐시를 위해 긴급한 기도를 청하는 이메일을 보냈다.

아무 전조도 없이 찾아온 캐시의 심장 발작은 무척 심각했다. 미용실에는 당시 세 명의 고객이 있었는데 그들 중 두 사람이 간호사였다. 이것이 첫 번째 기적이었다. 캐시가 숨을 쉬지 못하자 그들은 즉시 심폐기능 소생조치를 취했고, 구급대원들이 도착할 때까지 10분 동안 계속했다. 그리고 다시 구급대원들이 15분 동안 소생조치를 하고 병원으로 이송했다. 41세의 캐시는 심장과 관련한 병력이 전혀 없었기에 우리는 더욱 놀랄 수밖에 없었다. '돌연사'의 위험이 있는 심장마비는 발생 2, 3분 내에 심폐소생조치를 하지 않으면 회복되지 못하거나 사망할 위험이 있다.

우리 길드의 자매들은 화요일 저녁 9시에 우리 집에 와서 캐시의 치유를 위한 묵주기도를 바쳤다. 참석하지 못한 다른 자매들에게는 각자 9시에 묵주기도를 하면서 기도 중에 함께하자고 청했다. 우리는 의사들이 캐시의 상태를 호전시켜 그녀가 깨어나기를 청하는 기도를 올렸다. 캐시의 가족은 햄프턴 종합병원의 집중치료실에 있는 캐시의 곁을 지켰다. 캐시는 아무런 반응이 없는 위독한 상태였다.

수요일 아침에 두 번째 기적이 찾아왔다. 캐시가 깨어난 것이다. 캐시는 침대에 앉아 이야기를 하면서 잠시 병실을 나간 아버지를 찾았다. 매우 혼란스러워했지만 마침내 깨어났다! 의료진과 캐시를 병원으로 이송했던 구급요원들은 그 사실을 믿기 어려워했고, 그 병원에서 일하는 내 친구는 캐시가 병원에 도착하자마자 CAT 스캔(X선 체축 단층사진)을 했는데 그 당시만 해도 아무도 그녀가 깨어날 것이라고 생각하지 않았다고 말했다. 우리의 기도가 응답을 받은 것이었다!

캐시의 상태는 약물과 심장소생기로 치료할 수 있다고 판명되었다. 나는 캐시의 문제가 평생 걱정해야 하는 정도가 아니며 치유될 수 있다는 사실이 세 번째 기적이라고 믿는다. 캐시가 심장마비를 일으킨 지 한 달이 되어 간다. 아직 간호가 필요한 상태지만 나날이 호전되고 있다. 우리는 기도의 힘을 믿으며, 특히 묵주기도가 그녀의 치유에 도움이 되었다고 믿는다. 그래서 우리는 캐시의 완쾌를 빌며 기도를 계속하고 있다.

| 버지니아 요크타운에서 폴라 F. 크로잉하우스

우리는 폭풍우 치는 바다에 던져졌고
바다는 우리를 집어삼키려고 위협합니다.
우리는 유혹의 바람과 시련의 파도 한가운데에서
우리 죄로 인해 심판의 두려움으로 떨고 있습니다.
때로 의혹의 번민이 엄습할 때면
우리는 슬픔의 심연에 빠집니다.
그때,
바다의 별이신 성모님의 이름이
여러분의 입술 위에, 여러분의 마음속에 있게 하십시오.
그분께서 여러분을 지탱해 주시고 희망을 주실 것입니다.
그분의 도우심으로 여러분은 안전하게
항구에 도달할 것입니다.
- 성 베르나르도

9일 기도의 치유

나는 17년 동안 일종의 편두통으로 심한 고통을 겪었다. 해가 갈수록 통증은 더 길어지고 더 심해지는 것 같았다. 수많은 의사를 찾아가서 여러 가지 치료 방법을 시도했지만 아무 소용이 없었다. 약도 도움이 되지 않았다.

친구 한 명이 편두통이 올 때마다 성모님께 기도를 올리라고 조언해 주었다. 어느 날 밤, 극심한 편두통으로 잠에서 깼다. 다시 잠들지 못하고 아래층으로 내려가 거실 소파에 앉았다가 묵주를 꺼내 성모님께 도움을 청하는 기도를 올렸다. 묵주기도를 마치자 편두통도 사라졌다. 침대로 돌아와 잠시 앉아 있을 때 어디선가 풍겨 오는 장미 향기를 맡을 수 있었고 그날 밤 성모님께서 내게 오셨음을 알 수 있었다.

그 후에도 한 달에 한두 번씩 두통은 계속되었다. 한쪽 머리에서 시작된 통증은 다른 쪽으로 옮겨 가며 이삼일 정도 계속되곤 했다.

1986년 크리스마스에는 정말 참을 수 없이 머리가 아팠다. 다음 날 나는 묵주의 9일 기도를 시작하기로 마음먹고 성모님께 내가 편두통에서 벗어나도록 예수님께 전구해 주시기를 기도했다. 그리고 그렇게 해주신다면, 그래서 편두통이 사라진다면 성모님께서 내 기도를 들어주셨다는 사실을 많은 사람들에게 알리겠다고 약속했다.

1986년 크리스마스 이후 지금까지 나는 편두통을 앓지 않았다. 나는 묵주기도가 9일 동안 바치는 것인지 모르고 7일 동안 했지만, 어느새 편두통은 사라졌고 그래서 다시 감사의 기도를 7일 동안 바쳤다. 지금도 나는 성모님께 감사 기도를 드리면서, 기회가 될 때마다 사람들에게 성모님께서 도와주셨다는 이야기를 잊지 않고 한다.

| 오하이오 톨레도에서 매리앤 보든

여러분의 가정에 하느님의 은총을 구하는
가장 확실한 방법은 매일 묵주기도를 바치는 것입니다.
- 교황 비오 12세

언덕을 올라가다

몇 년 전 눈이 엄청나게 내리는 추운 겨울밤이었다. 밤 11시까지 직장인 성심聖心병원에 가야 했다. 미처 제설 작업이 되지 않아서 도로가 무척 미끄러웠다. 그런 겨울 날씨에 운전하기 쉬운 파란 소형 폭스바겐 버그를 몰기로 했다. 아주 조심스럽게 시내로 차를 몰고 가면서 간절한 마음으로 열심히 묵주기도를 했다. 자주 묵주기도를 하는 편이지만 걱정스러운 일이 있을 때는 더욱 열심히 기도를 바쳤다.

그렇게 별 탈 없이 가던 중 언덕 오르막길에 이르렀을 때 자동차 몇 대가 뒤엉켜 서 있는 것이 보였다. 언덕을 오르려다가 미끄러진 것이 분명했다. 자동차들이 몇 번이나 오르려고 다시 시도했지만 모두 실패하고 말았다. 그걸 지켜보면서 점점 걱정이 커졌다. 아주 작은 스포츠카가 내 앞에서 언덕을 오르기 시작했다. 그때, 저 차가 성공한다면 나도 할 수 있을 거라는 생각이 들었다. 하지만 그 스포츠카도 실패했다. 그렇지만 나도 한 번은 시도해 보기로 했다. 왼손에 묵주를 꽉 움켜쥐고 언덕을 오르기 시작했다.

성모님께서 가속 페달이나 핸들을 움직여 주셨는지 확신할 수는 없지만 내 차는 마침내 언덕을 오를 수 있었다. 나는 긴장으로 몸을 떨면서도 성모님께 감사 기도를 바쳤다. 그리고 제시간에 직장에 도착할 수 있었다.

| 워싱턴주 스포캔에서 매리 앤 콜론

거룩한 묵주기도는 하늘이 주시는 선물입니다.
하느님께서 당신의 가장 충직한 종들에게 내리시는 위대한 선물입니다.
하느님은 기도문을 쓰신 분이시며,
기도문이 담고 있는 신비를 만드신 분이십니다.

– 몽포르의 성 루도비코

묵주기도로 하나 되어

얼마 전 나의 이메일 친구인 센이 생일을 맞이했다. 센은 묵주 만드는 일을 하고 있는 가톨릭 신자로, 성실한 남편이며 세 아이의 아버지이기도 하다. 생일이 지난 후에 센은 묵주기도에 대해 이야기를 나누는 친구들 블로그에 자신의 뜻 깊은 생일에 대한 이야기를 올렸는데, 딸에게서 받은 생일선물에 대해서도 상세히 알리고 있었다.

그 아이는 누구의 도움도 없이 아빠를 위해 묵주를 만들었다. 실로 매듭을 만들고 종이 십자가를 단 아주 단순하고 작은 묵주로, 특별하달 것이 없는 평범한 것이었지만 센에게는 그 무엇보다 특별한 선물이었다.

이런 이야기를 하는 이유는 가족을 하나로 묶는 고리가 될 수 있는 묵주의 역할을 설명하고 싶어서이다. 센은 묵주를 만드는데, 그의 어린 딸은 아빠가 하는 일을 눈여겨보았고 아빠에게 묵주가 얼마나 중요한 것인가를 잘 알게 되었던 것이다. 딸이 마음에서 우러나는 정성으로 만들어 선물한 묵주는 아빠의 인생에서 가장 소중한 보물이 될 것이 분명하다. 그 묵주에는 아름다운 마음이 담겨 있기 때문이다.

나는 묵주를 나눔으로써 가족이 하나 되는 이 평범한 유대감을 잘 알고 있다. 나는 센에게 우리 딸 에이미가 묵주를 얼마나 좋아하는지를 이야기했다. 에이미와 나는 함께 앉아 묵주 만드는 일을 좋아한다. 에이미는 구슬을 꿰고 구슬 사이에 매듭을 지어 묵주를 만든다. 연결 부분 장식과 십자가는 찰흙으로 직접 만든 것을 쓰기도 하고, 내가 사다 준 금속 제품을 이용하기도 한다. 그렇게 만든 묵주를 다른 아이들에게 선물하기도 한다.

딸과 나는 나란히 앉아 묵주를 만들면서 많은 이야기를 나눈다. 점심이나 저녁 메뉴부터 시작해서 예수님의 희생이 인간에게 어떤 의미를 갖는가 하는 이야기에 이르기까지. 또한 고양이가 사물을 보는 방법과 라디오가 작동되는 방법, 그리고 하느님께서 우리에게 주신 이 세상이 얼마나 경이로운가 하는 이야기를 나눈다. 이렇게 조용하면서도 생산적인 시간을 함께하며 우리의 신앙과 서로의 관계를 돈독하게 하는 것이다.

에이미가 태어났을 때 당시 남편이었던 코지와 나는 불교에 심취해 있었다. 그러나 지금의 남편 이삭을 만나 나는 가톨릭으로 다시 돌아갔다. 에이미의 아빠는 미사 참례와 첫영성체, 기도 등 신앙의 문제는 에이미의 결정에 맡겨 달라고 부탁했다.

에이미가 태어난 지 몇 개월 되었을 때 코지와 나는 불교를 떠났고, 그래서 에이미는 어떤 종교의 영향도 받지 않았지만, 아주 어렸을 때부터 이미 무척 강한 믿음을 갖고 있었다. 아이가 네 살이었던 어느 날, 당시만 해도 무신론자였던 나에게 다가오더니 예수님께서 우리를 위해 돌아가셨고 하느님께서 우리 모두를 사랑하신다고 말하는 것이었다. 나는 그 일을 결코 잊지 못할 것이다.

내가 그런 이야기를 해 준 적이 없었기에 에이미가 어디서 그런 이야기를 들었는지 지금도 알 수가 없다. 어쨌든 아이는 내 신앙이 다시 살아나기 오래전에 이미 그리스도교 신자였다.

2001년 부활 성야에 에이미는 우리 본당의 두 분 신부님께 세례를 받았다. 조 신부님이 세례를 주시는 순간 아이는 눈물을 흘렸고, 댄 신부님께 첫영성체를 하면서 다시 눈물을 흘렸다. 참으로 놀라운 날이었다. 그날의 기쁨은 아직도 우리 마음속에 있다. 에이미의 아빠는 아이의 신앙이 그토록 깊은 것에 놀라워하며 열심히 신앙생활을 도와주고 있다.

요즘 에이미는 나와 함께 주일미사 참례를 한다. 나와 함께 일주일에 네댓 번 묵주기도를 바치고 나와 함께 매일 아침저녁으로 기도를 올린다. 아빠의 집에 가서도 묵주기도를 바친다는 것을 알고 있다. 이 모든 것이 에이미의 의지이다. 그렇게 하고자 하는 아이의 갈망은 대부분 나와 함께 묵주를 만드는 시간, 그리고 나와 함께 이야기를 나누는 시간에서 비롯된 것이라고 확신한다.

남편 이삭과 나는 2년 전 결혼해서 지금까지 묵주기도를 바치는 시간을 우리 삶의 중심에 두고 있다. 각자 적절한 시간에 묵주기도를 바치기 때문에 우리 부부가 함께 기도하는 시간을 자주 갖지는 못하지만, 될 수 있으면 시간을 맞춰서 함께 기도를 바친다. 그 시간은 참으로 따뜻하고 친밀한 시간이며 우리 두 사람의 관계와 하느님과의 관계를 더욱 강하게 해 주는 데 도움이 된다.

두 가족이 하나로 합쳐지면서 지난 몇 년 동안 에이미와 이복형제들, 계부와 계모로서 남편 이삭과 나의 유대감이 자라났고, 우리는 온 가족이 모여 기도하는 시간을 자주 갖는다. 나는 이 시간이 우리가 서로를 마음으로 받아들이고 떨어져 있을 때에도 가까이 느끼도록 해 준다고 진심으로 믿는다. 묵주기도는 우리 작은 가족의 튼튼한 기초가 되어 어떤 흔들림이나 폭풍우도 해결하고 헤쳐 나갈 수 있도록 해 줄 것이다.

가족은 사랑과 헌신으로 하나가 된다. 혈육과 공통의 유전인자로 하나가 된다. 그러나 내가 느끼는 유대감을 더욱 견고하게 만드는 것은, 묵주로 연결되는 고리이며 성모님과 주님, 그리고 우리의 아버지께 함께 바치는 기도의 즐거움이다. 주님께서 여러분 모두에게 은총을 내리시기를 빌며, 나와 내 가족이 매일 장미 화관으로 장식된 기도의 길을 걸으면서 누리는 평화와 행복을 여러분과 여러분의 가족도 누리기를 바란다.

| 캘리포니아 벨몬트에서 진 올

아침에, 한낮에, 황혼 녘에
성모님 당신께선
제가 부르는 찬미가를 들으십니다.
기쁨과 괴로움 가운데,
행복할 때나 힘들 때에도
하느님의 어머니,

제 곁에 계셔 주세요.

시간이 반짝이며 흘러갈 때,

하늘에 구름 한 점 없을 때,

제가 나태해지지 않도록

당신의 은총이 제 영혼을 당신께로 이끄십니다.

지금 운명의 폭풍우가

저의 현재와 과거에 어둠을 드리울 때

저의 미래를 당신의 감미로운 희망으로 빛나게 하소서.

– 에드거 앨런 포

교황님을 위해 햇살이 빛나다

나는 올해 호주 시드니 남쪽에 위치한 울런공교구 소속 45명 친구들과 함께 세계청년대회에 참석했다. 우리는 한 그룹이 되어 매일 묵주기도를 바치며 각각의 신비를 묵상했다. 각 그룹의 청년들은 서로 다른 언어로 기도하면서 한 사람씩 기도를 주관하는 기회도 가졌다.

세계청년대회 축제의 마지막 주 토요일 밤에는 다운스뷰파크에서 교황님과 저녁 기도를 바쳤다. 그리고 주일인 다음날 아침에 거행될 교황님 집전 미사에 참례하기 위해 그곳에서 밤을 지새웠다. 아침 6시가 되자 비가 내리기 시작해서 잠자던 사람들을 깨웠다. 그것은 하느님께서 내려 주시는 샤워였다. 비는 계속 내렸고 몇몇 사람들이 비를 피해 자리를 떴다. 그러나 많은 사람들이 미사를 기다리며 자리를 지

컸다.

　친구 한 명과 나는 묵주기도를 하기로 마음먹었다. 구름을 흩어 버리고 해가 다시 비추어 비에 젖은 모든 것을 말려 주기를, 그리고 미사가 거행될 수 있도록 청하는 묵주기도를 시작했다. 그러자 서서히 비가 멈추기 시작했고 바오로 2세 교황님께서 첫 말씀을 하셨을 때 구름에 가렸던 태양이 얼굴을 내밀었다.

| 호주 답토에서 캐트리오나 T. 누난

　그리고 하늘에 큰 표징이 나타났습니다. 태양을 입고 발 밑에 달을 두고 머리에 열두 개 별로 된 관을 쓴 여인이 나타난 것입니다.
　- 요한 묵시록 12장 1절

무지갯빛 묵주

　신앙심에 불타는 초보 신자인 나는 2001년 12월에 견진성사를 받기 일 년 전부터 묵주 만드는 일을 시작했다. 최근 호주에서 열린 꾸르실료에 참석하면서 뉴질랜드에서 만든 무지갯빛 묵주를 여러 개 가지고 갔다. 무지개는 꾸르실리스따들의 마음에 소중한 의미를 갖는다.

　꾸르실료 과정을 하면서 몇 개는 나누어 주었지만 과정을 마치고 일주일 휴가를 갖기 위해 시드니에 도착했을 때에도 묵주는 많이 남아 있었다. 꾸르실리스따라면 누구나 그러하듯, 성령이 임하신 가운데 남은 묵주를 어떻게 할 것인지 그 답을 청하며 기도를 했다. 그리고 자신이 가톨릭 신자라고 당당하게 자발적으로 밝히는 사람에게 묵주를 선물하기로 결정했다. 그 일은 휴가를 더욱 의미 있게 했다. 자신이 가톨릭 신자라는 사실을 자랑스럽게 여기는 사람들을 만났고, 그들은 전혀 주저함이 없었다. 정말 그랬다.

달링하버에서 내가 처음 만난 신자는 '미니밴' 운전사였다. 그는 수호천사 핀을 꽂고 있었고 매일 묵주기도를 바치는 사람이었다. 주님께서 주변을 두리번거리시더니 나와 함께 여행하던 친구의 시계를 땅바닥에 떨어뜨려 주시고(시계는 아무 이상이 없었다) 그 운전사가 말을 걸게 하셨으며 증인이 되셨다. 두 번째 신자는 호텔에서 버스 타는 곳까지 함께 걸어간 부부였다. 그들을 꾸르실리스따였다. 패디스 마켓에서 가족이 나무를 깎아서 만든 그리스도상을 내게 팔았던 캄보디아 출신 여성도 묵주를 차지한 주인공이 되었다.

센터포인트타워 꼭대기에 있는 회전 레스토랑에서 결혼식이 열리고 있었다. 신랑신부는 고향에서 가톨릭 혼인 미사를 하고 시드니로 와서 친구들을 초대해 세속 결혼식을 올리는 중이었다. 그 신혼부부도 깜짝 선물로 묵주를 받았다. 우리 단체 내 호주인들의 첫 모임에서 속죄의 형제자매회Brothers and Sisters of Penance의 형제들에게 두 개의 묵주를 선물했다. 우리는 시드니 식물원 카페에서 만나 따오기에게 빵 부스러기를 던져 주는 시간을 가졌다.

휴가 마지막 날 아침, 공항으로 갈 때까지만 해도 가방에 세 개의 묵주가 남아 있었지만, 비행기에 탑승했을 때는 하나도 없었다. 택시 운전사에게 하나를 주었고, 내 휠체어를 밀어 준 승무원에게 하나를,

마지막 하나는 조카들과 여행 중인 시각장애우 여성에게 선물했다. 그 모든 사람들이 이야기 중에 자신이 가톨릭 신자라고 밝히는 것을 자랑스러워했고 내게서 묵주를 받았다. 나는 넘치는 축복을 받았고 그들이 나를 위해 기도해 주기를 소망한다.

| 뉴질랜드 매스터턴에서 조이 F. 세이커

꾸지람

시골에서 나고 자란 나의 어린 시절은 아름다운 추억으로 풍성하다. 열심히 일하시는 아버지와 신앙심 깊은 어머니 덕분에 사랑이 넘치는 가족이었다.

어머니는 전직 교사셨는데, 매일 밤 즐거운 이야기를 나누며 하루를 끝낼 때쯤이면 잊지 않고 우리에게 묵주기도를 바치라고 하셨다. 묵주기도를 바친 다음 아버지와 어머니 앞에 차례로 무릎을 꿇고 앉으면 축복을 해 주셨고 이어서 두 분의 손에 입맞춤을 하는 것으로 끝을 맺었다.

아버지가 안 계신 어느 날, 아버지를 대신해서 큰오빠에게 축복을 받게 되었는데 우리가 오빠의 손등에 입맞춤을 하는 순간 오빠가 손을 드는 바람에 우리 입술과 부딪치고 말았다. 우리는 그 앙갚음으로 입맞춤 대신 오빠의 손을 깨물어 버리고는 킥킥거리며 웃음을 터트렸다. 어머니는 그 거룩한 순간에 웃음을 참지 못한 우리를 꾸짖으셨다.

| 노스다코타 D. 레이크에서 리라 에스피노자 수녀

묵주기도는 보화와 같은 은총입니다.

– 교황 바오로 5세

쿠웨이트의 성모님

내가 여섯 살 때 아빠는 내게 처음으로 묵주기도를 가르쳐 주셨다. 그전까지 나는 아빠가 구슬 목걸이를 손에 들고 무슨 놀이를 하시는지 무척 궁금했었다. 물론 아빠는 놀이를 하시는 게 아니었고, 주님의 뜻에 따라 이렇듯 힘 있는 기도를 내게 가르쳐 주셨던 것이다. 성모님은 내 삶에 큰 도움을 주셨을 뿐만 아니라 어려움에 처한 아들과 그 동료들의 생명도 구해 주셨다. 묵주기도로 많은 기적을 체험했지만 여기 한 가지만 소개하고자 한다.

우리 막내아들 랜디는 사막의 폭풍 작전 당시 쿠웨이트에 주둔하고 있었다. 전투가 계속되자 나는 아들이 무사한지 걱정이 되어 마음을 놓을 수가 없었다. 그 시기에 나는 텍사스 샌앤젤로에서 열리는 가톨릭여성협의회 총회에 참석하게 되었다. 라브로커 몬시뇰께서 내 아들이 쿠웨이트에 주둔하고 있다는 사실을 아셨고 우리는 함께 묵주기도를 하기로 했다. 우리는 밤 열한 시에 기도를 시작해서 다음날 새벽 네 시까지 계속했다(한 가지 언급할 것은 몬시뇰께서는 누군가를 위한 기도가 필요하다고 생각되시면 우리와 함께 자주 묵주기도를 하시곤 했다는 것이다).

2주 후에 아들에게서 편지가 왔다. 편지 내용은 이러했다. "새벽 두 시에 수많은 포탄이 제 머리 위로 날아갔어요. 핑핑거리며 날아가는 소리가 들렸어요. 저는 두려움 속에서 기도했어요. 그러자 마음이 편안해졌고 내가 무사할 것이라는 확신이 들었어요. 누군가 제게 걱정하지 말라고 말했는데 그 목소리는 하늘에서 들려왔어요." 그날 그 시간은 바로 우리가 묵주기도를 바치던 때였다! 나는 성모님께서 랜디에게 그 말씀을 하셨다고 믿는다.

나는 라브로커 몬시뇰께 편지를 보여 드렸고 몬시뇰께서는 우리 모임에서 그 편지를 큰 소리로 읽어 주셨다. 모임에 참석한 사람들 모두가 깊은 감명을 받았으며 그들 역시 그것이 성모님의 목소리라고 믿었다. 성모님께서는 우리 모두를 보살펴 주고 계신다.

성모님, 당신의 망토 아래 우리를 보호해 주시고 당신 아드님께로 이끌어 주소서.

| 텍사스 버몬트에서 베로니카 M. 헤어그로브

성모님의 방문

성모님께서는 언덕을 넘어 그리스도와 함께 가셨습니다.
함께 그 길을 가시면서
성모님의 태중에 계시던 그리스도께서는
성모님께서 만나는 모든 이들에게
당신의 은총을 풍성하게 내려 주셨습니다.
성모님께서는 태중에 계신 그리스도에 대해
아무 말씀도 하지 않으셨습니다.

성모님께서는 당신을 향한 아드님의 사랑을
드러내지 않는 것에 만족하셨습니다.
하지만 성모님께로부터 벅찬 기쁨이 넘쳐나서
돌처럼 굳은 마음을 가진 이들에게 사랑으로 흘러들었습니다.
또한 아직 태어나지 않은 요한에게도
그리스도의 은총이 내렸습니다.
그리스도께서는 매일 사랑의 성사로
제 마음 깊은 곳에 살고 계십니다.
그래서 저는 쏜살같이 지나가는 삶의 여정을 걸으며
하느님을 생각하지 않는 사람들 곁을 지나갑니다.
저도 성모님처럼 제 안의 그리스도와 함께
그 길을 갈 수 있기를 기도합니다.
하느님을 모르는 그 사람들이
저를 통해 그분을 알기를 기도합니다.

| 에일린 릴리스 수녀, 성녀 클라라의 가난한 자매 수도회

강력한 기도

내 아내가 최우선으로 여기는 것은 묵주기도였다. 아내는 파티마 성모님의 '푸른 군대'에 가입하여 묵주기도를 열심히 바치며 살았다. 베이비시터(전문적으로 아기 돌보는 일)로 일하고 있는 아내는 어느 날 이곳 애리조나의 산꼭대기에 있는 어느 가정의 아기를 돌보게 되었다.

늦은 아침 녘에 집 밖으로 나온 아이를 데리러 밖으로 나왔다가 다시 집안으로 들어가려 했지만 문이 열리지 않았다. 안으로 들어갈 수 있는 문은 전부 잠겨 있었다. 아이의 부모는 저녁때나 돌아올 예정이었다.

아내는 밖에 앉아 묵주기도를 했다. 기도를 마친 다음 아이를 안고 다시 문들을 열어 보았다. 한 군데 문이 열렸다! 아이의 부모가 돌아왔을 때 아내가 그 이야기를 하자 아이 아빠는 어느 문으로 들어왔는지를 물었고 아내가 그 문을 가리키자 그는 이렇게 말했다.

"그럴 리가! 저 문은 오랫동안 사용한 적도 없고 항상 잠겨 있었어요! 정말 강력한 기도를 하셨군요."

아내는 "물론이죠! 우리 성모님의 묵주기도를 했으니까요!"라고 대답했다. 그 남자는 내 아내가 그 문을 통해 집안으로 들어왔다는 사실이 아직도 믿어지지 않는다고 한다.

아내는 세상을 떠날 때 묵주를 손에 들고 갈색 스카풀라를 목에 걸었다. 그 전에 신부님께서 병자성사를 베풀어 주시려고 오셨을 때 아내는 "신부님, 먼저 묵주기도를 마쳐야겠어요."라고 말했고 신부님은 "네, 그러세요."라고 말씀하셨다.

| 애리조나 피닉스에서 로데리크 D. 페룰로

사랑하는 형제자매 여러분, 매일 묵주기도를 바치십시오.
사목자 여러분께도 묵주기도를 바칠 것을 간곡히 권하며
그리스도인 공동체에 묵주기도하는 방법을 가르치기를 권고합니다.
-교황 요한 바오로 2세

묵주기도와 대형 컨테이너 트럭

결혼 전과 마찬가지로 결혼 후에도 묵주기도는 내 삶에서 가장 큰 부분을 차지해 왔다. 아내와 성장한 세 아이도 열심히 묵주기도를 바치며, 우리 가족의 삶에서 매우 중요한 것으로 여긴다.

1955년에 나는 이탈리아 산조반니 로톤도에 계시는 비오 신부님께 나의 지향을 알려 드리고 기도를 청하는 한 통의 편지를 보냈다. 그해 3월 1일에 신부님의 상급 장상께서 "비오 신부님은 형제님의 지향을 위해 기도하실 것이며 그분의 축복을 보냅니다."라고 쓰신 짧은 편지를 보내 주셨다.

비오 신부님도 나와 마찬가지로 묵주기도를 가장 열심히 하시며 매일 바치고 계신다고 했다. 나는 성 비오 신부님께서 우리 가족을 위해 지금도 기도해 주신다는 것을 확실히 느끼고 있다. 나는 자주 신부님께 기도드리며 성 비오 신부님을 내 삶에 선물로 보내 주신 성모님께도 깊이 감사한다.

나는 30년 동안 URM Stores(미국 북서부에 있는 소매업 협동조합)에서 대형 컨테이너 트럭을 운전했고 때로는 두 개로 연결된 화물 트럭을 운전하기도 했다. 워싱턴, 아이다호, 몬태나, 오리곤 등지를 돌며 총 388만km를 운전하면서 거의 하루 종일 묵주기도를 하곤 했다.

1970년대 초 어느 날, 나는 루이스턴 고속도로를 달리고 있었다. 심한 커브가 이어지는 가파른 내리막길이었다. 그 당시만 해도 트럭의 브레이크장치에는 공기탱크에 충분한 공기가 저장되어 있지 않았다. 그렇게 도로를 4분의 3쯤 내려갔을 때 공기탱크에서 공기 누출이 발생

했다. 기압계가 0으로 떨어지는 순간, 나는 더 이상 트럭을 통제하지 못하고 최악의 경우 큰 사고로 이어질 것이라는 생각이 들었다.

트럭에서 뛰어내릴 것인가 말 것인가를 결정하는 동안 트럭은 경사가 완만한 커브 길을 돌면서 천천히 내리막길을 가고 있었다. 에어브레이크가 없는 상태로 움직이고 있는 트럭에서 내가 할 수 있는 일은 핸드브레이크로 속도를 낮추는 것뿐이었다. 핸드브레이크를 잡아당기자 트럭은 속도를 낮추기 시작했다. 그렇게 핸드브레이크를 잡아당기면서 나는 큰 소리로 외쳤다. "예수님, 성모님, 도와주세요!" 그러자 트럭은 속도를 점차 낮추면서 마침내 멈추었다.

그날의 악몽이 떠오를 때면 나는 핸드브레이크가 트럭을 멈춰 서게 하지 않았다고 생각한다. 핸드브레이크만으로 그 무거운 트럭을 멈춰 서게 한다는 것은 불가능한 일이다. 성모님께서 당신의 푸른 망토로 내 트럭을 감싸 주셨다. 감사합니다. 푸른 망토의 성모님!

자동차 운전에 최악의 날씨는 안개와 빙판길이다. 몬태나의 리비로 트럭을 몰던 때의 일이다. 그날은 매섭게 추운 날씨와 짙은 안개로 자동차 창에는 성에가 두껍게 끼어 있어서 시야가 확보되지 않았다. 시속 40km로 천천히 운전을 하면서 안전한 운행을 위해 성모님께 묵주기도를 바쳤다. 그렇게 트럭을 운전하고 있는데, 성에가 낀 차창너머 길 오른편에 얼핏 말의 모습이 보였다. 나는 잘못 본 것이라 생각하고 계속 운전을 하고 가는데 안개 속 길 한복판에 서 있는 말 한 마리가 또 보였다. 이번에는 내 트럭과 70cm쯤 거리에서 왼쪽 차창을 통해 나를 바라보고 있는 것이었다!

도로조차도 잘 보이지 않는 곳에서 예상치도 못하게 말을 두 마리나 본 것이었다. 그 말들이 어째서 고속도로 한복판에 서 있는 것일까? 마치 기적처럼 두 마리의 말이 좌우로 서로 멀리 떨어져 서 있었기 때문에 내 트럭은 그 사이를 무사히 지나갈 수 있었다. 눈으로 보았지만 정말 믿어지지 않았다. 말들이 내 트럭과 너무나도 가까이 서 있었기 때문에 하마터면 칠 뻔했다.

리비에서 돌아오는 길에 안개는 걷혀 있었다. 내가 말을 보았다고 생각되는 곳에 말 한 마리가 죽은 채 길가에 놓여 있었다. 누군가 말을 치었던 것이다. 그것을 본 순간 나는 성모님께 감사 기도를 올렸다. 말들이 간격을 두고 있어서 내 트럭은 안전하게 그 사이를 지나갈 수 있었다. 성모님께서 내가 지독한 안개 속에서 사고를 당하지 않도록 도와주셨던 것이다.

1968년에 워싱턴의 트위스프로 운전을 하고 갔다가 영하의 날씨에 집으로 돌아가는 길이었는데, 눈보라가 치더니 강풍이 몰아치기 시작했다. 휘몰아치던 눈이 도로에 쌓이기 시작했다. 앞을 분간하기도 어려운 상황에서 집까지 오는 데 열여덟 시간이 걸렸다. 무사히 집에 도착한 나는 "예수님, 성모님, 감사합니다." 하고 기도를 올렸다.

워싱턴 월라월라로 가는 길이었다. 오르막길을 지나 막 내려가려는 찰라 오른쪽 앞바퀴의 볼트가 헐거워지면서 바퀴가 앞뒤로 흔들거리기 시작했다. 몇 초 안되는 그 순간에 큰 사고가 일어날 수도 있었다. 바퀴가 빠질 가능성이 높았기 때문이다. 그러나 바퀴는 빠지지 않았다. 성모님께서 지켜 주셨기 때문이다!

대형 컨테이너 트럭을 몰면서 묵주기도를 바치면 좋은 점이 참으로 많았다. 하느님의 창조물을 감상할 수 있다는 것은 큰 선물이었다.

아름다운 산을 지나 온갖 나무가 우거진 숲을 볼 수 있고, 팔루스를 지나 월라월라로 가는 길에는 황금빛 밀밭이 끝없이 펼쳐져 있다. 미풍이 불고 태양이 빛날 때면 황금빛 파도가 일렁이는 것 같다. 몬태나의 리비 주변과 포스오브줄라이 패스 근처의 풍광은 더욱 아름답고 몬태나에 펼쳐진 산과 강들 역시 눈을 즐겁게 해 준다. 그레이트컬럼비아 강과 거기 세워진 댐, 저지대, 고지대, 돌로 뒤덮인 평지, 산쑥, 드넓은 밭과 과수원, 산림지대 등등 그 모든 것을 보았으며 하느님의 창조물에 감사했다.

트리시티에서 애키모에 이르는 길에는 끝도 없는 포도밭이 펼쳐져 있다. 다른 여러 과일과 더불어 가장 풍미 있는 포도주를 생산하는 곳이다. 오카노간 카운티를 거쳐 트위스프를 지나 웨나치로 가다보면 수많은 종류의 사과 밭이 이어진다. 웨나치에서 나는 '성녀 클라라의 가난한 자매 수도회'의 수녀님들을 위해 과즙이 풍부하고 크고 아삭아삭한 레드딜리셔스 사과를 샀다. 그 사과를 한 입 베어 물면 정말 '아삭' 하는 소리가 난다.

그렇게 운전을 하면서 언제나 묵주를 가지고 다녔다. 나는 고속도로와 일반도로, 좁은 길 등을 대형컨테이너트럭을 몰고 다닌 그 세월을 돌이켜 보면서 나를 보호해 주신 성모님께 감사할 뿐이다. 성 비오 신부님도 묵주기도로 어려운 상황에 처했던 나를 구해 주셨음이 틀림없다.

| 워싱턴주 스포캔에서 웨인 샤틀러

밀랍이 불 앞에서 녹아내리듯이 악마들은 성모님 앞에서 도망친다.

- 성 보나벤투라

기도하는 방법을 알고 있지 않느냐

1987년에 나는 심장 발작을 일으켜 위험한 수술을 받았다. 그러나 깨어나지 못하고 혼수상태에 빠지고 말았다. 다섯 명이나 되는 전문의가 내게 가망이 없다는 결론을 내렸다. 그렇게 혼수상태에 있는 나에게 성모님께서 나타나셨다. 기적의 메달 형태 안에 계신 성모님의 모습은 손이 아닌 발에서 빛이 뿜어져 나왔고, "기도하여라. 기도하여라. 기도하는 방법을 알고 있지 않느냐."고 말씀하셨다.

나는 매일 기도를 바쳤기 때문에 성모님께 얼른 대답했다. "네. 알고 있어요." 나는 마치 가족과 이야기하듯이 편안하게 성모님께 말했다. 그리고 순간 혼수상태에서 깨어나 눈을 뜨고 곁에 있는 가족을 바라보았다. 가족들이 울고 있어서 왜 우느냐고 물었더니 내가 3주 동안 혼수상태에 있었다고 했다. 혼수상태에서 깨어나 가족과 많은 친지들이 나를 위해 기도해 준 것에 감사하며, 성모님께 의탁할 수 있는 것에도 감사한다.

1997년 9월 췌장에 있는 종양을 제거하는 수술을 받았다. 의사는 제때에 발견하지 못해 조금만 더 늦었더라면 몇 주 내에 암으로 발전했을 것이라고 말했다. 나는 다시 한 번 성모님께서 나를 지켜 주셨다는 것을 알았다.

지난 5년 간 아무 탈 없이 지냈다. 환자 요양소에서 지냈고 수술 직후에는 걸을 수도 없었지만 지금은 집안일을 하는 데 불편함이 없다. 우리 딸이 수술을 받게 되었지만 나는 성모님께 수술이 무사히 마칠 수 있도록 도움을 청하고 있다.

나는 성모님께 깊이 감사하며 성모님과 그분이 사랑하시는 아드님께 매일 기도를 바친다. 또한 매일 시간이 될 때마다 묵주기도를 바치고 모든 사람들이 묵주기도를 바치기를 기도한다.

| 코네티컷 오크데일에서 캐서린 M. 디다토

묵주를 주다

나는 41세의 여성으로 16년 전 '꾸르실료 데꼴로레스(DE COLORES, 빛과 함께)'를 수료한 이래 매일미사 참례를 하고 있다. 침례교파 사립학교에서 2년 간 일한 적이 있는데, 나의 신앙과 전혀 다른 환경에서 일해 본 경험은 그때가 처음이었다. 우리와 헤어져 있는 형제자매들에 대해, 그리고 그들의 믿음에 대해 많은 것을 배우며 동시에 그들에게 우리 가톨릭 신자들이 서로 어떻게 사랑하는지를 알려 주었다.

그곳에서 일을 시작한 지 얼마 되지 않았을 때 동료들은 내게 그들을 위한 기도를 청했고, 감옥에 있는 사람들, 마약중독이나 이혼 등으로 어려움을 겪고 있는 사랑하는 사람들을 위해 기도해 달라고 청했다.

나는 그들에게 내가 매일 묵주기도를 중심으로 기도를 한다고 설명했다. 그들의 믿음이 우리 가톨릭 신자들처럼 동정 마리아이신 성모님께 대한 공경을 포함하지 않는다는 것을 알고 있었기에 나는 그들이 원한다면 구하는 것을 얻기 위한 묵주를 주겠다고 말했다. 그리고 묵주기도와 그 기도의 힘으로 모든 응답을 얻게 될 것이라는 설명도 해 주었다. 동료들은 내가 그들을 위해 묵주기도를 해 주었으면 좋겠다고 했다. 그리고 많은 응답이 있었다. 어떤 자매는 감옥에 있던 아들이 출옥하게 되었고 열심히 잘 살고 있다고 했다. 이혼 문제를 겪던 이들도 상황이 호전되었고 좋은 직장을 얻게 되었다고 했다.

특별히 자신을 위해 기도를 청했던 후아니타라는 여성은 가톨릭 신자였는데 내가 그녀를 위해 기도하는 중에 그녀는 가톨릭의 뿌리로 '다시 돌아오라는 부르심'을 느끼게 되었다. 그녀가 당시에는 비록 비가톨릭교회에 소속되어 있었지만 그녀는 자신의 간청이 묵주기도의 힘으로 응답을 받았다는 것을 알았다. 그녀는 나에게 '원죄 없으신 성모님' 상과 '아기 예수님' 상을 갖고 싶다고 했고, 내가 기쁜 마음으로 선물하자 아주 특별한 자리에 놓아두었다.

존경받는 초등학교 교사인 후아니타는 자신의 이야기를 이렇게 밝히는 것에 찬성했다. 그녀는 나와 우리 가족의 좋은 친구가 되었고, 자신과 자신의 가족을 위해 기도해 달라고 자주 부탁한다. 우리가 만나게 된 것과 자신을 위해 내가 기도하는 것에 대해 하느님께 감사하며 자신의 삶에 하느님의 빛을 가져다준 나에게 감사한다고 말한다.

나는 요즘 원죄 없이 잉태되신 성모님께서 나와 후아니타가 함께 묵주기도를 하는 기회를 허락해 주시기를 기도하고 있으며, 성모님과 묵주기도의 힘으로 그런 날을 허락해 주실 것을 믿는다.

| 플로리다 웨스트팜비치에서 마리아 테레사 올리바레스

생각하소서, 성모님

생각하소서, 지극히 인자하신 동정 마리아여,

어머니 슬하에 달려들어

도움을 애원하고 전구를 청하고도

버림받았다 함을

일찍이 듣지 못하였나이다.

우리도 굳게 신뢰하는 마음으로

어머니 슬하에 달려들어

동정녀 중의 동정녀이시며 우리의 어머니이신

당신 앞에 죄인으로 눈물을 흘리오니,

강생하신 말씀의 어머니시여,

우리의 기도를 못들은 체 마옵시고,

인자로이 들어주소서. 아멘.

– 성 베르나르도

묵주 선물

2002년 11월 23일, 한 번도 만난 적은 없지만 이메일을 주고받는 친구들로부터 메릴랜드에 사는 두 어린아이가 세례를 받는다는 소식을 들었다. 또한 오하이오에 있는 친한 친구가 가톨릭 신자가 되어 첫영성체와 견진성사를 받고 혼인성사까지 받았다는 소식을 전해 왔다.

그들에게 줄 선물을 생각하다가 묵주를 만드시는 할아버지께 전화를 했다. 85세가 되신 할아버지는 4천 개가 넘는 묵주를 만드셨고, 그것을 가족과 친구, 가난한 이들과 선교사, 수감자들에게 보내셨다.

나도 선물로 보낼 묵주를 청해서 모두에게 보냈고 그들은 최고의 선물이라는 답장을 보내왔다. 메릴랜드의 가족에게 다섯 개를 보냈는데 아이들의 엄마는 무척 기뻐하며 아이들에게 묵주기도를 가르치겠다고 했다. 개종한 친구 잔은 최고의 선물이라는 말과 함께 묵주기도를 배우고 있다고 한다.

묵주는 내가 받은 특별한 선물이기도 하다. 20여 년 전 결혼하는 날 묵주를 선물로 받았고, 그날 이래 나는 될 수 있으면 매일 묵주기도를 바치려고 해 왔다. 가족이 함께 바치는 묵주기도는 어렸을 때부터 내 생활의 일부였다. 사순 시기에 우리 가족은 묵주기도를 바쳤고, 이웃의 교우들과 함께 각 가정을 돌면서 묵주기도를 바치곤 했다.

어머니께서는 묵주기도를 바치다가 잠이 들면 천사들이 나를 위해 묵주기도를 끝까지 바쳐 준다고 말씀하셨다. 또한 성모님을 어머니의 본보기로 삼아 모시면 어려움과 기쁨과 슬픔 가운데 도움을 받을 것이라고 말씀하셨다.

성모님께서 우리 가족과 나를 위해 항상 함께하심을 나는 진심으로 믿는다. 특히 수술을 받는 중에 묵주기도는 나를 위한 특별한 기도가 되었다. 우리 아이들이 수술을 받았고 남편은 심장과 다리, 폐 수술을 받았다. 나는 두 번의 관절전대치술을 받았고, 2003년 2월 11일에 또 한 번의 수술을 기다리고 있다. 묵주기도는 이번에도 나의 벗이 되어 줄 것이다.

내가 제일 좋아하는 느래는 '아베마리아'이며 평화의 여왕이신 성모님께서는 우리가 말씀드리기만 하면 언제나 들어주신다. 성모님께서 아름다운 기도와 함께 언제나 내 곁에 가까이 계심을 느낀다.

| 미시건 뉴웨이고에서 헬렌 M. 보취카

오, 예수님의 어머니이시며
저의 어머니이신 성모님,
저를 당신 곁에 머물게 하시고
당신께 매달리게 하시며
끝없이 당신을 사랑하게 하소서.
당신의 자녀가 되어 존경과 사랑과 신뢰를 약속하오니
어머니가 되시어 저를 보호해 주소서.
저에게는 당신의 끝없는 돌보심이 필요하기 때문입니다.
당신께서는 성심의 생각과 소망을 그 누구보다 잘 아십니다.
당신의 성자께서 원하시는 바를
제가 열성을 다해 이룰 수 있도록
그분의 생각과 소망을 제 마음에 끊임없이 알려 주소서.
고귀한 사랑이 제게 스며들게 하시어
제가 다시는 제 의지대로 하지 않게 하소서.
사랑하는 어머니,
제가 하느님께서 원하시는 미덕을 갖추도록 도와주소서.
그리하여 희생을 두려워하지 않으며
제 자신을 잊고

오직 그분만을 위해 일하도록 하소서.
예수님께서 원하시는 사람이 되도록
언제나 당신의 도움에 의지하겠나이다.
저는 그분의 것이며
좋으신 어머니, 당신의 것이옵니다.
세상에서 마지막 저녁을 보낼 때까지,
티 없이 깨끗하신 당신 성심께서
천국에 계신 예수님의 마음을 제게 보여 주실 그날까지,
그곳에서 당신과 당신 성자를 영원히 사랑하고 찬미하는 그날까지
매일매일 당신의 거룩한 모성의 은총을 제게 내려 주소서.
– 추기경 존 헨리 뉴먼

목숨을 살려 주시다

성모님의 묵주 덕분에 나는 여러 번 죽을 목숨에서 살아났다. 열일곱 살 때였다. 놀이 공원에서 롤러코스터를 타고 있는데 순간 갑자기 몸이 앞으로 확 쏠리는 것이었다. 그때 앞에 보이는 금속 가로 막대를 잡았다고 생각했는데, 위험한 순간을 넘기고 다시 제자리에 앉아서 보니 내가 잡은 것은 묵주였다. 사실은 내 몸이 앞으로 쏠릴 때 옆에 앉은 친구가 나를 붙잡았던 것이다. 롤러코스터에서 내리자마자 나는 "성모님, 감사합니다!" 하고 소리쳤다.

지금 생각해 봐도 그 순간에 가방에 있던 묵주를 언제 꺼냈는지 알

수가 없다. 그 전날 한 여자아이가 바로 그 롤러코스터에서 사고로 목숨을 잃었다는 사실을 생각하면 내가 살아난 것은 기적이라고 할 수밖에 없다.

내게는 성모님과 관련된 사연이 많다. 미혼이었던 시절에 나는 묵주기도를 바치면서 '나의 아름다운 성모님'께 좋은 남자를 만나게 해 달라고 청했다. 성모님께서는 내 청을 들어주셨고 우리 부부는 48년 5개월의 세월을 함께해 왔다. 남녀 쌍둥이를 입양해서 잘 키웠고 지금은 다섯 명의 손자와 한 명의 증손녀를 두었다. 손자 중에 한 명을 데려다 우리 손으로 키우기도 했다.

성모님께서는 거룩한 묵주기도를 통해 내 인생을 계획해 주셨다. 나는 성모님과 예수 그리스도 우리 주님을 사랑하며 좋을 때나 힘들 때나 그분들을 통해서만 삶을 잘 살아 낼 수 있었다.

| 미시건 조네스빌에서 로레타 G. 베이커

오, 마리암(마리아). 하느님이 진정 너를 간택하셨도다.
그분은 너를 깨끗이 씻어 주시어
세상의 모든 여인들 위에 너를 택하셨도다.

- 코란

믿음을 갖게 되었어요

1944년, 나의 결혼은 처음부터 잘못된 것 같았다. 어머니는 내가 '무사히' 결혼하기만을 바라셨을 것이다. 나는 사제 집무실에서 어머니가 성경에 손을 얹고 터무니없는 거짓 맹세를 하는 모습을 두려움에 떨며 지켜보았던 순간을 기억한다. 나는 임신 중이었다. 남편이 될 남자는 가톨릭 신자였고 나는 그때 신자가 아니었다. 전쟁 중이었기 때문에 무수히 이루어지는 주교님의 관면 가운데 하나였다. 나는 관면 장애로 혼인이 성립되지 않기를 원했다. 아니 기도했다는 표현이 어울릴 것이다. 그러나 그런 일은 일어나지 않았다.

1950년대 후반에는 나도 가톨릭 신자가 되어 있었고, "자녀들을 가톨릭 신자로 키우겠습니다." 하는 약속을 지키며 살았다. 아이들 셋을 페이튼 신부님의 묵주기도 운동 단체에 데려갔고 특별한 시간을 함께 했다. 아이들 아빠는 함께 참석하지 않고 이렇게 투덜거렸다. "개종한 여자와 절대 결혼하지 마라. 사는 게 엄청 피곤해진단다."

나는 페이턴 신부님의 묵주기도 묵상집을 사서 아이들을 앞혀 놓고 묵주기도를 가르쳤다. 아이들을 가톨릭 신자로 키우겠다는 약속을 지키려는 마음에서였을 뿐, 아이들에게 읽어 주는 묵상 내용은 내 마음에 와 닿지 않았다.

그러던 어느 날 아침, 눈을 뜨면서 나는 갑자기 예수님의 현존과 그분께서 나를 사랑하신다는 사실을 깨닫게 되었다. 그 놀라운 깨달음으로 잠시 동안이지만 몸을 움직일 수조차 없었다. 나는 정신을 가다듬고 자동차로 800km를 달려 친정아버지에게 갔다. 개신교 목사의 아들이신 아버지는 오래전에 중국에 선교사로 가고 싶어 하셨다.

"믿음을 갖게 되었어요. 제가 믿음을 갖게 되었다구요." 나는 숨도 쉬지 않고 아버지에게 말씀드렸다. "이제 죽어도 아무런 아쉬움이 없을 것 같아요." 나는 기쁨에 넘쳐 소리쳤다. 아버지의 눈빛도 기쁨으로 반짝였다. 그리고 조용히 말씀하셨다. "언제나 선교사의 노력이 있기 때문이지."

내가 청하기도 전에 성모님께서는 묵주기도를 통해 내게 믿음을 가져다주셨고, 그것은 내 생애 최고의 선물이었다. 이후 거의 50년이 지난 지금까지도 나는 퍼시픽노스웨스트를 떠나지 않고 이곳에서 선교사로 살아가면서 우리 신앙에 관심을 보이는 모든 사람들에게 기쁨을 전하고 있다.

| 워싱턴 웨스트포트에서 캐럴 버그너

성모님의 보호 아래

나는 메인주에서 태어났다. 아버지는 내가 두 살 때 돌아가셨고, 어머니는 다섯 명의 어린 딸들을 키워야 했다. 두 살에서 열 살에 이르는 올망졸망한 딸들 외에도 집을 떠나 사는 언니 둘과 결혼한 오빠가 셋이 더 있었다. 막내인 나는 늘 어머니 곁에 붙어 있었는데, 가족이 함께 묵주기도를 바칠 때 외에도 어머니 홀로 무릎 꿇고 묵주기도를 바치는 모습을 수없이 보며 자랐다. 우리 가족은 경제적으로 여유롭지 못한 어려운 시기를 보내야 했다.

지금도 후회스러운 일이지만 나는 어머니를 무척 힘들게 했다. 고집 세고 반항적인 딸이었던 것이다. 1966년, 스무 살이 된 나는 집을 떠나 뉴욕으로 가기로 했다. 다행히도 내가 일자리와 거처할 곳을 찾을 때까지 언니 수녀님이 동료 수녀님의 집에 잠시 머물게 해 주었다. 나는 병원에서 일하게 되었고 6주마다 주말 휴무시간을 가질 수 있었다. 나는 그때마다 버스를 타고 집으로 왔고 집에 좀 더 오래 있고 싶은 마음에 뉴욕 행 마지막 버스를 타곤 했는데 그러다 보니 새벽에 도착할 때가 많았다.

그렇게 새벽 세 시쯤 뉴욕으로 돌아가던 어느 날이었다. 포트오소리티에서 내가 지내는 곳까지 가려면 아주 긴 터널을 걸어서 통과해야 했다. 그 시각에 주변에는 사람이 하나도 없었다. 가방과 휴대용 전축(그렇다. 우리는 그렇게 불렀다!)과 다른 잡다한 보따리까지 양손 가득 들고 나는 터널로 걸어 들어갔다.

그렇게 터널을 반쯤 걸었을 때 마주 오는 사람이 보였다. 지팡이를 든 나이든 아저씨가 맞은편에서 걸어오고 있었는데 지팡이를 짚지 않고 그냥 들고 오는 것이었다. 갑자기 공포가 엄습했다. 손에 든 것들을 내동댕이치고 뒤돌아 달리고 싶은 마음이 굴뚝같았다. 그런데 바로 그 순간 성모님이 보였다. 내 손을 잡아 주시고 내 짐들까지 들어 주셨고 우리는 함께 걸었다. 그 아저씨와 스쳐 지나가게 되었을 때 보니 그분은 나를 쳐다보지도 않았다.

나중에 알게 되었지만, 그날 그 순간 어머니는 잠을 이루지 못하고 안락의자에 앉아 묵주기도를 하셨다고 한다. 막내딸인 나를 위해 특별히. 지금도 그 생각을 하면 눈물이 난다.

엄마, 고마워요. 성모님, 고맙습니다.

| 코네티컷 하트퍼드에서 앤 B. 캐론

성모님을 따르면 길을 잃지 않고
성모님께 기도하면 절망하지 않으며
성모님을 생각하면 잘못된 길로 가지 않습니다.
성모님께서 잡아 주시면 넘어지지 않고
성모님께서 인도하시면 지치지 않습니다.
아, 성모님,
어머니이신 당신의 마음은 온 세상이 멸시하는 죄인들을 안아 주시고
하느님과 화해할 때까지 그들을 버리지 않으십니다.

- 성 보나벤투라

기적의 석탄 배달

어릴 때 우리 집은 경제적으로 무척 힘들었다. 고난의 시간이 계속되었고 아버지는 직장까지 잃으셨다. 어느 추운 날, 우리가 땔 석탄은 하루치밖에 남아 있지 않았다. 저녁 식탁에서 부모님은 우리 아홉 남매에게 우리가 처한 상황을 알려 주시면서, 그날 밤에 정부의 구호품 석탄을 받지 못하면 다음날 우리를 고아원으로 보낼 수밖에 없다고 슬픈 목소리로 덧붙이셨다. 우리가 갈 곳은 그곳밖에 없었다.

식사 후에 우리 가족은 무릎을 꿇고 앉아 묵주기도를 바쳤다. 기도가 거의 끝나갈 무렵 길을 따라 올라오는 트럭 소리가 들려왔다. 우리는 가슴을 졸이며 기다렸고 잠시 후 우리 집 문을 두드리는 소리가 들렸다. 아버지는 외투를 집어 들고 말씀하셨다. "내가 가서 짐을 부리는 일을 도와야겠구나."

우리는 기쁨에 가득 차서 묵주기도를 마쳤다. 그러나 밖에서 돌아오신 아버지는 알 수 없다는 표정으로 이렇게 말씀하셨다. "아무래도 정부 구호품이 아닌 것 같구나." 그리고 어머니께 말씀하셨다. "전에 본 적이 없는 사람이었소. 내가 서명해야 할 인수증도 내밀지 않았고." 우리 가족은 잠자리에 들면서 그 남자가 누군지 모두 궁금하게 생각했다(집안에 온기가 돌기 시작했다).

다음날 또 다른 석탄이 배달되었다. 어머니는 트럭을 몰고 온 어머니의 사촌에게 말씀하셨다. "어젯밤에 다른 사람이 석탄을 배달해 줬는데." 어머니의 사촌은 웃으며 "이 동네에 석탄을 배달하는 사람은 나뿐이에요. 어젯밤에 석탄을 받았다면 아마 요셉 성인께서 가져오셨을 거예요."라고 말했다.

정말 요셉 성인이셨는지 아니면 천사였는지 우리는 알지 못한다. 그 석탄을 보낸 사람으로부터 아무런 연락도 받은 적이 없다. 우리의 성모님께서 당신의 자녀들이 고아원으로 보내지는 것을 원치 않으셨던 것이다. 우리는 묵주기도의 힘을 믿으며 하느님께 감사한다.

| 오하이오 페어본에서 메리 F. 피트스틱

특별한 이름

나는 언제나 성모님과 아주 강한 무언가로 연결되어 있음을 느낀다. 그때는 물론 알 수 없었지만 그것은 내가 태어날 때부터 시작되었다. 어머니는 41세에 나를 임신하셨다. 내 위 오빠를 낳으신 지 9년이 지난 후였고 어머니는 많은 나이 때문에 건강한 아이를 낳을 수 있을지 걱정하셨다. 의사는 어머니의 건강에는 문제가 없지만 아기가 체중 미달일 수도 있다고 했다. 그래서 어머니는 묵주기도를 시작하셨다. 성모님께 건강한 아기를 낳는다면 성모님의 이름을 따서 아기의 이름을 마리안이라 하겠다고 약속하셨다.

마침내 해산일이 되었고 진통이 심한 가운데 나는 2.8kg의 건강한 아이로 태어났다. 모든 사람들이 참으로 기뻐했다. 오빠가 아버지와 함께 병원에 와서 갓 태어난 나를 처음 보았을 때 간호사가 아기를 보니 어떠냐고 물었다. 오빠는 "놀라워요."라고 대답했다. 어린아이의 표현이 정말 놀라웠다. 성모님께 했던 약속을 지켜서 내 이름은 마리안이 되었다.

병원에서 집으로 돌아오는 길에 성모님께서 다시 한 번 우리를 도와주셨다. 아버지는 운전을 하시고 오빠는 조수석에 앉아 있었다. 어머니는 갓 태어난 나와 함께 뒷좌석에 앉았는데, 당시에는 안전벨트라는 게 없었기에 나를 무릎에 누이고 앉아 계셨다. 어머니는 그때 이미 아주 작은 기적의 메달을 나에게 걸어 주셨다.

그때 갑자기 우리 차 앞으로 두 대의 자동차가 경주를 하듯이 달려오고 있었다. 한 대는 아슬아슬하게 우리 차를 비켜 갔지만 다른 한 대는 중심을 잃고 기울어진 채로 우리 차 쪽으로 달려왔다. 어머니는 순간 재빨리 성모님께 보호를 청하는 기도를 올렸다. 그 순간 중심을 잃고 우리 차 앞까지 달려오던 자동차의 방향이 살짝 바뀌더니 우리 차의 뒷부분을 아슬아슬하게 비껴갔다. 만일 그 차가 우리 차와 부딪쳤다면 신생아였던 나는 목숨을 잃었거나 중상을 입었을 것이다. 성모님께서 끊임없는 사랑과 드우심을 베풀어 주셨던 것이다.

나는 늘 기도 가운데 성모님과 이야기를 나눈다. 그리고 적어도 하루에 두 번 이상 묵주기도를 한다. 성모님께서 우리를 보호해 주시고 내 삶을 중재해 주신 일은 지금까지도 헤아릴 수 없이 많다. 그것은 나의 특별한 이름과 성모님께 전적으로 의탁하시는 우리 어머니로부터 시작되었다.

| 펜실베이니아 레바논에서 마리안 K. 펙

만일 모든 악마가 하느님의 심판대 앞에서 나를 죄 있다 비난해야 하고
만일 지옥이 전부 일어나 나를 게걸스레 집어 삼키려 입을 벌려야 하며
모든 성인들이 나를 버릴 수밖에 없다하더라도,
만일 성모님 당신께서 중재의 말씀 한마디만 해 주신다면
저는 구원을 받을 것입니다.

─ 프란치스코 수아레즈

어린 신부의 기도

1966년, 고등학교 때 사귄 남자친구와 나는 곧 결혼식을 올리기로 했다. 우리는 결혼증명서에 필요한 혈액검사를 받기 위해 병원으로 갔다. 주차장에서 신랑이 될 척이 시동을 끄자 오래된 자동차 스튜드베이커가 떨림을 멈추며 조용해졌다. 그는 나를 바라보며 푸른 눈동자에 두려움을 담고 이렇게 말했다. "노마, 우리 11월 4일에 결혼할 수 없게 됐어." 충격에 휩싸인 나는 그의 말이 "우린 결혼할 수 없어!"라고 받아들여졌다.

아버지의 학대로 갖게 된 거절에 대한 두려움이 나의 내면에서 차올랐다. 듣고 싶지 않은 것을 물어야 한다는 괴로움에 애를 쓰고 있을 때 그가 나에게 징병 통지서가 든 봉투를 건네주었다. 미합중국 군 소집일 1966년 11월 4일은 우리 결혼식 초대장에 쓰인 날짜와 같은 날짜였다. 초대장에 적힌 그 설레는 날짜가 이제 그가 군복무를 위해 나를 떠나는 날이 되는 것이다.

그는 내가 두려움에 휩싸여 있다는 것을 느끼고 두 팔로 나를 감싸 안으며 결혼식을 몇 주 앞당기면 된다고 다 잘 될 거라고 위로했다. 나는 잠시 안도했지만 그의 안전을 생각하자 떨칠 수 없는 더 큰 두려움이 뒤따랐다. 그 상황이 우리의 삶을 소용돌이 한가운데로 몰고 갈 것만 같았다. 척은 다시 말을 이었다. 군 징집 통지서를 받자마자 해병대에 지원했고 11월 3일에 떠나게 되었다고 했다.

결혼식은 10월 29일로 급히 변경되어 치러졌고 우리는 추위가 매서운 나이아가라 폭포로 6일 동안 신혼여행을 갔다. 그리고 11월 초에 척은 미 해병대로 떠나게 되었다. 그의 바람으로 나는 그가 버스 정류장으로 홀로 걸어가는 것을 뒤에서 지켜보기만 했다. 1967년 2월말까지는 그를 다시 볼 수 없을 것이고, 다가오는 성탄 휴가와 길고 긴 펜실베이니아의 겨울이 두려웠다. 내가 그토록 원했던 사랑이 내 가까이 다가왔지만 바로 떠나고 있었다.

나는 척의 부모님과 그의 네 명의 형제들과 함께 신병 훈련소로 가서 해병대가 그를 어디로 파병하는지 알아보았다. 베트남전이 한창이던 때여서 그가 신병 훈련소에서 곧바로 그곳으로 보내진다는 말에 겁을 먹고 있었다.

그 후 몇 달 동안 나는 가톨릭 신앙과 성모님께 의탁하는 것이 위로가 된다는 것을 알았다. 남편이 떠나던 날 나는 매일 묵주기도를 바치기로 마음먹었다. 그리고 우리 본당인 성 바오로 성당에 있는 성모상 발치에서 기도를 바치기로 했다.

매일 직장에서 일을 마치고 밤마다 그렇게 기도를 바쳤다. 대성당만큼 큰 우리 본당에는 예수님과 내가 함께 사랑하는 성모님 외에 나 혼자인 경우가 많았다. 묵주기도를 마친 저녁에 나는 청원을 하고 '생각하소서, 성모님' 하는 기도를 드렸다. "생각하소서, 지극히 인자하신 동정 마리아여, 어머니 슬하에 달려들어 도움을 애원하고 전구를 청하고도 버림받았다 함을 일찍이 듣지 못하였나이다…." 이 기도문은 나를 지탱해 주는 든든한 약속이었다.

추수감사절에 텔레비전에서 해병대 신병 훈련소가 있는 패리스 섬 특집 프로그램을 방영했다. 빛나는 젊은 얼굴들과 함께 호된 해병대 훈련과 열광적인 퇴소식이 이어진 다음 리포터는 그들 가운데 얼마나 많은 젊은이들이 곧바로 베트남으로 파병되는지, 얼마나 많은 군인들이 다시는 우리 품에 돌아오지 못하는지를 정확한 통계를 인용해서 알려 주었다. 나는 텔레비전을 지켜볼 수 없었다. "도대체 왜 해병대를 지원한 거야?" 나는 울음을 참을 수 없었다. 그것은 사람을 유혹하는 운명 같았다.

나는 몇 달에 걸쳐 밤샘 묵주기도를 바쳤고 기도를 통해 확신을 갖게 되었다. 다른 가족들에게도 각각의 소중한 남자들이 국가의 부름을 받을 것이라는 사실을 깨닫고 나서 하느님의 뜻을 받아들일 준비를 해야만 했다. 내가 마음속에 그리고 있듯이 '약속'이 이루어진다는 아무런 보장이 없었다.

"당신의 뜻대로 제게 이루어지소서." 성모님께서 즐겨 하시던 말씀이었다. 1967년 2월 초에 명령이 떨어졌다. 척은 캘리포니아 샌디에이고에 있는 무선통신 수리 양성소에서 복무하게 되었다. 나는 3월에 그에게 가서 적어도 3개월 동안 함께 지낼 수 있었다. 대서양을 한 번도 본 적이 없는 스무 살밖에 안된 어린 신부가 태평양 연안을 향해 곧 비행기를 타게 된 것이다! 내 기도는 응답을 받아 남편이 양성소의 조교로 임명되어 우리는 샌디에이고에서 1년 더 함께 지내게 되었다.

성모님께 완전히 의탁한 가운데 나는 샌디에이고 발보아 해군 병원에서 혼자 아이를 낳았다. 남편은 부대를 떠날 수 없는 상황이어서 출근하기 전에 택시를 불러 나를 태우고 오전 7시 30분에 병원 대기실에 데려다 주었다.

창문이 고정된 어두침침한 방에 들어가 보니 곧 분만실로 들어갈 여자가 있었다. 그녀는 무척 힘들어 했고 나도 곧 자신처럼 될 것이라고 큰소리로 말하는 것이었다! 그녀가 분만실로 옮겨지고 홀로 남겨진 나는 묵주기도를 바치며 몇 시간을 보냈다. 저녁이 다가오고 간호사들이 교대하는 시간이 되었다. 야간 간호사가 참을성이 없으니 될수록 조용히 해야 할 것이라는 말을 들었다.

셀 수 없이 묵주기도를 하는 가운데 12시간이 지나갔고 다시 다섯 시간이 더 지나서야 아들을 분만하게 되었다. 그런데 탯줄이 아기의 목을 감고 있어서 아기가 울지 못하자 의료진들은 조치를 취하기 위해 아기를 데리고 나갔다. 나는 다시 홀로 남아 '성모송'을 바쳤고 마침내 아기의 울음소리가 들려왔다.

우리 아기 찰스 패트릭 노리스 3세가 세례를 받게 되었을 때, 우리가 이사한 새 아파트 부근 가장 가까운 성당이 올드 샌디에이고에 있는 원죄 없이 잉태되신 성모 성당이라는 사실은 놀라운 것이 아니었다. 신부님께서 아기의 작은 머리에 물을 부어 주실 때 다른 사람들은 없었지만 나는 '어머니'께서 당신 아드님께 우리의 기도를 전구해 주시지 않았다면 그 기쁨을 맛볼 수 없었음을 알았다.

이제 36년이 지났지만 '성모송'은 내 마음과 내 입술에서 계속되고 있으며 밤을 지새우며 기도하는 날도 있다. 어느 날인가, 55세가 된 내가 지금까지 성모송을 얼마나 바쳤을까, 그 기도를 전부 연결한다면 묵주기도가 몇 단이나 될까 하는 생각을 했다.

이제 모두 성장한 우리 아이들이 휴가를 맞아 집으로 올 때면 나는 언제나 전화를 해서 출발 시간을 물어본다. 그래야만 안전하게 올 수 있도록 기도할 수 있기 때문이다. 아이들이 도착하면 다시 감사의 기도를 바친다. 성모님께 특별한 의탁을 하지 않는 내 삶은 상상할 수 없다. 성모님의 보호와 도우심과 중재가 없다면 나의 삶은 전혀 달랐을 것이다.

| 펜실베이니아 버틀러에서 노마 J. 노리스

마술에서 풀려나다

나는 어릴 때부터 하느님을 믿었다. 그런데 작년에 직장에서 심각한 문제가 생겼고 그 때문에 지속적으로 기도를 했지만 하느님께서 나를 주저앉히신다는 생각을 떨쳐버릴 수가 없었다. 결과가 너무나 실망스럽고 부당했기 때문이다.

미신에 몰두하고 있는 친구가 내게 하느님을 잊고 자기와 함께 미신을 믿어 보라고 권했다. 절망적인 상황에 처한 나는 우상숭배를 시작했고 그들의 기도를 바치기 시작했다. 우상에게 음식과 선물을 바치고 초를 태웠으며 행운을 가져다주는 부적과 장식품을 간직하고 몸에 걸쳤다. 그런데 믿을 수 없을 만큼 상황이 좋아지기 시작했다! 아주 중요한 문제가 해결되기를 빌었더니 정말 그렇게 되었다. 나는 완전히 빠져들고 말았다. 성경을 읽지 않고 기도도 하지 않고 성당에도 가지 않았다. 하느님을 믿지 않게 된 것이다.

일 년 이상 나는 미신에 몰두했다. 친구는 다시 나에게 마법과 비술을 소개했다. 아무런 해가 없을 뿐만 아니라 강력하고 유익한 것이라고 했다. 주문을 외우는 방법과 실체를 불러내는 방법을 가르쳐 주었다. 그리고 효과가 있었다! 나는 우상숭배와 마법에 완전히 심취되어서 그 어느 누구도 그것에서 나를 빠져나오게 할 수 없었다. 하느님께서 개입해 주시지 않는 한.

그렇게 몰두해서 일 년 반을 보내고 있던 어느 날, 인터넷을 뒤지다가 묵주기도 사이트를 보게 된 순간 눈을 뗄 수가 없었다. 하느님께 돌아오기를 원하는 사람들에게 묵주기도는 가장 강력한 도구라는 내용이 있었다. 묵주기도는 가장 큰 죄인을 하느님께로 다시 돌아오게 한다는 내용도 있었다. 마음 깊은 곳에서 내 삶에 하느님을 다시 모시고 싶다는 열망을 느꼈다.

몇 해 전에 어느 친구에게서 받은, 한 번도 사용하지 않은 묵주를 꺼내 매일 밤 기도하기 시작했다. 성모님께 나를 위해 기도해 주시기를 청했고 우상숭배를 멈출 수 있도록 도와주시기를 청했으며, 주술에 매달리는 행위에서 벗어날 수 있도록 도와주시기를 간절히 빌었다. 그러자 서서히 성경에 마음이 쏠리면서 다시 읽기 시작하게 되었다. 다시 하느님께 간청의 기도를 올리자 나는 더 이상 주술에 관심을 갖지 않게 되었다. 악마가 지배하는 우상숭배의 진실을 볼 수 있게 되었던 것이다.

나의 신앙이 보잘것없었기 때문에 묵주기도의 힘이 아니고서는 하느님께로 돌아올 수 없었다. 나는 묵주기도를 사랑한다. 그리고 묵주기도가 기적을 일으킨다는 사실을 증언할 수 있다. 내 삶에서 묵주기도가 기적을 선사했음을 알기 때문이다!

| 태국 방콕에서 녹 N. 나파타렁

∞ 묵주의 9일 기도 기도문 ∞

거룩하신 동정 성모,

하느님의 어머니시며 우리의 어머니,

당신께 대한 저의 사랑과 당신의 강력한 중재에 대한

저의 확신을 드러내기 위해 바치는

이 묵주기도를 받아 주소서.

저는 이 기도를 육화와 구원의 신비에 대한 믿음으로써,

저와 모든 이를 위한 하느님 사랑에 대한 감사로써,

저와 세상의 죄에 대한 속죄로써,

이 세상 하느님 피조물들의 모든 필요를

당신의 중재를 통해 하느님께 간청함으로써,

특별히 진실한 청원(각자의 청원)으로써 바칩니다.

하느님의 어머니, 당신께 간청하오니,

저의 기원을 당신의 아들, 예수께 전해 주소서.

당신께서는 제가 청하는 것 안에서

하느님의 뜻이 무엇인지 찾기 원하심을 알고 있습니다.

제가 만일 하느님의 뜻이 아닌 것을 청한다면,

저의 영혼에 더 큰 도움이 되는 것을 받을 수 있도록

기도해 주소서.

저는 당신을 무엇보다 신뢰합니다.

성모님의 응답

시카고 근교에 살던 시절, 어느 추운 겨울날 당시 나는 다섯째 아이를 임신하고 있었다. 병원에서 진찰을 받은 직후 의사는 내 가슴에서 혹이 발견되었다고 했다. 그리고 혹을 제거하는 수술은 아기를 낳은 후에 가능하다는 말도 했다.

우리 부부와 네 아이는 8주 동안 긴장 속에 보내야 했다. 나는 가족과 함께 가슴의 혹이 더 이상 커지지 않게 해 달라는 간청을 드리는 묵주기도를 매일 밤 바치기로 했다.

수술 날짜가 다가오자 우리는 더욱 간절히 기도했다. 내가 아이들을 다 키울 수 있을 때까지 만이라도 살 수 있도록 전구를 청하는 기도를 드렸다. 우리의 기도는 응답을 받았고 많은 세월이 흘러 소중한 우리의 다섯 아이들이 성장하는 것을 지켜볼 수 있었다. 나는 죽을 때까지 성모님께 감사하며 묵주기도를 바칠 것이다.

| 플로리다 케이프코럴에서 메리 L. 리고니

바다의 별,
이 이름은 거룩하신 동정 성모님께 참으로 적합한 이름입니다.
별이 밖으로 빛을 내뿜어도 그 밝음이 줄어들지 않듯이
당신의 아드님을 세상에 낳으신 성모님께서도
아름다운 동정을 잃지 않으셨습니다.
— 성 베르나르도

기적을 바라며

43년 전, 내가 열 살이던 해에 미해군은 우리 아버지를 캘리포니아 샌디에이고 해안에 있는 기지로 보냈다. 이삿짐 센터 사람들이 우리 집을 싸서 샌페드로에 있는 대형 화물 트럭에 싣고 샌디에이고에 있는 우리 새 집으로 운송하게 되었다. 우리 살림살이를 전부 실은 그 트럭은 우리 가족보다 먼저 샌디에이고에 도착하게 되어 있었다. 그런데 도착해 보니 트럭은 그때까지 오지 않았다.

전화도 없고 아는 이웃도 없었다. 가까운 가게는 1km쯤 떨어진 곳에 있었다. 나는 왠지 무서워지기 시작했다. 가스와 전기도 들어오지 않았고 카펫도 깔지 않은 맨바닥에서 자야 했다. 나는 아직도 그 빈 집에서 울리던 내 숨소리를 기억한다. 하루…이틀…사흘이 지나도록 트럭은 오지 않았고 우리 살림살이가 전부 어디로 갔는지 아무도 알지 못했다. 그 트럭에 무슨 일이 생긴 걸까?

사흘이 지났을 때 문을 두드리는 소리가 들렸다. 어떤 아저씨가 전보를 가져왔는데 그 이삿짐 트럭에 불이 났다는 내용이었다. 트럭 운전사는 사고로 말을 할 수 없는 상황이어서 트럭에 실은 화물의 주인들을 한 사람씩 찾고 있는 중이라고 했다.

전보의 내용을 읽는 어머니는 전혀 당황하는 기색이 없었다. 어머니는 트럭에 실었던 화물이 전부 불탄 것은 아니며 정리가 되는 대로 남은 짐들을 보내 주겠다는 내용을 끝까지 읽어 내려갔다. 어머니는 전보문을 빈 찬장에 올려놓고 언니와 나를 내 방으로 데리고 가시더니 가방에서 진줏빛 묵주를 꺼내셨다. 우리는 딱딱한 바닥에 무릎을 꿇고 오랫동안 묵주기도를 바쳤다. 그때 나는 엄마의 묵주가 그처럼 특별하고 강력한 것인지를 처음 느꼈다.

그렇게 쪼그리고 앉아 함께 묵주기도를 바치고 나서 말없이 앉아 있을 때 나는 엄마에게 우리가 뭘 기다리고 있는 것이냐고 물었다. "기적이 일어나기를 기다리는 거야!" 엄마의 대답이었다.

그날 엄마는 지극히 거룩하신 묵주의 여왕이신 성모님께 바친 묵주기도의 힘을 내게 가르쳐 주셨다. 기도를 마치고 한 시간이 되기도 전에 기적이 일어난 것이다. 그 트럭에 싣고 있던 화물에 불이 났지만 우리 이삿짐은 아무런 피해 없이 고스란히 남아 있었던 것이다!

| 캘리포니아 출라 비스타에서 보니 N. 닉스

성모님께 경의를 표하고
성모님을 생각하며
성모님께 의탁하고
성모님을 공경하며
성모님께 여러분을 맡기고
여러분의 집에서 성모님과 함께 머무십시오.
세상으로 나갈 때 성모님과 함께 걸으십시오.
성모님과 함께 기뻐하고
성모님과 함께 슬퍼하며
성모님과 함께 일하고
성모님과 함께 기도하십시오.

성모님과 함께 여러분의 마음에 예수님을 모시고
성모님과 함께
십자가에 못 박히신 예수님의 발아래 서십시오.
성모님과 예수님과 함께 살고 죽으십시오.
그렇게 하면 영원히 살 것입니다.
- 토마스 아 켐피스

신세진 걸 갚으세요

이 이야기는 어머니의 장례식에서 들은 것으로 사실 어머니에 관한 것이다. 이런 이야기를 할 수 있게 해 주신 어머니께 감사한다. 장례식이 끝날 무렵 한 초로의 신사가 내게 다가오더니 조의를 표한 다음 이런 이야기를 들려주었다.

그 신사는 젊은 시절에 아내가 아닌 다른 여자와 가까운 사이가 되었다. 어느 날 저녁 어떤 레스토랑에서 그 여자와 식사를 하고 있을 때 우리 어머니와 아버지가 그곳에 식사를 하러 오셨다. 그 남자와 우리 어머니는 서로 모른 척하고 식사를 했다. 그런데 다음 날 우리 어머니는 그에게 전화를 해서 파이를 대접하겠다며 초대를 했다. 우리 어머니가 만든 파이는 아무도 사양할 수 없을 만큼 맛있었기 때문에 그도 초대에 응했고 우리 집에 왔지만, 사실 그가 거절할 수 없었던 이유는 그것이 초대가 아니라 명령이라는 것을 알았기 때문이었다.

그는 어머니가 오라는 시각에 와서 일단 파이를 맛있게 먹었다. 그리고 어머니는 전날 레스토랑에서 다른 여자와 있었던 일을 이야기했다. 그는 그런 사이가 아니라고 부인했지만 아무리 우겨도 어머니는 결코 물러서지 않았다. 어머니는 결국 이렇게 말했다. "언젠가 당신이 몇 달 동안 일이 없어서 놀고 있을 때 내가 당신 가족에게 줄곧 먹을 것을 가져다주었던 일을 기억하지요?" 그는 기억하고 있다고 말했다. "이제 그 신세진 걸 갚으세요."

어머니의 말이 떨어지자마자 그는 지갑을 꺼내려고 했지만, 어머니는 "아니, 돈으로 갚으라는 게 아니에요. 부탁 한 가지만 들어주면 돼요." 하고 말했다. 그는 신세를 갚을 수 있다면 무슨 부탁이라도 들어드리겠다고 했다. 어머니는 서랍에서 묵주를 하나 꺼내 그의 손에 쥐어 주며 일주일 동안 매일미사 참례를 하고 미사 전이나 후에 묵주기도를 바치라고 했다. 또한 묵주알을 하나씩 돌릴 때마다 아내와 아이들과 가족의 삶에 대해 좋은 점을 한 가지씩 생각하라고 덧붙였다.

그리고 다시 이렇게 말했다. "일주일 후에도 그 여자가 당신 아내보다 더 나은 사람이라고 생각되면 그 묵주를 우리 집 우편함에 넣으세요. 나도 이 일에 대해 당신 아내에게 함구하겠어요. 그렇지만 만일 당신이 아내에게 돌아가겠다고 결정하면 그 묵주를 간직하세요. 나도 기도하고 은총을 빌어 줄게요."

그 신사는 이런 이야기를 한 다음 손에 쥐고 있던 묵주를 보여 주며 내게 말했다. "이 묵주가 바로 당신 어머니께서 오래전 그때 내게 주신 묵주예요. 아내와 나는 그때부터 지금까지 매일 묵주기도를 바치고 있어요."

| 뉴욕 카밀러스에서 애너 T. 패러다이스

∞ 지극히 거룩하신 묵주의 여왕께 드리는 기도 ∞

지극히 거룩하신 묵주의 여왕이시여,
이처럼 부끄러움을 모르는 불경스러움이 만연한 시대에
그 옛날 당신의 승리의 표징으로 당신의 힘을 보여 주소서.
또한 당신의 왕관으로부터 용서와 은총을 베푸시고
이 세상에서 그분의 대리자인
당신 아드님의 교회를 불쌍히 여기시며
수많은 다툼에 억눌려 비통해 하는
모든 성직자와 평신도를 불쌍히 여기소서.
온갖 반대를 물리치시는 강력한 힘을 지니신 당신께서는
비록 하느님의 정의의 시간이
우리 인간의 헤아릴 수 없는 죄로 인해
매일 분노로 차오를지라도
자비의 시간을 앞당겨 주십니다.
보잘것없는 인간들 중 하나인 저는 당신 앞에 무릎을 꿇고
이 세상에서 의롭게 사는 데 필요한 은총을 얻기를,
천국에서 의로운 이들에 둘러싸이기를 간청하나이다.
저는 세상의 모든 충실한 그리스도인들과 함께
지극히 거룩하신 묵주의 여왕이신 당신을 찬미하며 공경하나이다.
지극히 거룩하신 묵주의 여왕이시여,
저희를 위하여 빌어 주소서.

더 좋은 문

우리 딸 미셸이 미국에서 공부를 마치는 동안 탄자니아에 살던 우리 부부는 미국이나 캐나다로 이민을 꿈꾸게 되었다. 그래서 기회가 될 때마다 매년 비자 신청을 했지만 번번이 실망스러운 결과만 돌아왔을 뿐이다.

미셸의 졸업식에 참석한 후에 우리는 캐나다를 두루 여행하다가 들른 브리티시컬럼비아가 마음에 들었고, 고국 탄자니아로 돌아오기 전에 캐나다 정부에 이민 신청을 했다. 내 나이 등 장애 요소가 몇 가지 있기는 했지만 우리는 대일 가족과 함께 묵주기도를 바치며 주님과 성모님께 간청했다. 그리고 6개월 후에 마침내 비자를 받았다.

그런데 큰 문제가 생겼다. 우리 부부가 일하는 병원에서 퇴직하는 문제와 집을 파는 일이었다. 우리에게는 집이 전 재산이었다. 나는 23년간 간호사로 일했고 남편도 같은 병원의 매점에서 13년 동안 일하고 있었다. 병원 소유주는 이슬람교도였는데, 싸우지 않고서는 그가 우리를 놓아 주지 않을 것이 분명했다. 그 지역에서 대단히 영향력 있는 사람이었기에 마음만 먹으면 이민을 방해할 수도 있다는 생각에 우리는 두려웠다.

우리 부부는 아이들 유학 문제로 정기 휴가를 받아야겠다고 말하고 비행기 표와 여행 경비에 필요한 급여를 신청했다. 우리가 떠나기 직전, 남편은 근무 중에 망막을 다쳐 출혈이 심해져서 긴급한 수술을 받아야만 했다. 그러나 탄자니아에는 그런 수술을 할 수 있는 병원이 없어서 가까운 인도로 가게 되었다. 그런데 기가 막히게도 병원장은 우리가 오랜 세월 동안 그렇게 성실하게 일했음에도 불구하고 우리를 도와줄 수 없다고 했다.

하지만 다행스럽게도 주님께서 더 좋은 문을 열어 주셨다. 우리는 스위스에서 온 발데크수도회 수녀님들의 도움을 받을 수 있었다. 인도에 도착했을 때는 친구가 병원과 호텔을 예약해 주었다. 남편이 네 번에 걸친 레이저 치료를 받고 고국으로 돌아왔을 때 우리에게는 직장을 그만둘 구실이 생긴 것이다. 절실하게 도움이 필요한 때에 그것을 거절하는 사람 밑에서 더 이상 일할 수 없다고 당당하게 말할 수 있었던 것이다.

이제 우리 집을 살 사람을 구해야 했다. 혹시 구매자를 찾을 수 있을까 싶어 어느 컴퓨터 가게에 가서 알아보았지만 집이 너무 커서 곤란하다고 했다. 이왕 컴퓨터 가게에 간 김에 얼마 전에 컴퓨터 관련 공부를 마친 우리 아들의 일자리를 부탁했다. 가게 주인은 내 전화번호를 적으며 일자리를 알아보고 알려 주겠다고 했다. 이틀 후에 그는 우리 집에 관심이 있다면서 가게로 와 달라는 전화를 했다. 우리는 잠시 가격을 흥정한 다음 적당한 선에서 합의를 보았다. 그가 말하는 한 가지 조건은 잔금을 치르고 3일 이내에 집을 비워 달라는 것이었다.

가까운 친구들의 도움을 받아 우리는 짐을 쌌고 25년간 살았던 집을 비워 주고 3일 후에 탄자니아를 떠났다. 라마단 기간이었던 것이 다행이었다. 이슬람교도들이 단식하는 기간이어서 병원장의 처남이 우리를 감시하는 눈길을 겨우 피할 수 있었다. 다른 생각에 빠져 있었던지 아니면 단식 중이어서 우리를 제대로 알아보지 못했던 것 같다.

우리는 밤 비행기를 탔다. 어제가 바로 우리 가족이 이 아름다운 나라에 무사히 도착한 지 일 년이 되는 날이었다. 호텔에 도착한 우리 가족은—너무나 피곤하고 졸려서—주님과 성모님께 묵주기도를 한 단만 바쳤다. 그때까지의 일을 돌이켜 보면 마치 주님께서 유다 민족을 위해 홍해를 갈라 주신 것과 마찬가지로 주님께서는 독수리 날개에 우리를 태워 무사히 이곳에 데려다 주신 것 같다. 이 모든 것이 매일 묵주기도를 바치는 우리 가족을 위해 성모님께서 주님께 전구하신 덕분이다. 믿을 만한 소식통에 의하면 그 병원장은 우리가 이민을 갔다는 말을 듣고 펄펄 뛰며 화를 냈다고 한다.

| 캐나다 밴쿠버 서리에서 메리 그웬달린 페레이라

묵주기도는 무기입니다.
— 성 비오 신부

성모님께서 잃어버린 묵주알을 찾아주시다

나는 덴버 근처에서 가톨릭 성물 가게를 운영하는 친구를 위해 망가진 묵주를 고쳐 주는 일을 하고 있다. 그 친구의 고객들이 맡긴 망가진 묵주를 잘 수리해 주면 그 묵주는 성모님 군대의 '전선으로 돌아가는' 것이다. 수리비는 받지 않는다. 없어진 묵주알을 구입하는 등 재료값이 들어가는 경우에도 마찬가지다.

어느 날, 한 남자가 백철석白鐵石을 각기 다른 모양으로 깎아 만든 아름다운 묵주를 고쳐달라고 가져왔다. 묵주알 59개 중에 한 개가 없어져서 전부 58개가 남아 있었다. 흔히 있는 일이고 그럴 경우 나는 주로 내가 가지고 있는 묵주알 가운데 하나를 채워 넣거나 구슬 가게에 가서 같은 것으로 사다가 채우기도 한다.

그런데 이 묵주알은 아주 특이해서 구할 수가 없었다. 그래서 망가진 묵주를 묵주 주인이 넣어가지고 온 작은 가죽 주머니에 다시 넣고 성모상 옆에 놓으면서 기도했다. "성모님, 이 묵주에 어울리는 알을 찾도록 도와주세요. 지금까지는 구할 수 없었어요."

그러고도 계속 이곳저곳 찾아 다녔지만 결국 구하지 못했다. 그리고 몇 달이 지나자 아무래도 주인에게 돌려주는 것이 좋겠다고 판단했다. 성모상 앞에 놓여 있던 묵주를 마지막으로 한 번 더 꺼내 보았다. 그런데 참으로 놀랍게도 묵주를 다시 만드는 데 필요한 59개의 묵주알이 있는 것이 아닌가! 도저히 믿기지 않았다. 성모님께 도움을 청하기 전에 몇 번이나 세어 보았을 때에도 58개밖에 없었다.

성모님께서는 어울리는 묵주알이 있는 가게로 나를 인도하시는 대신에 망가진 묵주 옆에 필요한 묵주알을 놓아두신 기적의 선물을 주셨던 것이다. 나는 59개의 묵주알로 온전한 묵주를 만들 수 있었다.

| 콜로라도 알바다에서 카렌 S. 피터슨

개종에 힘이 되어 준 묵주

내 이름은 이사벨라이며, 열아홉 살에 음악 공부를 하기 위해 스웨

덴에서 이탈리아 피렌체로 왔다. 그즈음 할머니가 세상을 떠나셨고, 그 일로 나는 삶의 의미를 다시 생각하게 되었다. 나는 루터교도로 자랐지만 그 신앙에서도 늘 허전함을 느끼고 있었다.

어느 날, 피렌체 근교 산 미니아토에 있는 베네딕토수도회 성당에 가게 되었는데, 그 성당에 들어서는 순간 갑자기 내가 가톨릭교회로 오는 것이 하느님의 뜻이라고 느껴졌다.

베네딕토회 신부님 한 분과 이야기를 나누며 도움이 되는 말씀을 듣고, 신부님의 소개로 학생들을 데리고 계시는 프란치스코수도회의 수녀님들과 생활하게 되었다. 그곳에서 수녀님 한 분이 가톨릭교회로 오는 길을 안내해 주셨다. 첫 만남에서 수녀님은 나에게 작은 책자와 함께 묵주를 주셨다. 내가 성모님에 대해 더 많이 알고 싶다는 말씀을 드렸기 때문이었다. 그때 묵주는 내게 많은 도움이 되었고, 특히 내가 가톨릭으로 개종하면서 가족들과 겪는 어려움을 극복하는 데 큰 힘이 되었다.

마침내 견진성사를 받고 첫영성체를 하는 날이 되었다. 내 생애 그렇게 기쁜 날은 또 없을 것이다. 이제 일 년이 지났다. 나는 지금도 어디를 가나 묵주를 지니고 다닌다.

| 이탈리아 피렌체에서 이사벨라 리나 소더그렌

어머니만큼 하느님께 가까이 갈 수 있는 분은 없습니다.
어머니만큼 공로가 많은 사람은 없습니다.
그분의 아드님은 어머니의 청을 결코 거절하지 않으실 것이며 여기에 어머니의 힘이 있습니다.
- 추기경 존 헨리 뉴먼

할머니를 바라보며

어렸을 때 나는 할머니께서 매일 오후 거실에서 열심히 묵주기도를 바치시는 모습을 바라보곤 했다. 나는 경외심을 가지고 그곳에 서서 할머니를 바라볼 수밖에 없었다. 할머니는 한 번도 함께 기도하자고 강요하시지 않았다. 그렇지만 나는 참으로 순수한 우리 할머니를 사랑했으며 할머니의 묵주기도를 통해 존경하는 마음으로 거룩하신 성모님을 향한 깊은 사랑을 배우게 되었다.

네 살이 되던 생일에 받은 아주 작은 파란색 유리 묵주가 아직도 기억에 남아 있다. '성모송'을 외우는 데 서툴기는 했지만 성인과도 같은 할머니를 닮으려고 아주 열심히 노력했다. 매일 바치는 묵주기도는 이제 내 삶의 일부가 되었다. 나는 아이들이 가르침보다 눈으로 보는 것에서 더 많은 것을 배운다고 믿는다.

| 일리노이 졸리엣에서 메리 루 슈스터

여러분이 원하는 것과 하느님께서 여러분에게 원하시는 것은
성모님의 힘으로 주어집니다.
모든 것이 그분의 손을 통해 전달될 것입니다.

우리 모두가 나눌 수 있는 하느님의 충만한 은총이 성모님께 있습니다.
우리가 다른 무엇을 찾아야 하겠습니까?
성모님을 통해서 은총을 찾읍시다!
하느님과 여러분 사이에 중재자를 원하십니까?
성모님께 의탁하십시오.
성모님께서 하느님께 의탁하는 방법을 아시기 때문입니다.

- 성 베르나르도

편두통을 낫게 하시며

(혹시 편두통을 앓고 있다면 다음의 치료 방법을 시도해 보길 바랍니다.)

나는 수년 동안 한 달에 두세 번 찾아오는 편두통으로 고생을 했다. 편두통을 경험해 본 적이 없는 사람들을 위해 잠시 그 증상을 소개하고자 한다. 많은 경우 전조 증상, 즉 편두통이 오고 있다는 징조를 느낀다. 처음에는 한쪽 눈이 보이지 않는 시각적 징조가 찾아온다. 순간적 시각 장애 같은 것이다. 그리고 몇 분 안에 마치 깨진 거울 조각에 빛이 반사되는 것처럼 알록달록한 빛이 보인다. 그 상태가 몇 분간 지속되다가 통증이 시작된다. 통증은 메스꺼움을 느끼게 할 정도로 극심해서 어떤 때는 결국 토하기도 한다. 이 증상이 몇 시간 계속되는 사람도 있고 며칠 동안 계속되는 사람도 있다.

여러분은 이렇게 생각할 것이다. "그런 이야기를 왜 하며 그게 묵주기도와 무슨 상관이 있는 거야?" 일반 진통제와 처방 받은 진통제를 수없이 복용하다가 나는 마침내 묵주기도를 시작했다. 성모님께 항상 기도하며 완전히 의탁하면서도 편두통을 사라지게 해 달라는 기도를 한 적은 없었다.

30년 전, 그렇게 묵주기도를 시작하는 순간 나는 기적을 경험했다. 통증이 서서히 사라져 참을 수 있을 정도가 되었다. 요즘에도 편두통은 전과 다름없는 순서대로 찾아오지만 횟수는 훨씬 줄었다. 이젠 거의 통증을 느끼지 않는다. 내가 그 느낌을 설명한다 해도 경험해 보지 않은 사람들은 모를 것이다. 어쨌든 나는 구원의 은총인 이 경험을 가족과 친지들과 나누고 있다. 모든 사람들과 나눌 만큼 특별한 것이기 때문이다. 묵주기도는 나의 구원이 되고 있다. 편두통을 앓고 있는 사람들 모두가 나와 같은 방법으로 구원을 찾기 바라며 기도한다.

| 캔자스 살리나에서 제니스 T. 스트레이트

묵주 신부님

내 여동생은 복합골수종으로 세상을 떠났다. 그녀는 죽기 전까지 참으로 길고 고통스러운 투병 생활을 하면서, 중요한 것은 육적인 치유가 아니라 영적인 치유라는 것을 깨달았다.

동생의 친구가 본당 사무실에 연락해서 신부님의 방문을 청했다. 몇 시간 후에 신부님이 오셨고 동생과 잠시 이야기를 나누신 다음 함께 묵주기도를 바칠 수 있는지 물으셨다. 그래서 묵주기도를 바치고 있는데 동생은 손에 들고 있던 묵주의 체인이 은빛에서 금빛으로 변하는 것을 보았다.

그 특별한 일을 겪은 동생은 무척 놀라고 흥분했다. 신부님이 돌아가신 후에 동생은 마음의 평화를 느끼며 영적 치유를 받은 것 같다고 말했다. 동생과 그녀의 가족은 함께 묵주기도를 바치기로 하고 매일 오후 세 시에 모두 모여 묵주기도를 바쳤다. 그로써 동생의 가족은 하나로 일치되고 묵주기도와 성모님을 다시 알고 찾게 되었다.

동생이 세상을 떠난 다음 그녀의 가족은 동생의 생전의 삶을 그토록 크게 변화시킨 그 신부님을 찾아 감사를 전하고 싶어 했다. 본당으로 찾아가 그 신부님을 찾았지만 아무도 그 신부님에 대해 아는 사람이 없었다. 지금까지도 그 특별한 천사를 찾지 못했고 어디에서 오신 분이신지 우리는 아직도 궁금해 하고 있다.

| 아이오와 더뷰크에서 케이시 M. 셀레

밤이면 잠이 든 당신의 자녀들을 내려다보시며 미소 지으시는
아, 다정하신 성모님. 하늘에 계신 사랑하는 우리 어머니.

- 토마스 머턴

아침과 저녁에 바치는 묵주기도

매일 밤 잠들기 전에 나는 묵주기도를 바친다. 어떤 사람들은 이렇게 물을 것이다. "묵주기도가 그렇게 특별하고 대단하고 기적을 행하

는 놀라운 것인가?" 사실 많은 사람들이 그런 의문을 갖는다.

내가 집 없는 떠돌이로 타코마 커뮤니티 칼리지 근교 숲속에서 노숙을 하는 동안에도 묵주기도는 나를 보호해 주었다. 여러분의 동정을 얻고자 이 이야기를 하는 것이 아니라 여러분도 나와 같은 믿음을 갖기를 바라기 때문이다. 성모님의 망토가 나를 보호해 주신다는 것을 알기에 별 아래 누워 잠들어도 마음은 평화로웠다. 성경에서 말하듯이 우리는 아무것도 걱정할 필요가 없다. 하느님의 평화는 우리의 모든 이해력을 초월하며 우리의 마음과 정신을 예수 그리스도께로 인도할 것이다.

일본에 머물던 시기에 나는 어느 일본 가정에서 지내며 그 집 어린 아이에게 영어를 가르치는 보모로 일하게 되었다. 일본에 도착하던 날 밤, 밤새 낯선 사람들이 들락날락하는 직업소개소의 숙소에서 나는 묵주를 꼭 움켜쥐고 밤을 지새웠다. 스카풀라도 목에 걸고 있었다. 은총이 가득하신 동정 성모님께서 한 손에 묵주를, 다른 한 손에 스카풀라를 잡고 있으면 이 세상에서 평화를 얻을 수 있다고 말씀하셨다.

그날 밤 홀로 있으면서 창문을 통해 교회를 볼 수 있었다. 다음날은 주일이었고 미사 참례를 하기 위해 그 교회를 찾아 나섰다. 내가 생각했던 교회는 찾지 못한 대신 하느님께서 나를 가톨릭 성당으로 인도하셨다. 일본어를 알아듣지 못했지만 나는 언제나 하느님의 보호 아래 있었고, 비행기 표를 잃어버리고 위협적인 상황에서 벌어진 난폭한 언쟁에서도 보호를 받았다.

가장 최근에 일어난 '기적'은 세 시간 동안이나 눈 속을 헤매다 구조된 내 남편의 건강이 회복된 것이다. 남편은 헬리콥터로 성 요한 병원으로 후송되었다. 남편의 소식을 몰라 애태우던 동안 나는 하느님 자비를 청하는 기도를 올렸고 묵주기도를 바치다가 새벽 세 시쯤 잠이 들었다. 그리고 새벽 네 시에 남편이 깨어났다는 전화를 받았다.

나는 아침 묵주기도를 바쳤다. 토요일과 주일 밤을 새며 남편의 병상 곁 의자에 앉아 잠이 들 때도 묵주를 손에 들고 있었다. 남편은 그 다음 주 월요일 아침에 퇴원했다.

| 미주리 스타크 시티에서 마거릿 A. 옌센

구세주의 어머니,
우리는 기쁨에 넘쳐 당신을 은총이 가득하신 분이라 부릅니다.
하느님의 구원 계획을 이루시기 위해
성부께서 세상의 모든 창조물 가운데서
당신을 선택하셨습니다.
당신께서는 하느님의 사랑을 굳게 믿으셨고
하느님의 말씀에 순종하셨습니다.
성자께서는 인류를 구원하시려 사람이 되실 때
당신께서 어머니가 되시기를 간절히 원하셨습니다.
당신께서는 기꺼운 순종과 오롯한 마음으로
그분을 맞이하셨습니다.
성령께서는 그분의 신비스러운 정배로 당신을 사랑하셨고
귀한 선물로 당신을 채우셨습니다.
당신께서는 하느님의 숨겨진 강력한 활동이 실천되도록

자신을 허락하셨습니다.

삼천 년기를 맞는 전야에 저희는 당신을 어머니로 알고

어머니로 선포하는 교회를 당신께 의탁합니다.

인류와 모든 국가의 어머니이신 당신께

저희는 전 인류와 그들의 희망과 두려움을 기꺼이 의탁합니다.

참지혜의 빛이 그들에게 부족하지 않게 하소서.

평화의 길을 걷는 그들의 발걸음을 이끌어 주소서.

모든 이가 길이요 진리요 생명이신 그리스도를 만나게 하소서.

오, 동정 성모님,

신앙의 여정을 가는 저희에게 힘을 주시고

저희가 영원한 구원의 은총을 얻게 하소서.

온화하시고 사랑이 많으시며 아름다우신 하느님의 어머니이시며

저희의 어머니이신 성모님!

— 교황 요한 바오로 2세

어둠 속에 들려온 목소리

부룩클린에서 자란다는 것은 흥미로운 사람과 장소와 사물들을 풍요롭게 경험한다는 의미이다. 아일랜드계 가톨릭 집안의 어린 사내아이에게 그곳은 일주일에 한 번 이상의 미사와, 고해성사, 9일 기도, 주일학교, 가족과 함께하는 묵주기도를 의미한다. 이웃은 노동자들이었고 다양한 인종으로 구성되어 있었으며 특별한 기간에는 거리가 온통

형형색색의 장식으로 화려했다.

　삶은 즐거웠고 재밋거리는 무궁무진했다. 아이들의 생활은 몇 블록 안에 있는 이웃 친구들과 어울리는 것이었고, 어른들의 생활은 가까운 거리의 모퉁이마다 늘어선 술집과 간이식당에서 이루어졌다. 그렇다고 전부 술을 마시거나 자주 술집에 가는 것은 아니었다. 하지만 재미있는 사람들과 갖가지 눈요깃거리와 온갖 소리에 매혹된 나 같은 사내아이를 포함한 많은 사람들에게 그것은 일반적인 것이었고, 무엇보다 맥주와 위스키를 어디서나 마음대로 마실 수 있는 환경이 그러했다.

　이러한 환경을 사회적으로 용납하고 거리와 집안에서 친숙하게 볼 수 있는 술 취한 사람들은 20대 초까지 나를 매혹했다. 뉴욕에서 18세에 술을 마시는 것은 법으로 허용되는 일이었고 젊은 나이에 술집에 가는 것도 일반적이었으며 때로는 증명서 없이, 때로는 조잡한 가짜 징병 카드도 사용되었다. 나는 그러한 여건과 가족 행사에서 술에 취할 수도 있었기 때문에 이른 나이부터 아무런 제재 없이 술에 취하는 생활에 익숙해졌고 그것이 지속되어 알코올 중독에 이르고 말았다.

　그런 생활의 시작에는 좋은 날도 많았다. 사교, 댄스, 피크닉, 구기경기와 낡은 주크박스에서 흘러나오는 음악 등등. 대부분의 사람들이 이러한 생활을 잠시 즐기고 나서 취직하고 결혼하는 생활로 진입했지만 우리 가운데 몇몇은 이런저런 이유로 습관적으로 술을 마셨고 그러다가 어느 순간 갑자기 알코올이 우리 삶에 어둡고도 막강한 힘을 발휘하게 되었다.

　나는 급속히 술에 빠져들었다. 술을 마시지 않고는 몇 시간도 견디지 못하는 중독자가 된 건 정말 순식간의 일이었다. 파티는 끝나고 흥

겨울은 지나갔다. 그것은 내 삶에서 가장 끔찍한 악몽이었지만 멈출 수 없었다. 그에 따라 많은 것이 변했다. 성당에 가지 않게 되었고 건강은 급격히 악화되었으며 친구들은 나를 피하는 것 같았다. 가족도 물론 나를 포기하는 시점이 되었다. 육신은 점점 병들어 갔고 간경화가 시작되었다. 발작이 일어나 눈을 떠보니 병원 응급실에 누워 있기도 했다. 그런데도 나는 멈출 수 없었고 이제 갈 데까지 갔다는 것이 분명해졌다. 어떤 도움도 전혀 소용없이 죽음의 문턱까지 다다랐다. 나는 두려움에 사로잡혀 어찌할 바를 몰랐다.

그러던 어느 날, 모든 것이 완전히 바뀌는 운명적인 밤을 맞았다. 아주 늦은 시각이었다. 새벽 두 시였는데 당시 진전섬망증(금단증세의 일종) 초기 단계에 있던 나에게 어떤 목소리가 들려왔다. 처음에는 약간 신경이 쓰이다가 그것이 계속되자 무서워지기 시작했다. 집에서 몇 블록 떨어진 술집에 있었는데, 아무리 마셔도 손 떨림이나 위통을 진정시키는 효과가 없었다.

그때 근처 어느 술집에서 경찰관 한 명이 총으로 자살하는 사건이 일어났고 조용하던 밤거리는 경찰차와 응급차로 북적거리며 소란스러워졌다. 나는 공포에 사로잡혔다. 거리의 광경을 뒤로하고 집으로 돌아오는데 그 목소리는 계속 들려왔다. '이제 끝이야. 다시는 햇빛을 볼 수 없을 거야.' 이런 생각이 들었다. 거의 공황 상태가 되어 겨우 내 방으로 들어와 침대에 쓰러졌다. 공포에 질린 나는 소리를 지르고 싶었다. 머릿속에서 들려오는 목소리는 점점 커졌다. 내게 곧 죽음이 다가온 것을 알았다. 나는 서랍을 올려다보다가 맨 위 서랍을 열었다. 그 속에는 내가 오래전부터 가지고 있던 묵주가 있었다. 묵주를 꺼내 들고 몸을 바로 뉘었다.

기도를 하려고 애를 썼지만 '성모송'조차 제대로 외울 수가 없었다. 묵주의 십자가를 양손에 굳게 모아 쥐고 하느님께 도와달라고 매달렸다. 그것은 내가 마지막으로 혼신의 힘을 다하는 기도였고 그 어느 때보다 절실한 간청이었다. 모든 고통을 넘어 하느님께 간구하는 내 목소리를 그분께서 들어주시기를 애원했다. 잠시 침묵이 있은 후에 하느님께서 말씀하셨다. "다 잘 될 거야." 이 짧은 한 말씀을 듣고 나서 갑자기 몰려오는 피곤함과 함께 잠이 들었다.

아침에 일어났을 때 완전히 달라진 느낌이 들었다. 두려움이 사라졌다. 쇠약해진 몸에 알코올의 영향이 남아 있었지만 힘들지 않았다. 그날 밤 나는 살아났다. 하느님께서 내 간청을 들어주셨음을 알았고 의사의 도움을 받아야 한다는 것도 알았다. 가족들은 나를 알코올중독 치료 병원으로 데려갔고 일주일 동안 입원했다. 아이러니하게도 그곳은 가톨릭재단 병원이었다. 뉴저지 패터슨에 있는 카르멜 병원이었다. 처음 3일 동안은 몹시 힘들었다. 알코올 중독으로 인한 온갖 격심한 후유증을 겪게 될 것이라는 말을 들었지만 나는 하느님 손에서 안전하게 보호받으리라는 믿음으로 기꺼이 참아 낼 수 있었다.

그날 이후 30년이 지난 지금까지 주님을 잊은 날이 없다. 내 삶은 극적으로 변화되었고, 교회와 하느님과 성모님께 영적으로 이어진 것만큼 중요한 것은 없었다. 그날 밤 어둠 속에서 내 마음에 일어난 기적은 의심의 여지가 없다. 나는 매일 묵주기도를 바치며 그날 밤 내가 받은 사랑과 평화를 결코 잊지 않을 것이다.

| 캘리포니아 다이아몬드 바에서 토마스 번슨

성모님은 천국과 연결된 사다리입니다.
하느님께서는 성모님을 통해 천국에서 이 세상으로 내려오셨고
사람은 성모님을 통해 이 세상에서 천국으로 올라갈 수 있습니다.
- 성 풀젠시오

함께 기도하는 가족

나는 오래전인 1950년에 패트릭 페이튼 신부님이 서스캐처원 지역에 오셔서 묵주기도에 관해 하신 말씀을 소중하게 기억하고 있다. 신부님께서 "함께 기도하는 가정은 하나가 됩니다." 하신 말씀은 그 지역에 사는 많은 사람들에게 깊은 감명을 주었다.

그 영향으로 우리 가족은 맹세를 하고 다른 가족들과 함께 묵주기도를 바쳤다. 딱딱한 마룻바닥에 꿇어 앉아 부모님과 우리 열 명의 자녀는 함께 저녁기도로 묵주기도를 바치곤 했다. 우리 가족은 지금도 그 저녁 시간을 참으로 소중한 기억으로 간직하고 있다.

집안에 일이 있을 때, 특히 누가 돌아가시거나 병상에 있을 때면 우리는 지금도 모여서 묵주기도를 바치고 나는 물론 다른 가족들도 새로운 힘을 얻곤 한다. 우리 모두는 주머니나 가방에 항상 묵주를 지니고 다니면서 성모님께 이 아름다운 기도를 바친다.

오빠 제이콥 엘더는 오랫동안 묵주를 손수 만들어 사람들에게 나누어 주고 있다. 자신을 위해 적어도 한 번 묵주기도를 바쳐 달라는 부탁과 함께. 묵주기도에 대한 오빠의 믿음은 오래전의 가족과 함께한 묵

주기도에서 비롯된 것이 분명하다. 우리 가족은 수많은 은총을 받았고 지금도 페이턴 신부님의 "함께 기도하는 가정은 하나가 됩니다." 하는 말씀을 굳게 믿는다.

| 캐나다 온타리오 스카보로에서 테레사 엘더 수녀

선원들이 별빛의 인도로 항구를 찾아오듯이
그리스도인들은 성모님의 인도로 천국으로 들어갑니다.
- 성 토마스 아퀴나스

성모님께서 내 손을 잡아 주실 때

1970년대 초, 월남전이 발발했을 때 막내아들 드웨인이 징집되어 국내와 국외에서 군복무를 했다. 아이의 엄마로서 나는 하느님께 내 속마음을 털어놓고 아들이 무사하기 빌며 미사에 참례하고 묵주기도를 바쳤다. 그리고 하느님께 이 세상에서 드웨인의 삶이 짧은 것이라면 전장에서 돌아와 고향에서 생을 마치게 해 달라고 간청했다.

친구들은 내게 이렇지 말했다. "제리, 아들이 그 멀고 위험한 전쟁터에 있는데 어쩌면 그렇게 담담할 수 있는 거야?" 그럴 때 나는 "하느님께 아이가 무사하게 해 달라고 빌었어. 그리고 희망과 믿음을 가지고 기다리는 것 말고 내가 할 수 있는 게 없잖아." 하고 대답했다.

아들이 월남에서 보내 온 편지 중에 이런 것이 있었다. "저는 죽을 때까지 이 피비린내를 잊지 못할 거예요." 하면서 병사들이 받은 명령을 설명했다. 죽은 나뭇등걸에 몸을 숨기고 있는 베트콩들이 셋을 셀 때까지 항복하고 나오지 않으면 아들의 부대원들은 그 나뭇등걸이 벌집이 되도록 총질을 해야 했다.

하느님께서 나의 기도를 들어주셨다. 드웨인은 무사히 살아서 집으로 돌아왔다. 참으로 행복하고 감사한 시간이었다. 가족이 다시 모였다. 우리는 주문을 받아 농산물을 재배하는 가족으로, 하루 종일 일하고 저녁에 쉬는 단순한 생활을 했다. 그해 사순 시기에 주님의 수난에 동참하는 마음으로 평일미사에 참례하기로 했다. 그러면서 편찮으신 부모님 중에 한 분이 하늘나라로 가실 때를 대비해서 마음의 준비를 하려고 했다.

1974년 4월 5일, 전례 시작 전에 장궤를 하고 기도하는 중에 옆에 인기척이 있어 돌아보니 아들이었다. 아들과 함께 예식에 참례하게 되어 얼마나 가슴이 벅찼는지 모른다. 그날이 사순 시기의 마지막 날, 주님 수난 성금요일이었다. 예식이 끝난 다음 남편 레이와 두 아들 드웨인과 게리는 또 하루의 길고 힘든 밭일을 마치러 다시 들로 나갔다.

아시다시피 농사일은 출퇴근이 정해져 있지 않다. 우리는 날씨에 따라 어느 때라도 밭에 나가 일을 해야 한다. 농사지은 것이 우리의 유일한 수입원이므로. 어두워져서야 삼부자가 저녁 식사를 하러 들어왔다. 한 주간의 일이 끝나는 금요일 저녁은 홀가분하게 즐기고 쉴 수 있는 시간이다! 모두가 시내로 나가는 것이다.

게리는 샤워를 마치고 시내로 갔다. 드웨인과 그의 친구는 말들과 함께 나름대로 유익한 시간을 보냈다. 드웨인은 말을 아주 좋아했다.

그리고 열 시 반이 되어서 드웨인도 집을 나섰다. 남편이 아들에게 시내에 있는 사촌형제와 어울려 즐겁게 지내보라고 했기 때문이었다. 그러면서 늦은 시각에는 차를 몰고 집으로 돌아오지 말라고 했다. 일주일 동안 힘들게 일했기 때문에 금요일 저녁이 얼마나 피곤한지 잘 알았으므로 남편은 아들에게 운전을 하지 말라고 세 번이나 당부했던 것이다. 현관문에 기대서서 드웨인은 웃으며 말했다. "아빠, 집으로 돌아오기 전에 북쪽에 있는 수로를 손보고 올게요."

그 아이의 환한 미소와 강한 책임감을 우리는 잊지 못할 것이다. 다음 날인 토요일 아침, 식사를 하고 설거지를 하려는데 전화벨이 울렸다. 아침에 어떤 남자가 자동차 옆에서 숨진 채 발견되었다는 것이었다. 우리는 그 사람이 우리의 드웨인이라는 것을 직감으로 알았다. 아들의 방 침대 옆 스탠드가 그때까지 불이 켜진 채 주인을 기다리고 있었기 때문이다. 두 번째 전화에서 보안관은 사망한 남자가 드웨인임을 확인했다고 말했다. 하늘이 무너지는 것 같은 충격이었다.

그날 저녁, 우리 가족은 영안실에서 드웨인의 주검 주위에 둘러섰다. 그때 나는 큰 시험에 들었다. 드웨인은 잠자고 있는 듯이 보였다. 나는 거의 패닉 상태가 되어 말없이 서서 속으로 이렇게 말하고 있었다. '하느님, 저는 저 아이가 죽었다는 걸 알지만 만약 누구라도 저 관 뚜껑을 닫으려고 한다면 가만 놔두지 않겠어요.'

그 순간 내게 도움이 필요하다는 것을 알았다! 그때부터 다음날 오후 우리 가족이 아이를 다시 볼 때까지 묵주기도는 나와 함께했다. 나의 어머니 성모님께서는 더 많은 고통과 더 많은 괴로움 가운데 당신의 아드님을 잃으셨다. 드웨인이 고통을 겪지 않고 순간적으로 목숨을 잃은 것은 은총이었다.

묵주가 내 손을 떠난 적은 없었다. 그 흔적이 내 육신에 새겨져 있을 정도다. 나는 성모님께서 내가 용기를 가지고 이겨 낼 수 있도록 성삼위 하느님께 전구해 주시기를 기도했다. "저를 도와주소서. 저를 도와주소서."

그 시기에 나는 이루 말할 수 없는 고통으로 남편과 다른 아이들을 돌볼 수 없었다. 그때 성모님께서는 내 손을 잡아 주셨고 다른 가족들의 손도 잡아 주셨다. 관에 누워 있는 아들을 바라보며 나는 갑자기 충동적으로 다른 엄마들처럼 아들의 이마에 손을 얹었다. 그러자 그 차갑고 딱딱한 이마의 감촉이 내 눈을 뜨게 했다. 아름다운 드웨인의 영혼과 정신이 하느님께서 주셨던 그 육신에 더 이상 머물러 있지 않다는 것을 깨달았던 것이다. 그 주검은 사랑스러운 내 아들이 아니었다.

그때서야 내 아들 드웨인의 관을 덮을 수 있었다. 드웨인은 영광이 가득하신 생명의 하느님, 예수님과 함께 살고 있다. 나는 이제 하느님께서 육체에 생명을 불어넣으실 때까지 육신은 영혼과 정신을 담는 그릇에 불과하다는 것을 안다. 드웨인이 떠난 지 28년이 지났어도 여전히 아들이 보고 싶다. 그러나 새로운 도성 예루살렘에서 다시 만날 날을 기다린다.

'감사합니다, 성모님. 그 슬픔의 시간에 저와 함께 걷고 제 기도를 들어주시고 저를 인도해 주셨습니다. 묵주기도를 통해 당신께서 드웨인을 전쟁터에서 무사히 집으로 돌아오게 해주셨고, 묵주기도를 통해 드웨인이 안전하게 당신과 함께 있다는 것을 깨닫게 해 주셨으며, 제 마음에 평화가 깃들게 해 주셨음을 저는 진정으로 믿습니다.'

가족을 잃은 것은 처음이었고 우리는 말할 수 없이 고통스러웠다. 1974년 그때 이래 우리는 연달아 가족을 잃는 경험을 했다. 때로 그런 극심한 고통을 참아 내지 못하는 가운데서도 하느님, 성부, 예수님, 성령을 찾았고, 가톨릭교회와 다른 많은 이들이 우리를 도와주었다. 그런 온갖 고통에도 우리는 열심히 주님을 찾았다. 묵주기도를 바치고 또 바치는 것은 우리의 선택이었다. 고통 가운데 성모님께서 우리의 손을 잡아 당신 품으로 이끄셨으며 당신의 아드님 예수님의 품으로 이끌어 주셨다.

| 텍사스 엄바거에서 제리 C. 거버

묵주기도는 죄를 부수는 훌륭한 도구이며 하느님의 은총을 회복하고 하느님의 영광을 드러내는 아름다운 도구이다.

– 교황 그레고리 12세

빈말을 되풀이하다

오순절교인에서 가톨릭으로 개종한 나는 기도에 관한 한 매우 강한 확신을 가지고 있었다. 특히 기도할 때 "다른 민족 사람들처럼 빈말을 되풀이하지 마라."고 하신 주님의 가르침을 굳게 믿었다. 우리 시대에 기도를 헛되이 되풀이하는 '다른 민족 사람들'은 누구인가? 나는 '그들'이 바로 오로지 전례의 산만한 기도문에만 의지하는 가톨릭 신자들이라고 생각했다. 그 중에서도 가장 심각한 것 중에 하나가 묵주기도라고 생각했다. 나로서는 '주님의 기도'와 '성모송'을 되풀이하는 그 기도는 도저히 기도라고 생각할 수 없었다.

그렇다면 나는 어떤 기도를 했는가? 매일 아침 남편과 아이들이 직장과 학교로 떠나고 나면 나는 '말씀 기도' 목록을 꺼내 들고 그들을 위해 기도하기 시작한다. "그분의 상처로 제가 나았습니다." 그리고 남편을 위해서 "그는 지혜와 교훈을 터득하고 예지의 말씀을 이해할 것입니다."(잠언 1,2)라고 기도했다.

나는 내 남편에게 지혜와 이해력을 내려 주시기를 하느님께 단 한 번만 기도했다. 그런 다음 배운 대로 내 믿음을 증명하기 위해 다시는 그런 간청을 할 수 없었다. 나는 하느님께서 이미 내 기도에 응답하셨다고 받아들여야 했다. 그렇지만 하느님께서 이미 하신 일을 그분께 매일 아침 상기시켜 드릴 수는 있었다. 그런 기도를 드리면서도 한편으로는 남편의 지혜와 이해력을 칭찬하기보다 오히려 "당신 바보 아냐?" 하는 식으로 핀잔을 주었다. 그러니 내 기도를 들어주셨다고 느끼지 못한 것은 당연한 일이었다.

"말한 대로 이루어지리라." 나는 이 말을 되풀이했다. 진리는 내 일상에서 내가 말하는 것이 아니라 오직 아침 기도에서 간청하는 '말씀 기도'에만 적용된다고 여겼던 것 같다. 만일 내 남편이 '지혜와 이해력'을 받았다고 생각했다면 말씀 기도를 그만둘 수 있었을 테지만, 그렇지 못했기 때문에 하느님께서 남편에게 그러한 덕목을 내려 주셨다는 사실을 매일 아침 주님께 상기시켜 드리는 일이 매우 중요하게 여겨졌다.

당시에 거의 100가지에 이르는 말씀 기도 목록을 가지고 매일 아침 반복해서 기도를 하고 또 했다. 정말 진심으로 열심히 반복해서 그렇게 기도했던 것을 생각하면 내가 하느님과 친교를 하고 있는지 아니면 악마와 하고 있는지, 또는 나 자신의 유익(有益)을 위해 신비한 처방을 하고 있는지 지금도 의심이 간다.

"너희는 기도할 때에 다른 민족 사람들처럼 빈말을 되풀이하지 마라. 그들은 말을 많이 해야 들어주시는 줄로 생각한다." 예수님께서 제자들에게 하신 이 말씀을 나는 이렇게 해석했다. "마음에서 우러나오지 않는 '주님의 기도'나 '성모송'이나 다른 기도문을 외우지 마라."

형제의 눈 속에 있는 티는 보면서, 내 눈 속에 있는 들보는 깨닫지 못했던 것이다. 아이러니하게도 나를 결국 가톨릭으로 개종하게 이끈 분은 성모님이셨고 묵주기도였다.

내 친구 한 명이 동정 성모님의 발현에 관한 책을 내게 주었을 때 나는 코웃음을 치며 속으로 이런 생각을 했다. '그래, 좋아. 읽어 보지. 그렇지만 그것이 사람들을 얼마나 기만하는 것인지를 밝혀내려고 읽는 거야.'

주님, 감사합니다. 성모님께서 당신의 자녀들에게 하시는 사랑이 가득한 말씀을 읽으며 나 자신의 기만이 서서히 드러났다. 처음에는 동정 성모님께서 가톨릭의 비틀어진 생각을 바로잡아 주시려고 그 아이들에게 나타나셨는지도 모른다는 생각 정도는 받아들였다. '어쨌든 필요한 도움을 받기는 했지.' 나는 그렇게 생각했다. 그러나 얼마 지나지 않아 성모님의 발아래 무릎을 꿇은 것은 나였다. 그 책을 다 읽고 나서 묵주기도를 해 보기로 마음을 먹었던 것이다.

그리스도의 신비를 묵상한다는 것은 오순절교인으로서는 한 번도 생각해 본 적이 없는 일이었다. 그리스도의 고통을 생각해 본 적이 없었던 것이다. 채찍으로 맞아 찢기고 피 흐르는 육신으로 말없이 모욕을 당하시고 기꺼이 십자가에 달리신 그리스도. 나는 그때까지 오로지 나를 위해 승리하시고 부활하신 그리스도께만 초점을 맞춰 기도를 했던 것이다.

하느님의 은총으로 요즘은 조금 덜 이기적인 기도를 한다. 나는 묵주기도에 푹 빠졌다. 해로운 것에서 나를 지키려는 신비스러운 처방이 아니라 그리스도의 삶을 묵상하기 위한 기도의 역할을 해 준다. 이러한 묵상으로 나는 그분을 조금 더 닮아갈 수 있을 것이다. 조금 더 겸손하고 조금 더 정직하고 조금 더 인내심을 갖고 조금 더 사랑하고 조금 더 친절할 수 있을 것이다.

이제 더 이상 하느님께 내 생각을 상기시켜 드릴 필요를 느끼지 않는다. 그 대신 묵주기도와 하느님 자비의 기도, 그리고 다른 기도를 통해 내가 어떤 인간이어야 하는지를 상기한다. 그런 기도를 되풀이하면서 때로 내 안에서 아직도 들려오는 과거의 목소리를 듣는다. 그럴 때 나는 "제 뜻대로 마시고 당신 뜻대로 하소서."라고 말하며 기도를 계속한다.

"하느님의 어머니, 성모 마리아시여, 저희 죄인들을 위하여 빌어 주소서, 지금 이 순간."

| 일리노이 퀸시에서 데보라 데니얼스키

(이 이야기는 Our Sunday Visitor에서 발행하는 New Covenant 매거진 1997년 8월호에 처음 실렸다.)

∞ 찬미가 ∞

오, 동정녀들의 영광이시여,
별들 빛나는 하늘 옥좌에서
당신을 창조하신 어린 아가를 젖먹이시네.
불운한 하와로 길 잃은 인간이
거룩한 당신 모태로 구원을 얻나니
여기 슬픔의 골짜기에 사는 인간들에게
당신은 영원한 천국 문을 열어 주시네.
찬란한 빛들의 방,
지극히 높은 하늘의 문이시여.
구원된 사람들아,
동정녀를 통해 받은 생명에 환호하여라.
동정녀에서 나신 예수께 길이 영광 있으소서.
성부와 성령께도 영원히 영광이 있으소서.
아멘.

묵주는 끊어지지 않았다

어렸을 때 우리 가족은 매일 밤 저녁 식탁에 둘러앉아 묵주기도를 바치곤 했다. 자라면서 방과 후 활동과 아르바이트 등으로 바빠지자 예전처럼 자주 모여 묵주기도를 바치지 못하게 되었다. 그래도 저녁 식탁에 모두 함께 모이는 날이면 언제나 묵주기도를 바치는 전통을 계속했다.

그렇게 온 가족이 바치던 묵주기도 시간이 그리워서 나는 매일 혼자라도 기도를 바쳤고 지금도 계속하고 있다. 고등학교와 대학 시절, 그리고 직장을 갖고 결혼해서 한 가족을 이룰 때까지 이 특별한 기도를 매일 바치고 있다. 가톨릭 신자가 아닌 남자와 결혼했지만 남편은 기꺼이 미사와 아이들의 교리 학교에 참석해 주었다. 그러나 가톨릭 신자가 되는 것에는 관심이 없었다.

우리 가족의 일상이 바빠지던 시기에 나는 가족과 함께 묵주기도의 전통을 나누고 싶었다. 어느 날 아이들에게 저녁 식사 후에 각자의 묵주를 가지고 식탁에 모여 묵주기도를 바치자고 말했다. 그런데 큰딸 줄리가 자기 방에서 묵주를 들고 울면서 뛰쳐나오는 것이었다. 딸애가 내미는 묵주를 보니 세 조각으로 끊어져 있었다. 다른 묵주를 주겠다고 했지만 아이의 마음을 달랠 수 없었다. 외할머니에게서 받은 묵주로 아이에게는 아주 특별한 것이었기 때문이었다.

손재주가 있어 늘 집안 여기저기를 손봐 주는 남편에게 딸아이의 묵주를 고쳐 달라고 했다. 남편은 묵주알이 너무 많이 없어져서 원래대로 고치기 힘들겠다고 하면서 딸아이의 서랍에 끊어진 묵주를 다시 넣어두고 우리는 함께 식사를 하러 아래층으로 내려왔다.

식사가 끝나고 내가 세계 각지를 여행하면서 사 온 묵주 가운데 하나를 줄리에게 주었다. 그 묵주로 함께 묵주기도를 했지만 아이의 표정은 밝지 않았다. 설거지를 끝내고 줄리의 방으로 올라갔고 다른 가족도 언제나처럼 내 뒤를 따랐다. 혹시 망가진 묵주를 고칠 수 있을지

한 번 더 살펴보려고 서랍을 열고 묵주를 꺼냈다. 그런데 참으로 놀랍게도 묵주는 원래대로 완벽하게 연결되어 있었고 없어진 묵주알도 없었다!

우리 가족은 그때까지 함께 있었고 그 묵주를 고치려고 딸의 방에 들어간 사람이 없었다는 사실을 알고 있었다. 우리는 예수님께 감사의 기도를 드리고 당신의 어머니를 우리의 어머니로 모시게 해 주신 것에도 감사했다. 많은 친구와 친지들에게 이 기적을 이야기해 주었고 모두들 기뻐하며 특별한 축복을 주었다.

그리고 얼마 후에 또 하나의 기적이 일어났다. 오랫동안 가톨릭교회에 함께하는 데 관심이 없었던 남편이 가톨릭 신자가 되겠다고 선언했던 것이다. 남편은 그 다음 부활 성야에 가톨릭 신자가 되었다.

우리 어머니는 묵주기도로 원하는 것을 청하면 불가능한 것도 이루어질 것이라고 예전부터 늘 내게 말씀하셨다.

| 사우스캐롤라이나 포트밀에서 카멜 R. 길로그리

묵주기도를 가장 적절하고 좋은 기도 방법으로
권고하고 장려하는 것이 가장 좋다고 생각합니다.
구원의 신비를 자주 묵상함으로써
인간의 마음에 믿음이 보다 생생하게 살아나고
기도의 거룩한 불이 새롭게 타오르며
평화와 도덕적 고결함과 번영으로 빛을 발할 것입니다.
 - 교황 레오 13세

천사 정비사

푸에르토리코의 구아바테에는 '몬테 카멜로(Monte Carmelo, 카르멜산)'라는 성모성지가 있다. 동정 성모님께 봉헌된 경당과 기도하는 곳이 있는데 아주 오래전에 성모님께서 발현하신 곳으로 추정되고 있다. 나는 아레시보에서 30명 정도 되는 일행과 함께 버스를 타고 두 시간 반이 걸리는 그곳 성모성지로 순례를 갔다.

우리 일행은 미사 참례를 하고 기도하면서 하루 종일 순례를 했다. 돌아올 시간이 되어 버스에 오른 다음 운전기사가 시동을 걸었지만 버스는 움직이지 않았다. 문제가 생긴 것이었다. 버스에 타고 있는 남자 승객들까지 합세해서 고장 난 곳을 찾아내려고 애를 썼지만 아무도 뭐가 문제인지 알아내지 못했다.

그때 누군가 우리가 처한 상황이 해결되기를 간청하는 묵주기도를 바치자고 제안했다. 그래서 묵주기도를 바치고 있을 때—아마 2단을 바치고 있었던 것 같다—자동차를 타고 가던 어떤 운전자가 우리를 지나쳐 가다가 다시 돌아오는 것이 보였다.

그는 차를 세우고 버스 운전사에게 오더니 차를 타고 지나가다 보니 버스의 바퀴가 어딘가 이상하다는 생각이 들어 다시 돌아왔다고 했다. 버스에 문제가 생긴 것 같아서 혹시 도움이 될까 하고 차를 돌렸다는 것이다. 그는 자동차 정비사였다! 그 천사 정비사는 돈을 받지 않고 버스를 고쳐 주었고 우리는 감사의 묵주기도를 바치며 집으로 돌아올 수 있었다!

| 푸에르토리코 아레시보에서 나이비아 곤잘레스

나의 자녀들이여, 마지막 구원의 은총을 원한다면
성모님께 전적으로 의탁하라.

– 성 필립보 네리

성모님, 감사합니다

2002년 성탄 시기였다. 남편과 나는 실직자였다. 남편은 10월에, 나는 12월 초에 직장을 잃었다. 본당 교우들이 캔 식료품 등을 보내 줘서 먹을 것은 해결했지만 의료보험을 낼 돈이 없었다.

유방 정기 검진 결과 오른쪽 유방에서 종양이 발견되어 초음파 검사를 해야 한다는 결과가 나왔다. 낭포성섬유증을 앓은 경험이 있는 나는 무척 걱정되었지만 별 거 아닐 거라고 애써 위로했다. 사실 더 걱정스러운 것은 검사 비용을 지불하는 일이었다. 남편과 나는 성모님의 도우심을 청하며 묵주기도를 바쳤다. 수잔 G. 코맨 센터의 직원에게 내 사정을 이야기하자 매릴린이라는 여인이 그들이 지불할 테니 걱정하지 말라고 했다. '예수님, 감사합니다. 성모님, 감사합니다.' 나는 마음속으로 이렇게 감사 기도를 하고 안도의 숨을 내쉬었다.

초음파 검사는 성프란치스코병원의 수잔 G. 코맨 센터에서 이루어졌다. 검사를 기다리는 동안 묵주를 손에 들고 벽에 걸린 십자가를 바라보며 성모님께 간절히 도움을 청했다. 담당의는 검사 결과를 이렇게 말했다. "종양이 하나 있습니다. 양성인 것 같은데 아무래도 확실히 확인하기 위해 다시 생체 검사를 받아보시는 게 좋겠습니다." 그때 나는 제일 먼저 '어떡해. 또 돈이 들게 생겼네! 양성이 아니라면 어쩌지?' 하는 생각이 들었다. 나는 얼른 직원에게 상황을 이야기했고 그 직원은 어딘가에 전화를 해 보더니 일반적으로 생체 검사에 대한 비용은 지불해 주지 않는다고 했다.

39세에 세상을 떠난 동생이 생각났다. 동생은 유방암으로 오랜 투병 생활을 하다 두 아이와 엄청난 빚을 남기고 떠났다. 또 81세 된 엄마 생각이 났다. 60대에 유방절제수술을 받고 얼마나 깊은 절망의 세월을 사셨던가. 나는 암이라는 진단이 초래할 심리적 고통과 경제적 부담을 생각했다. 그래서 다시 묵주기도를 바치며 성모님께서 나와 가족들을 보호해 주시기를 간절히 청했다. 그리고 고리 기도 단체에 지향을 올렸다. 이 특별한 고리 기도는 '성 요한의 수도회 재속회'에 소속된 평신도들이 성모님께 의탁하고 묵주기도를 바치는 모임이다.

그 고리 기도에 속한 어느 방사선과 의사가 고맙게도 무료로 생체 검사를 해 주겠다는 연락을 해 왔다. 나중에 알고 보니 그는 유방 관련 생체 검사를 제외한 다른 모든 검사를 해 주고 있었다. 그는 자신이 알고 있는 닥터 R에게 연락을 해서 내 상황을 설명하고 검사 시행 날짜를 잡으라고 했다.

닥터 R에게 연락을 했을 때 전화를 받은 여성은 이렇게 말했다. "네, 수잔 G. 코맨 센터입니다." 방사선과 의사를 바꿔 달라고 하자 전화를 받을 수 없는 상황이라는 대답과 함께 매럴린에게 전화를 돌려주었고, 내 이야기를 자세히 듣고 난 그녀는 걱정하지 말라면서 센터에서 비용을 지불해 주겠다고 했다. 나는 내 귀를 의심할 수밖에 없었다.

검사를 받는 날, 병원에 도착해서 등록을 마치고 손가락 묵주를 들고 기도를 시작했다. 분홍색 꽃무늬의 헐렁한 검사복을 갈아입고 검사가 시작되기 직전까지 묵주기도는 계속되었다. 방사선과 보조는 콜린 마리였고 우리는 성모 가리아와 마리라는 이름에 대해서 이야기를 나누었다.

    의사가 들어왔다. 그런데 그의 이름은 닥터 R이 아니었다. 그는 휴가 중인 듯했다. 그 대신 닥터 S에게 검사를 받게 되었는데 그는 방사선과장이었고 가장 경력이 많은 그와 함께한 의료진은 무척 자상했다. 내게 마취제를 놓으면서 검사의 진행을 한 가지씩 설명해 주었다. 보조 의료진은 내가 충분히 이완되어서 곧 잠이 들 것이라고 생각했다.

    검사가 진행되는 내내 나는 손가락 묵주를 왼손에 들고, 의사가 나를 치료하듯이 예수님께서 나를 치유해 주시는 모습을 그리며 눈을 감고 있었다. 깊은 평화와 편안함이 찾아왔다. 마치 성모님께서 함께하시며 어머니만이 할 수 있는 따뜻하고 애정 어린 방법으로 안심시켜 주시는 것 같았다. 그때 닥터 S의 목소리가 들렸다. "이게 낭종인가? 아닌 것 같은데? 아, 낭종이 맞군!" 의사는 주사로 그것을 빨아내기 시작했다. 양성 낭종이었고 생체 검사는 필요하지 않았다. '주님을 찬미하라! 예수님, 감사합니다! 성모님, 감사합니다!'

    남편에게 결과를 알리자 남편은 기뻐하며 그때까지 묵주기도를 하고 있었다고 말했다.

| 일리노이 칠리코시에서 조앤 M. 하이만

∞ 묵주 축복 기도 ∞

사제 : 우리의 도움은 주님의 이름에 있으니
신자 : 하늘과 땅을 만드신 분이시로다.
사제 : 주님께서 여러분과 함께
신자 : 또한 사제와 함께
기도합시다.
하느님의 어머니 복되신 동정 마리아를 통하여
주님께 영광과 찬미를 드리오며
우리 주님 예수 그리스도의 삶을 묵상하고 되새기게 하는 이 묵주를
성부와 성자와 성령의 이름으로 축복합니다.
아멘.

묵주를 품고 주님 곁으로

9년 전, 우리 가족은 직장 때문에 플로리다로 이사하게 되었다. 전에 살았던 남편의 고향에는 조 아저씨라는 분이 살았는데, 남편은 어렸을 때부터 그를 알았고 거의 7년 동안 우리 집 맞은편에 살았다. 조 아저씨는 외롭게 혼자 살았다. 꼭 필요한 살림살이 외에는 아무것도 지니지 않았고 식료품을 사거나 공공요금을 내러갈 때도 세발자전거를 타고 다녔다. 나와 스스럼없이 지내게 된 어느 날, 그는 나에게 오래전부터 15단 묵주를 갖고 싶었다고 했고 나는 그를 위해 묵주를 준

비하기로 했다.

우리 네 아이들은 각자의 묵주를 가지고 있었고 그들에게 소중한 것이었으므로 나는 묵주를 세 개 사서 자르고 다시 연결해서 15단 묵주를 하나 만들었다. 이 묵주는 조 아저씨에게는 값을 따질 수 없는 보물이 되었지만, 몸이 아파 병원에 입원해 있을 때는 그 묵주를 지니지 못했다.

플로리다로 이사 오기 5년 전에 우리는 남편의 고향을 떠났지만 전화가 없는 조 아저씨와는 편지를 주고받으며 연락을 계속했다. 그러다가 사는 게 바빠지면서 조 아저씨에게 이미 묵주가 없다는 사실을 잊고 지냈는데 어느 날 묵주를 하나 더 만들어 보낼 줄 수 없겠느냐는 아저씨의 편지를 받았다.

고백하건대 그 편지를 받고도 새로 15단 묵주를 만드는 일을 미루고 지냈다. 그러나 성령께서 내게 깨우침을 주셨는지 우리 동네 하나뿐인 성물 가게로 달려가게 하셨다. 아저씨에게 전에 만들어 주었던 것과 같은 갈색 나무 묵주가 그 가게에는 없었다. 특별 주문을 하면 시간도 돈도 더 들 것 같았다. 그래서 전에 묵주를 샀던 루이지애나의 가게로 전화를 해서 다시 세 개를 주문하고 물건을 받을 때 대금을 지불하기로 했다. 지금처럼 온라인으로 주문하고 택배로 즉시 물건을 받는 시스템이 아니었기 때문에 언제 묵주를 받게 될지 요원해 보였다.

소포가 도착한 후에도 마음이 내키지 않아 몇 주 동안이나 미루고 지냈다. 사탄이 내 마음을 딴 데로 돌려놓은 것이 분명했다! 그러나 성령께서 나를 움직이셨고 나는 마침내 15단 묵주를 다시 만들어 포장을 하고 우체국에 가서 배편으로 보냈다. 조 아저씨가 며칠 전에 생일을 맞았고 아직도 건강이 무척 안 좋은 상태였기 때문에 내가 보낸 묵주를 받고 무척 기뻐할 것이라는 생각을 그때 했었다. 소포와 함께 아저씨에게 묵주를 잘 받았다는 답장을 해 달라는 편지도 동봉했다.

성질이 급한 나는 조바심을 느끼며 답장을 기다렸다. 하느님께서 그런 나를 잘 아시고 3일 후에 연락을 받게 해 주셨다. 다른 도시에 사는 조 아저씨의 조카딸이 전화를 해서 아저씨가 갑작스레 세상을 떠나셨다는 소식을 전해 주었다. 내가 보낸 묵주를 받으셨는지 물었더니 그녀는 잘 받았다는 말과 함께 자신은 가톨릭 신자이지만 기도 생활을 열심히 못하고 있으니 내게 다시 묵주를 보내고 싶다고 했다. 나는 그녀가 가지면 좋겠다고 말했다. 그녀가 그 묵주를 갖게 된 것은 하느님의 뜻일 것이라고 생각했던 것이다.

나중에 들어보니, 조 아저씨의 이웃 사람이 아저씨가 어떤지 알아보러 갔는데 아무 대답이 없자 경찰을 불러 문을 부수고 들어갔다고 했다. 침대에 누워 계신 아저씨 곁에 소포 꾸러미가 있었고 아저씨의 손에 묵주가 들려 있었다고 했다. 잠이 든 채 돌아가셨던 것이다. 그 15단 묵주에 대해 아무것도 모르는 이웃 사람은 조 아저씨가 손에 묵주를 쥐고 평화롭게 돌아가셨고 우리 모두가 본받을 만한 아저씨의 죽음에 대해 신문에 기고했다.

그 후 나는 지금까지 조 아저씨를 생각하지 않는 날이 없다. 내가 아저씨에게 보낸 마지막 편지에 이렇게 썼었다. "아저씨가 잃어버린 묵주를 대신할 묵주를 보냅니다. 저를 위해 기도해 주시기를 부탁드립니다!" 내가 아저씨를 위해 자주 기도하고 나를 위해 간구해 달라는 청을 드릴 때 그분이 하늘나라에게 내려다보시며 미소 짓고 계신다는 것을 안다. 아저씨의 조카딸은 견진성사를 받은 신자였는데 이제 혼인 조당을 풀고 딸이 세례를 받았으며 전에 우리가 살던 동네의 본당에서 열심히 활동하고 있다.

조 아저씨, 은총이 가득하신 어머니 마리아께 의탁하신 아저씨의 사연을 여기 소개하게 해 주셔서 고마워요. 영원한 안식을 빕니다.

| 플로리다 브랜든에서 샬렌 키보도

성교회가 인준한 모든 신심 행위 중에서 그 어느 것도
지극히 거룩한 묵주기도만큼 많은 은총을 받지 못했다.
— 교황 비오 9세

공중 폭발

내 친구 던 러프는 제2차 세계대전 당시 공군에서 비행기의 미포尾砲 사격수였다. 11명이 한 조를 이루어 출격하곤 했는데, 동지나해 상공으로 임무를 띠고 출격하게 되었을 때, 226kg 폭탄 아홉 개를 실은 비행기의 폭탄 투하실 뒤에 배치된 던은 항상 하던 대로 묵주기도를 바치고 있었다. 그런데 별안간 비행기 폭발이 일어났고 다음 순간 던이 정신을 차렸을 때는 6m 아래 바다 속이었다. 여전히 '성모송'을 바치는 채로.

150m 상공을 날고 있던 비행기는 폭발과 함께 바다로 추락했다. 던

은 물위로 떠오르려고 애쓰면서 비행기 파편과 폭발로 찢긴 사체를 보았다고 회상했다. 바다 표면은 연료가 타면서 불바다였기에 그걸 피하기 위해 손과 발로 물을 첨벙거려야 했다. 상어가 습격할 위험이 있었지만 잠시 후 던은 구조되어 해군 병원으로 이송되었다.

던은 살아날 가망이 없는 환자였고 던의 병상은 가려졌다. 그러나 던은 그들을 놀리듯 살아났고 회복되어 집으로 돌아갔다. 그리고 함께 출격했지만 목숨을 잃은 동료의 약혼자와 결혼했다. 여덟 아이의 아버지가 되었고 지금은 수많은 손자손녀를 둔 할아버지가 되었다. 던은 가장 위험한 위치에 있었지만 그 비행기 폭발에서 유일하게 살아남았다. 그 사건은 군사지에 짧게 보도되었다.

| 애리조나 서프라이즈에서 던 코크

성모님을 여러분의 입술과 여러분의 마음에서
결코 멀리 하지 마십시오.
성모님을 따르면 결코 절망에 빠지지 않을 것입니다.
성모님을 생각하면 결코 잘못되지 않을 것입니다.
— 시에나의 성 베르나르디노

니콜라스가 숨을 쉬지 않아요

먼저 우리 가족에 관해 이야기를 시작해야겠다. 우리 가족은 침례교 신앙을 가졌다. 그러나 이제부터 이야기하게 된 사건이 있기 3년 전에 나는 가톨릭으로 개종했다. 나는 4형제 중 둘째이며 어른이 되었지만 아직 미혼이고 물론 아이도 없다. 다른 형제들이 결혼해서 낳은 조카들이 많아서 내 아이가 없다는 것이 불만 사항은 아니다. 여자조카 아홉에 남자조카 하난데, 이 이야기는 유일한 남자 조카 니콜라스에 관한 이야기다.

우리 가족, 특히 부도님은 막내아들 부부가 사내아이를 갖게 될 것이라는 소식을 듣고 무척 기뻐하셨다. 20년도 훨씬 전에 막내아들을 낳고 이제 집안에 처음으로 사내아이가 태어나게 된 것이었다. 마침내 그 녀석이 세상에 태어나는 날이 되었고, 그날은 영원히 잊지 못할 것이다.

나는 가족이 사는 곳에서 세 시간 정도 걸리는 텍사스 댈러스에 살고 있다. 아버지는 전화 메시지를 통해 그 녀석이 드디어 태어났다는 소식을 전해 주셨다. 산고의 진통 시간이 무척 길었다는 말씀과 함께. 다음 주 금요일에 나는 첫 비행기로 새 가족인 첫 사내조카를 보러 부모님이 사시는 곳으로 날아갔다. 첫 남자조카라는 것만으로도 얼마나 특별했는지 모른다. 부모님 집에 도착했을 때 그 조카 니콜라스가 퇴원해서 가족과 새로운 인생을 시작하고 있을 거라고 생각했지만 실상은 그렇지 않았다.

부모님은 공항에서 나를 태우고 니콜라스에게 좀 문제가 있어서 병원으로 간다고 말씀하셨다. 지난 이삼 일 사이에 아이의 체중이 줄었는데 그 이유를 아직 밝히지 못했다는 것이었다. 병원에서는 아이를 일단 집으로 데려 가서 지켜보는 게 좋다고 했다.

우리는 불안한 가운데 병원에 도착했다. 막내 동생이 우리를 보더니 니콜라스가 숨을 쉬지 않는 상태가 계속되고 있다고 했다. 의사들이 조치를 취하고 있지만 심각하게 생각하지 않는다는 것이었다. '아니, 아이가 자꾸 숨을 멈추는데 어떻게 심각하지 않을 수가 있는 걸까?' 그런 생각이 들었다.

건강관리사로 16년을 일한 내가 알기로 숨을 멈춘다는 건 결코 작은 문제가 아니었다. 진단 결과 니콜라스는 무호흡증으로 밝혀졌다. 숨을 멈추거나 숨쉬기를 잊어버리는 그런 상황이 지속되고 있는 것이었다. 의사들은 아이에게 증세가 일어날 때마다 알람이 울리는 무호흡증 감시기를 연결하겠다고 했다. 증세가 지속된다면 적어도 일 년, 어쩌면 그 이상 필요할지도 모른다고 했다. 니콜라스를 이삼 일 더 병원에 두고 응급 시에 대비해서 우리 가족은 유아 심폐기능 소생술을 익혔다. 마침내 아이를 집에 데려왔고 그때부터 아주 길고도 힘든 한 해를 보내야 했다. 알람이 울릴 때마다 우리는 가슴이 철렁 내려앉곤 했지만 그 기계 덕분에 아이는 깊이 숨을 쉬고 다시 규칙적인 호흡을 할 수 있었다.

니콜라스가 태어나던 날부터 묵주기도를 계속하면서, 건강하게 잘 자라서 아이가 선택한 분야에서 훌륭한 지도자가 되게 해 달라고 청했다. 나는 언제나 내가 간구하는 바를 들어주신다고 믿었기에 그런 상황이야말로 묵주기도를 더욱 간절한 마음으로 해야 한다고 느꼈다.

돌아가신 할머니는 깊은 신앙심을 지닌 분이셨다. 건강이 허락할 때까지 미사 참례를 하셨고 "네 삶에 주님을 모셔라. 그러면 못할 일이 없단다."라고 말씀하셨다.

나는 할머니가 묻히신 묘지로 가야겠다고 생각했다. 그곳에서 묵주기도를 바치면 할머니께서도 함께해 주실 거라고 믿었기 때문이었다. 이상하다고 생각할 사람도 있겠지만 나는 할머니와 할아버지가 계신 묘지에서 묵주기도를 바치면 언제나 위로와 평안함을 느끼곤 한다.

말할 것도 없이 내 기도는 응답을 받았다. 니콜라스는 이제 네 번째 생일을 맞았다. 건강하고 평범한 남자아이로 자라 소방차를 좋아하고 텔레비전과 비디오테이프를 즐겨보며 새로 태어난 여동생을 좋아한다. 그 또래 남자아이들이 그렇듯이 장난도 심하지만 나는 그 녀석을 누구보다 좋아한다. 그 아이가 목숨을 건진 건 기적이라고 생각한다. 만일 병원에서 숨을 멈추는 일이 일어나지 않아서 무호흡증이라는 진단을 받지 않았다면 지금 그 아이를 우리 곁에서 보지 못했을지도 모른다.

나는 지금도 우리 가족과 그 아이를 위해 매일 묵주기도를 바친다. 우리가 여기까지 오게 된 것은 성모님의 도우심 덕분이기 때문이다.

| 텍사스 댈러스에서 마이클 S. 카이저

생명의 선물

우리 딸 콜린은 20년간 당뇨로 고생을 하며 신장기능부전으로 투석을 받고 있었다. 신장이식을 하지 않으면 두 아들이 고등학교를 졸업할 때까지 살지 못하리라는 것을 알고 있었다. 우리는 매일 묵주기도를 바치며 성모님께 매달렸다. 우리 딸에게 한쪽 신장과 췌장 일부를 기증해 줄 수 있는, 혈액과 조직이 일치하는 사람을 보내 주시기를 간절히 청했다.

참으로 놀랍게도 다섯 명의 기증자가 나타나 기증 가능 여부를 결정하는 검사를 받았다. 검사 결과 미네소타 대학 병원의 의사들은 20세의 청년 제시를 기증자로 선택했다. 콜린의 오빠보다 더 많이 일치한다는 것이었다. 제시는 미네소타 칼리지빌의 성 요한 대학 2학년생이었고 콜린과는 전혀 혈연관계가 없다.

2000년 8월 16일에 수술이 이루어졌고 제시는 콜린에게 신장 한쪽과 췌장 일부를 주었다. 수술을 집도한 의료진은 놀라움을 금치 못했다. 그 대학 병원에서 지금까지 5천 건의 장기이식 수술이 이루어졌지만 살아 있는 사람이 두 가지 장기를 한 사람에게 기증한 일은 처음이었다고 한다. 우리는 묵주기도의 여왕이신 마리아께서 제시를 우리 딸에게 보내 주셨고 건강하게 살아갈 수 있도록 귀중한 선물을 주셨음을 믿는다.

| 미네소타 모라에서 엘리자베스 L. 카스

성모님,
당신의 자녀인 저희와 함께하시어 주님께 가는 길로 인도해 주소서.
언제나 저희의 어머니가 되어 주소서.

- 추기경 존 헨리 뉴먼

내가 왜 그 신부님을 위해 기도해야 하는 거야?

나는 묵상 시간을 주도하며 강연을 하고 계신 어느 신부님을 위해 기도하는 임무를 맡았다. 당시에 나는 그 신부님께 유감을 갖는 일이 있어 그분을 위한 기도를 하고 싶지 않았다. '내가 왜 그 신부님을 위해 기도해야 하는 거야?' 속으로 이렇게 중얼거렸다. 그렇지만 성령께서 내가 좋은 일을 하기를 바라신다는 믿음으로 기도실로 들어가 묵주를 꺼내 들었다. 내 마음이 우울하게 가라앉아 있었으므로 나는 고통의 신비를 묵상하기로 했다. 묵주기도를 시작하려는 순간 얼마 전에 그 신부님의 어머님이 돌아가셨다는 생각이 났고 그 어머님께서 하늘에서 내려다보고 계실 거라는 생각이 들었다.

'당신의 아들을 위해 저와 함께 기도해 주시겠어요? 저보다 훨씬 더 그를 사랑하실 테니까요.' 조금 부끄러운 마음으로 그렇게 청했다. 나는 신부님의 어머님께서 허락하신 것으로 느끼고 기도를 시작했다. 그런데 잠시 후 내가 있는 곳은 기도실이 아니라 어떤 정원이었고 주님께서 몹시 괴로워하시는 모습이 눈에 들어왔다. 올리브 나무의 그림자만큼이나 분명하게 주님께 일어나는 모든 일을 보고 듣고 느낄 수 있었다. '성모송'과 '영광송', '주님의 기도'를 했지만 소리는 들리지 않은 채 나는 예수님 곁에서 골고타 언덕을 함께 오르고 있었다. 내 마음은 성모님과 하나가 되었고 또한 예수님과 하나가 되었다. 깊은 경외심과 슬픔이 차올라 나는 그분들과 하나가 되었다.

많은 죄와 이기적인 모습의 내가 얼마나 어리석은 인간인지 절실하게 느껴졌다. 그렇게 무릎을 꿇고 고개를 숙이고 있을 때 시간이란 것은 아무 의미가 없었다. 묵주기도를 마치게 될 즈음 눈에 보이던 환상이 서서히 조용히 사라졌다. 나는 잠시 신비로운 순간에 감싸여 있었다. 그때 경건함이 느껴지는 모습으로 그 신부님이 조용히 들어오셨다. 잠시 가만히 계시더니 "제가 묵상을 주도하는 동안 저를 위해 기도해 주신 분이 자매님이십니까?"라고 물으셨다.

"네, 신부님. 사실은 하늘나라에 계신 신부님의 어머님과 제가 함께 기도했습니다."

"저는 이런 강연을 한 적이 없었습니다. 나도 모르게 쏟아져 나오는 말씀으로 많은 분들이 내가 이해할 수 없는 힘으로 감동을 받았습니다. 감사합니다."

"아닙니다, 신부님. 오히려 제가 감사합니다. 하느님과 신부님의 어머님, 그리고 성모님께서 오늘 신부님과 저에게 아주 큰 은총을 허락하셨습니다."

15년 전 그 묵주기도의 힘을 나는 아직도 잊지 않고 있다. 나는 경외심을 갖고 묵주기도를 한다. 그것이 사랑과 용서의 신비 안에 모든 세대를 하나로 일치시키는 무한한 사건임을 알기 때문이다.

| 뉴햄프셔 햄프턴에서 메리앤 M. 제이콥스

엄마의 마지막 숨과 성모님

어머니가 운명하실 때 나는 곁에서 묵주기도를 바치고 있었다. 우리 가족 가운데 어머니와 나만 가톨릭 신자였다. 아버지는 가톨릭을 무척이나 싫어하셨고 어머니의 신앙생활을 못하게 하셨다. 나는 마음이 아팠다. 묵주기도 중 '성모송'을 반쯤 했을 때 어머니는 마지막 숨을 내쉬고 영원히 잠드셨다. 묵주기도를 하는 동안 우리의 어머니 '성모님'께서 어머니를 데려가신 것 같았다.

어렸을 때 잠이 오지 않거나 어둠이 무서울 때면 나는 침대에 누워 손가락을 세며 묵주기도를 바쳤다. 묵주를 사용해서 묵주기도를 바쳤다면 아마 수십 개가 넘는 묵주가 닳아 없어졌을 것이다. 그러나 내 손가락은 아직 무사하다.

나는 자기면역 질환을 앓고 있어서 그 통증 때문에 20분 정도 뜨거운 물에 몸을 담그고 있어야 한다. 어떤 날은 하루에 두 번이나 해야 할 정도로 통증이 심하다. 그럴 때 나는 뜨거운 욕조에서 손가락을 세며 묵주기도를 바친다. 고통을 기도로 봉헌하는 방법이다.

| 오리건 식시스에서 조이스 A. 아이다

성모님의 지혜는 성모님의 것이 아니라
우리가 그분께 이끌어 주시기를 성모님께 간청하는
그분이신 바로 주님의 것입니다.

- 도미니코회 베데 자레트

문 두드리는 소리

어렸을 때는 언제나 시간이 천천히 지나가는 듯했는데 이제 나이가 드니 그토록 빨리 지나갈 수가 없다. 십대였을 때 엄마, 아버지 그리고 형들과 나는 오리건의 세일럼에 있는 농장에 살았다. 아버지는 원래부터 농부셨지만 농사를 지으면서도 여러 가지 다른 일들을 하셨다. 대공황 이전에는 자동차 매매도 하셨다. 엄마가 시내에 장을 보러 가시면 형들과 나는 아빠와 집에 있었고 자동차들 사이를 돌아다니며 숨바꼭질을 하곤 했다.

우리 가족은 대림 시기와 사순 시기에 매일 밤 모여서 묵주기도를 했다. 다른 때도 묵주기도를 했지만 매일 밤 하는 것은 아니었다. 그렇게 매일 밤 무릎을 꿇고 묵주기도를 하던 어느 특별한 일주일을 기억한다. 대공황이 시작되면서 사람들은 돈이 없어 어려움을 겪게 되었고 우리 가족도 예외는 아니었다. 힘든 생활이 계속되었다. 엄마의 직업은 재봉사였고 사제를 위한 제의와 복사를 위한 복사복을 수없이 만드셨다. 아빠는 자동차 매매를 계속할 수 없게 되어 말을 사고파는 일을 하시다가 나중에는 양을 거래하셨다.

그 특별한 일주일에 우리는 더욱 열심히 묵주기도를 바쳤다. 당시 부모님은 주택융자금을 마련하지 못해 애를 태우고 계셨다. 우리는 곧 집을 잃게 될 상황에 처해 있었고 기적이 일어나지 않는 한 더 이상 우리 집에서 살 수 없었다. 일주일 내내 저녁 식사 후에 엄마는 우리를 모아 놓고 함께 절실하게 묵주기도를 바쳤다.

그렇게 일주일이 다 지나가고 다음 날이면 집에서 내쫓기게 되는 날 저녁이었다. 형들과 나는 부모님이 얼마나 걱정하시는지 잘 알고 있었다. 그날 묵주기도의 마지막 신비가 거의 끝나갈 무렵 문을 두드리는 소리가 들렸다. 나는 일어나 현관으로 갔다. 어떤 아저씨가 아버지를 찾더니 이렇게 말했다. "내가 오래전에 당신 가게에서 자동차를 샀는데 미처 갚지 못한 잔금이 10달러 남아 있습니다. 그걸 갚으려고 왔습니다."

그날 저녁의 그 문 두드리는 소리는 세상에서 가장 반가운 소리였다! 그 낯선 아저씨가 갚은 돈 10달러는 우리 가족이 집을 지키는 데 충분한 돈이었던 것이다.

| 오리건 캔비에서 윌리엄 A. 트룸

우리 마음을 당신 아드님의 마음처럼
온순하고 겸손하게 만들어 주시기를 성모님께 청합시다.
교만하고 거칠고 이기적이 되는 건 쉬운 일입니다.
너무나 쉽습니다.
그러나 우리는 그보다 더 위대한 것을 위해 창조되었습니다.
성모님에게서 배울 것이 얼마나 많은지요!
성모님께서는 참으로 겸손하셨습니다.
왜냐하면 성모님은 하느님의 뜻을 따르셨기 때문입니다.
그러므로 성모님께는 은총이 가득하셨습니다.

– 콜카타의 마더 데레사

기적을 베풀어 주시다

몇 해 전 남편 찰스는 심장 수술을 받았는데 수술 결과도 좋았고, 회복 경과도 좋았다. 우리 부부는 회복에 도움이 되리라 생각되어 버몬트의 스토에서 일주일을 보내고 오자는 결정을 내렸다. 캐나다에 살고 있는 우리는 버몬트로 가면서 두 시간 거리에 있는 뉴욕주의 마세나에서 국경을 통과했다.

여행을 할 때면 으레 그렇듯이 우리는 성모님께 안전한 여행을 할 수 있도록 도움을 청하는 묵주기도를 바쳤다. 4단을 마쳤을 때 자동차 보닛 아래쪽에서 끽끽 소리가 나기 시작하더니 점점 커지기 시작했다. 남편이 아직 완전히 회복되지 않은 상태였기 때문에 나는 너무나 불안했다. 우리는 버몬트 북쪽 인적이 없는 어딘가를 달리고 있었다.

천천히 자동차의 속도를 낮추었고 그때 묵주기도의 마지막 단을 끝냈다. 방금 내리막 도로를 내려와 겨우 다음 오르막에 올랐을 때 아, 집이라곤 한 채도 보이지 않는 그곳에 정비소 딸린 주유소 하나가 덩그러니 있는 것이 아닌가.

자동차는 주유소를 10m 앞두고 멈추었다. 주인이 와서 살펴보더니 변속 장치에 문제가 있는 것 같은데, 그곳 정비소에는 손볼 장비가 없다고 했다. 그렇지만 3km쯤 떨어진 이웃 작은 마을에 가면 GM 자동차 정비소가 있으니 걱정 말라고 하면서 그곳까지 견인해 주겠다고 했다.

견인차에 끌려가는 차 안에서 우리는 성모님의 도우심에 감사하는 묵주기도를 한 단 바쳤다. 오늘날까지 우리가 안전한 여행을 하도록 성모님께서 늘 인도해 주셨음을 우리는 확신한다. 자동차 변속 장치는 고쳤고—우리 동네에서 수리한 것보다 비용이 덜 들어서 우리는 보너스를 하나 더 받은 셈이다—다음날 스토에서 멋진 휴가를 보냈다. 휴가 중에도 매일 미사 참례를 했고 매일 묵주기도를 바쳤다.

물론 집으로 돌아오는 길에도 우리는 묵주기도를 바쳤다. 이 이야기를 친구들에게 해 주었고 그러면서 묵주기도의 힘을 더 많이 알릴 수 있다는 희망을 갖는다.

| 캐나다 온타리오 콘월에서 버나딘 M. 그레프

열 손가락의 기도

매일 아침, 사랑하는 주님과 함께 걸으면서
나는 그분의 참아 주시는 사랑과
그분께서 내려 주시는 은총과 축복에 감사합니다.
내가 눈을 들어 볼 수 있는 자연을 주셨음에 감사하면서
자주 묵주기도를 바칩니다.
주님의 어머니께 기도를 바치는 것은 기쁨이며 은총입니다.
그분을 공경할 때 내 마음은 들어 올려집니다.

묵주를 잊고 가져오지 않았을 때에도 걱정하지 않습니다.
하느님께서 다른 방법으로
기도를 셀 수 있게 해 주셨기 때문입니다.

하느님께서 수를 세도록 열 손가락을 주셨습니다.

성모송을 한 번 바칠 때마다

기도와 함께 손가락을 세면 열 번이 됩니다.

한 걸음 한 걸음 내딛으며 겸손해지기 위해

열 번의 성모송을 바치면서 손가락을 구부렸다 폅니다.

열 번을 다 세고 나면

영광송에 이르고 다시 구원의 기도에 이릅니다.

다섯 단이 금방 지나가고

이어서 나머지 기도가 전부 바쳐집니다.

발걸음이 빨라지고 하루를 위한 마음의 준비를 갖춥니다.

은총이 가득하신 어머니께서

따뜻하고 아름다운 당신의 묵주기도를 주셨습니다.

이러한 은총을 주셨음에 감사합니다.

하느님께서 묵주기도와

기도를 셀 수 있는 손가락을 주셨음에 감사합니다.

묵주를 지니지 못했을 때에도

기도를 바칠 수 있게 해 주심에 또한 감사합니다.

| 아칸소 마운틴 홈에서 다이앤 T. 스테판

기도를 들어주시다

3년 전, 손자 마크 필립은 감기와 중이염으로 고열에 시달리며 몇 번이나 발작을 일으켰다. 그 중 한 번은 숨을 쉬지 못해서 24시간 동안 생명 유지 장치life support에 의존해야 했다. 내 생애 그토록 열심히 기도한 것도 그때가 처음이었고 그토록 많은 눈물을 흘린 것도 처음이었다. 아이는 인공호흡기를 단 채 병원에서 치료를 받았다.

주님과 성모님께 감사하게도, 아이는 24시간이 지나자 기계의 도움 없이 숨을 쉴 수 있게 되었고 일주일 후에는 다시 건강해졌다. 나는 그때나 지금이나 아이를 살려주신 하느님과 성모님께 깊이깊이 감사한다. 2003년 5월에 일곱 살이 되는 손자는 그 후에도 몇 번이나 같은 발작이 있었지만 전처럼 심하지 않았다.

성모님, 하느님, 저희에게 하나밖에 없는 소중한 손자를 다시 건강하게 해 주셔서 감사합니다.

| 매릴랜드 실버 스프링에서 알렌 웨이머

거룩함이란 하느님과 일치하는 것이다
하느님과의 일치는 두 가지 요소에 달려 있다.
하느님과 인간이다.
하느님께서 제안하시고 인간이 응답하는 것이다.
모든 거룩함, 하느님과의 모든 일치는
하느님으로부터 시작되는 것이다.

마리아가 존재하는 첫 순간부터

마리아의 영혼을 죄로부터 지켜 주신 분은 하느님이셨다.

마리아를 선택해서 당신 아드님의

순결한 어머니가 되게 하신 분은 하느님이셨다.

마리아의 영혼과 육신을 불러올려

당신과 영원히 일치하게 하신 분은 하느님이셨다.

하느님과의 모든 일치는 하느님으로부터 시작된다.

— 발터 브루하르트 신부, 예수회

성모님의 전구를 믿으며

지난 몇 년 동안 나는 울혈성심부전congestive heart failure으로 병원에서 장기간 집중적인 치료를 받아야 했다. 내가 20년 넘게 일한 직장의 대표인 변호사는 사적이고 경제적인 문제로 어려움을 겪다가 결국 사무실 문을 닫았다. 건강 상태도 좋지 않은 나는 출퇴근을 하는 직장을 다시 구할 수 없었다. 나는 변호사 보조원 자격증이 있었고 생계 유지를 해야 했으므로 인원이 부족한 법률사무소에서 미처 처리하지 못하는 일을 가져다 하게 되었다.

거의 일 년 동안 겨우 두세 명의 고객이 있었을 정도라 문을 닫을 만큼 어려운 상황에 처했다. 건강은 악화되어 집 밖으로 나갈 수조차 없게 되었다. 나는 기도를 시작했고 내 기도를 반드시 들어주시리라는 믿음이 있었다. 마르코 복음서 11장 24절에 "내가 너희에게 말한다. 너희가 기도하며 청하는 것이 무엇이든 그것을 이미 받은 줄로 믿어라. 그러면 너희에게 그대로 이루어질 것이다." 하신 말씀처럼.

그 어려운 시기에 아무 할 일이 없는 때가 많았다. 그때 묵주기도에 관한 웹사이트를 알게 되어 나는 하루에 적어도 한 번은 묵주기도를 바치기 시작했다. 그렇게 기도를 시작한 지 이삼 개월이 되기 전에 새로운 고객이 찾아왔고 그 고객은 더 많은 일을 의뢰하기 시작했다. 그러면서 다른 고객들을 소개해 주었고 다른 세 명의 고객들이 최근 많은 일감을 의뢰했다. 예산 부족으로 잠시 의뢰를 중단했던 어떤 고객은 다시 내게 일을 맡겨 주었다.

수입이 아주 적을 때도 있었지만, 나는 하느님께서 도와주시리라는 믿음을 끝내 놓지 않았다. 2003년 새해는 더 나아질 것이다. 나는 이런 희망이 기도의 힘, 특히 묵주기도의 힘이라고 확신한다.

| 캘리포니아 카마릴로에서 케이티 L. 영마크

우리 곁에 계시는 성모님

1987년에 남편과 나는 아들과 함께 독일에 살고 있는 언니 집을 방문했다. 여행을 하면서 여러 곳을 다녔고 그 중 하나가 성모님 발현지인 메주고리예였다. 그곳에 가자고 한 것은 내가 아니라 남편이었다. 그곳을 방문한 사람들은 수천 명이 넘었다. 그런데 나는 그곳에서 아무것도 목격하거나 느끼지 못한 채 그냥 돌아왔다.

그리고 몇 년이 지난 어느 날 성당에 가면서 기도를 하던 중에 갑자기 성모님이 떠올랐다. 나는 성모님에 대한 신심을 깊이 느끼지 못하고 있었다. 내게는 언제나 예수님뿐이었다. 나는 성모님께 당신을 더 잘 알고 굳은 믿음을 가질 수 있도록 도와달라는 기도를 하게 되었다. 며칠 후 강변의 어느 작은 공원에서 점심을 먹다가 묵주기도를 바쳐야겠다는 생각이 들었다.

당시 25년 동안 세 명의 자매들과 작은 기도 모임을 갖고 있던 나는 모임에서 일주일에 한 번은 묵주기도를 바치는 게 좋겠다고 판단했다. 내가 제의하자 그들도 즉시 동의했다. 그날 이래 우리는 모든 지향을 말씀드리며 묵주기도를 바쳤다. 성모님께서는 우리의 간청을 셀 수 없이 들어주셨고 성모님께서 우리 곁에 계심을 수없이 느낄 수 있었다. 우리는 주님께 더욱더 가까워졌고 이것은 사랑하는 당신의 아드님께 늘 우리를 이끌어 주시는 성모님 덕분이다. 주님을 찬미하라!

| 캐나다 퀘벡 가티노에서 로렌 휘트윅스

묵주기도는 그 풍성한 기도문을 통해서,
성찬 전례 다음으로 우리를 하느님과 일치시키고,
믿음과 희망과 사랑이 성숙하도록 큰 도움을 줍니다.

- 파티마의 루치아 수녀

포기하지 마

남편과 나는 10년 동안 애를 썼지만 아이를 갖지 못했다. 결혼하고 6년이 흘렀을 때 우리 부부는 휴가 기간 동안 이탈리아로 성지순례를 떠났는데 피렌체에 있는 산마르코 성당에서 어느 낯선 신부님을 만났다. 그분은 내게 다가와 이탈리아어로 지금까지 아이를 갖지 못한 것을 알고 계시다면서 아기 예수님께 기도를 하라고 말씀하셨다. 그래서 나는 프라하의 아기 예수님과 영원한 도움의 성모님께 9일 기도를 바치기 시작했다.

그리고 4년이 지난 작년에는 혼자 가톨릭 신자들과 아일랜드로 성지순례를 갔다. 비행기를 타고 가면서 매일 바치는 묵주기도를 15단 바치고 있는데 스르르 눈이 감기더니 자궁 안에 있는 아기의 형상이 보였다. 나는 깜짝 놀라 함께 있던 순례자들 몇몇에게 그 이야기를 했다. 그것이 표징이라는 희망을 가졌지만 너무 큰 기대는 하지 않기로 마음먹었다. 그러나 한 달 반이 지나서 나는 우리 아들 마크 앤서니를 임신했고, 그 아이는 이제 여덟 살이 되었다.

그동안 나는 묵주를 만들어 여러 사람들에게 나누어 주고 있다. 그렇게 묵주를 나누어 준 십대 아이들과 어느 신부님에 관한 이야기를 소개하고자 한다. 우리 부부가 결혼한 지 일 년쯤 지났을 때 본당의 신부님이 견진성사를 준비하는 신자들의 교육을 부탁하셨다. 그 신부님은 사제품을 받은 지 얼마 되지 않은 사제로 견진성사 교리를 담당하고 있었다.

우리 부부는 40명 정도의 십대 청소년들과 밤샘 피정을 준비했고,

나는 아이들을 위한 묵주를 직접 만들었다. 새로 오신 토니 신부님은 별로 달가워하지 않으셨다. 아이들이 묵주를 고맙게 생각하지 않을 것이라고 하시면서 자신도 성모신심을 갖지 않은 사제라고 말씀하셨다. 나는 잠시 망설였지만 어쨌든 묵주를 만들었다.

피정 동안 아이들에게 묵주기도에 대해 소개하는 시간을 갖고 묵주를 나누어 주자 무척 좋아했다. 그 묵주를 전부 만드는 데 50시간이 걸렸다는 사실이 믿기 어렵다고 했다. 어떤 여자아이는 밤늦게까지 나와 함께 묵주기도를 바치고 싶다고 했다. 묵주기도를 처음 하게 된 그 아이는 기도 순서를 적은 종이를 펼쳐 놓고 기도를 바쳤다.

그 다음 주에는 피정 관계로 교리시간이 없었다. 그래서 신부님을 만날 일도 없었는데, 주중에 토니 신부님의 전화를 받았다. 그런데 이상하게도 한참 동안 아무 말씀이 없어서 무슨 일이 있느냐고 여쭈었다. 그러자 신부님은 교리반 학생 가운데 한 남자아이의 이름을 대면서 내게 아느냐고 물었다. 그렇다고 하자 그 아이가 자동차 사고를 당했다고 말씀하시는 것이었다. 나는 아이가 병원에 있는지 혹시 사망한 것인지 너무나 궁금해서 아이의 상태를 물었다.

토니 신부님은 잠시 말씀이 없으시더니 "그게… 그 아이가 사고 직후 내게 전화를 했어요. 사고 당시 자동차에 자기와 다른 세 명의 아이들이 타고 있었는데 자동차는 완전히 부서졌지만 네 명 아이들은 다친 데 없이 멀쩡하게 차에서 걸어 나왔다는 거예요." 하시더니 이어서 아이가 했던 말을 이렇게 전하셨다. "토니 신부님, 그때 제가 묵주를 지니고 있었거든요."

그 청년은 신부님께 즉시 알려야 한다고 생각했고 사고를 당했을 때 묵주를 지니고 있다는 말을 했던 것이다. 토니 신부님은 아무 말씀이 없었지만, 나는 성모님과 묵주기도에 대한 그분의 마음이 달라졌을 것이라 생각한다.

| 캘리포니아 마티너스에서 캐롤린 D. 수신

이 시대는 사탄이 지배하고 있습니다. 미래에는 더욱 그러할 것입니다.
악마와의 싸움에서 인간은 승리할 수 없습니다.
가장 슬기로운 인간일지라도.
원죄 없이 잉태되신 성모님만이 사탄을 이기고 승리하리라는 약속을
하느님으로부터 받으셨습니다.
성모님께서는 지금 하늘나라에 계시지만
하느님의 어머니께서는 우리의 협조를 청하십니다.
그분께서는 당신께 온전히 자신을 봉헌하고,
사탄을 무찌르고 하느님의 왕국을 건설하기 위한
당신 손 안의 강력한 도구가 될 영혼들을 찾고 계십니다.

— 성 막시밀리아노 콜베 신부

지속적인 간청

우리 가족—부모님과 우리 다섯 남매—은 1950년 사순 시기에 함께 묵주기도를 바치기 시작했다. 주로 저녁식사 후에 기도했는데 여행

중에는 차를 타고 가면서 바치기도 했다. 1964년에 집을 떠나 결혼할 때까지도 우리 가족은 묵주기도를 계속했고 내게는 어느새 삶의 일부가 되었다.

우리 아이들과도 묵주기도의 전통을 이어받고 싶었지만 그렇게 하지 못했고 이제 세 아들은 성장해서 집을 떠났다. 그러나 나는 매일 묵주기도를 바치고 있다. 막내아들 존은 우리 부부사이가 좋지 않을 때 태어났고 애들 아빠는 존이 겨우 두 살 되던 때 아이들과 나를 두고 떠나버렸다. 그런 환경 탓이었을까, 존의 삶은 순탄치 않았다. 1992년 여자 친구를 총으로 쏘는 사건으로 검거되어 7년형을 받고 복역했다.

1995년에 존은 엄마인 나를 어떤 일이 있어도 다시 보지 않겠다는 내용의 편지를 보내 왔다. 내가 그토록 사랑했고 올바른 길로 가게 하려고 무던히도 애를 썼던 내 아들이 그런 편지를 보내 온 것이었다. 나중에 내 친한 친구에게서 존이 나를 떠난 이유를 들었다. 엄마가 자기를 무조건적으로 사랑한다는 것을 알기 때문에 엄마를 떠나 있는 게 더 낫다고 생각했으며, 어떤 일이 있어도 언제나 자기와 함께 있다는 사실을 안다고 했다는 이야기를 듣고 나서야 나는 위안을 받을 수 있었다. 나는 일주일에 두 번 '환희의 신비'를 바치면서 '성모님께서 성전에서 예수님을 찾으심을 묵상합시다.' 하는 기도에서 성모님께 존의 마음이 온화해지기를 빌었다.

주님 수난 성지 주일인 2002년 3월 24일 아침 9시에 현관 벨이 울렸다. 세탁기를 돌리고 있던 나는 이른 시각에 누가 찾아왔을까 의아해 하며 문을 열었다. 그곳에 존이 서 있었다. 그 기쁨은 말할 수 없었다! 존은 오랜 시간 방황하며 자신의 영혼에 대해 깊이 생각하는 시간을 가졌다고 했다. 그리고 여자 친구가 쌍둥이를 임신했다는 소식을 전하면서 자신의 아이들이 할머니에 대해 알 권리가 있다는 것을 깨닫고 찾아왔다고 했다.

그해 4월 쌍둥이 태아 중 하나가 태반에 흡수되었지만 남은 태아는 잘 성장하고 있다는 소식을 들었다. 그러나 9월에 태어날 손자 알렉산더 존이 5월 24일에 사산되고 말았다. 나는 그 아이가 존을 내게 다시 돌아오게 하도록 보내졌다고 믿는다. 주님께서는 그 아이가 자신의 일을 잘 마치고 본향으로 돌아가게 하셨다.

사랑하는 나의 친정아버지는 2002년 12월 12일에 돌아가셨다. 아들 존은 외할아버지가 하늘나라에서 자기 아들을 안고 계신다는 생각으로 위로를 받았다. 성모님께서 묵주기도의 힘을 통해 2002년 영광스러운 주님 수난 성지 주일에 내 아들을 내게 돌려보내 주셨다고 확신하지 않을 사람은 없을 것이다. 주님께서는 얼마나 위대하신지.

| 오하이오 콜럼버스에서 진저 웨스트

어디 두었을까

아이들이 학교에 다니는 나이였고 학기가 시작되기 전에 겨울 여행을 하기에는 적합하지 않다고 판단해서 우리는 성탄절과 새해 중간에 아주 짧은 여행을 하기로 했다. 비행기 표를 미리 사고 호텔 예약도 해두었다. 마음의 준비를 하며 기대감이 부풀었다. 그밖에도 음식이나 비상시에 대비해서 남편은 은행에서 얼마간의 여윳돈을 찾아왔다. 집에 온 남편은 내게 돈을 내밀며 비행기 표와 호텔 예약 서류와 함께 안전한 곳에 잘 두라고 했다. 그런데 나는 마음이 들떠 있어서인지 그 돈을 어디에다 두었는지 기억하지 못했다.

여행을 떠나는 날에는 점심을 먹고 바로 4시 비행기를 타러 나가야 했다. 짐을 꾸리고 비행기 표와 돈을 미리 챙겨 놓는 게 좋겠다고 생각하고 옷가지를 가방에 넣고 비행기 표와 호텔 예약 관련 서류를 꺼냈다. 그런데 돈은? 돈은 어디 두었더라? 가족들이 놀랄까 봐 말도 못하고 나는 혼자 조용히 집안 구석구석을 찾아다녔다. 그렇게 45분쯤 지나자 혼자 찾아서는 안 되겠다고 판단했다. 떠날 시간이 점점 가까워지고 있었다.

나는 최대한 마음을 진정하고 식구들에게 그 사실을 알렸다. 모두가 재빨리 찾기 시작했다. 그러나 결과는 허탕이었다. 나는 모두를 불러 침대에 무릎을 꿇고 둘러앉힌 다음 성모님께 우리가 처한 상황을 말씀드리고 도와주십사고 기도하기 시작했다. 묵주기도를 한 단 바치자마자 마음보다 몸이 먼저 움직이는 성급한 남편이 벌떡 일어섰고 아이들도 따라서 자리에서 일어났다.

그때 막내아들이 배낭 속에 있을지도 모른다고 소리쳤다. 그 배낭은 내가 며칠 전에 미리 싸둔 것이었다. 바로 내 옆에 있었던 배낭 안에 돈이 들어 있었다. 배낭은 반드시 가지고 가야 하니까 돈을 거기다 넣어 두었던 것이다. 성모님께서 도와주셨고 우리 아이를 통해 말씀해 주셨던 것이다.

| 캐나다 매니토바주 위니펙에서 조시 웨스니

구세주의 존귀하신 어머니
구세주의 존귀하신 어머니,
영원으로 트인 하늘의 문, 바다의 별이여.
넘어지는 백성 도와 일으켜 세우소서.
당신의 창조자 주님 낳으시니 온누리 놀라나이다.
가브리엘의 인사받으신 그 후도 전과 같이
동정이신 이여, 죄인을 어여삐 보소서.

산모와 아기의 건강을 빌며

　나는 오랜 세월 레지오마리애 단원으로 봉사하고 있다. 처음 5년은 협조단원으로 활동단원들을 위해 매일 묵주기도를 바쳤다.
　1999년 어느 날, 활동단원 셋이 우리 집을 방문했다. 보통 두 명이 짝을 지어 방문하는데 그날은 신단원의 교육 차 세 명이 왔다. 나에게 도움이 절실한 순간에 찾아와 주었다. 의사가 임신 중인 우리 딸에게 만일 열 달을 다 채우고 분만한다면 아이가 정상이 아닐 수도 있다는 진단을 내렸던 터였다.
　세 명의 레지오 단원들과 나는 방 한가운데 둘러앉아서 우리 딸과 태아의 건강을 위해 기도했다. 다음 주 회합에서 묵주기도를 할 때 같은 지향으로 기도해 주겠다고 했다.
　한 달 후 딸은 아이를 낳았다. 7개월 만에 낳은 아이였다. 신체상으로 아무런 이상은 없었지만 체중이 1.8kg밖에 안 되는 미숙아로 2.3kg

정도의 체중이 될 때까지 병원에 있어야 했다. 그러나 산모도 아이도 건강한 편이었다.

나는 레지오마리애 단원들의 기도에 감사하며 매일 묵주기도를 바치고 있다. 우리의 주님 예수 그리스도께서는 당신의 어머니이신 묵주기도의 모후의 부탁을 들어주신다는 믿음에서 힘을 얻을 때가 많다. 예수님께서는 우리의 기도를 들어주실 것이며, 묵주기도를 할 때 우리를 위해 기도해 주시는 친구, 예수님의 어머니와 함께 기도한다. 나는 묵주기도를 하면서 주님의 어머니에 대한 사랑을 키워 왔고 당신의 아드님께로 나를 더욱 가까이 이끌어 주심을 느낀다.

| 플로리다 펜서콜라에서 마가렛 V. 테일러

성모님의 신호

남편과 나는 28년 전 데이트를 할 때 함께 묵주기도를 시작했었다. 그러다가 어느 시점에서 그만두고 말았다. 우리는 각자 여러 가지 어려움에 처해 있었고 그래서 어느 날 성모님께 도움을 청하는 기도를 드리면서 만일 우리 두 사람이 다시 매일 묵주기도 바치기를 바라신다면 곧 남편이 될 그 사람이 내게 언질을 주도록 해 주십사 간청했다. 그러면 그것을 성모님의 신호로 알겠다고 말씀드렸다.

그날 약혼자인 그가 나를 데리러 왔고, 그는 내 소지품을 열어 보다가 기도책을 찾았다면서 내게 내밀었다. 그런데 그 기도책은 내가 전에 본 적이 없는 것이었다! 그리고 그 책 표지에 성모님의 모습이 그려져 있었다! 그날 이후 우리는 거의 매일 묵주기도를 바치게 되었다.

남편은 2002년 3월 31일 부활주일에 세상을 떠났다. 하느님께서 반혼수상태인 그를 통해 그 방 안에서 하늘나라의 현존을 알려 주도록 허락하셨다. 남편은 계단이 보인다고 했다. 우리 딸이 아빠에게 "계단을 올라가세요."라고 말하자 그는 자기 신발이 없어서 아직 계단을 올라갈 수 없다고 했다. 마지막 주 내내 남편은 매우 힘들어 했다. 그런데도 계속 신발 생각에 사로잡혀 있었다. 그는 자기가 어떤 신발 가게에서 일을 했다고 생각하면서 신발을 사러 가야겠다고 했다. 그리고 이미 돈을 지불한 자기 신발을 가서 찾아오라고 고집스레 말했다.

몇 달 전, 친구가 전화를 해서 최근에 돌아가신 자기 어머니의 가족 한 분의 말을 전했다. 그 사람은 그 친구의 어머니가 돌아가시기 전에 말씀하시기를 저 위—허공을 가리키시며—에 있는 신발이 자신을 하늘나라로 데려갈 것이라고 하시면서 걱정하지 말라고 하셨다는 것이었다.

나는 신발과 관련이 있는 성경 문구를 찾아보았다. 구약 성경에는 하느님께서 우리가 정화된 다음 하늘나라에 가기 위해 필요한 신발을 주실 것이라는 내용이 있었다. 남편은 골수암으로 고통을 겪는 동안 신발을 주문했는데 하느님께서 그 신발을 배달해 주셔서 계단을 오르기를 기다렸던 것 같다.

하늘나라의 현존을 알리는 또 하나의 사건은, 그 시기에 나는 남편에게 우리가 존경하는 성인들을 초대하겠다는 말을 자주 했었다. 그래서 성 데레사, 성 요셉, 성 안토니오 그리고 다른 성인들께 남편의 병상에 함께해 주시기를 청했다. 그분들의 이름을 부르고 있을 때 말을 거의 하지 못하던 남편은 그분들이 이미 와 계신다고 말했었다.

남편은 숨을 거두는 순간 "저쪽에 어느 여인이" 그를 부르고 계신다고 했다. 그곳 벽에는 파티마의 성모님 사진이 걸려 있었다. 남편은 그곳에 시선을 둔 채 숨을 거두었고, 목에는 스카풀라와 묵주를 걸고 있었다. 나는 성모님께서 남편과 함께해 주셨음을 안다. 남편은 생전에 성모님께 깊은 신심을 가진 사람이었기 때문이다.

기도책 표지의 성모님 그림으로 우리 부부의 삶이 시작되었고, 벽에 걸린 성모님 그림으로 28년간 함께했던 우리 삶이 끝났다. 성모님께서는 세 아이들과 우리 부부에게 큰 위안을 주셨고 매일 묵주기도를 통해 성모님을 찬미하도록 우리를 일치시켜 주셨다.

함께 기도하는 가정은 하나가 됩니다.

| 플로리다 타마락에서 카렌 J. 이폴리토

묵주기도의 위대한 힘은 여기에 있습니다.
묵주기도는 신경을 기도로 만듭니다.
물론 신경도 어떤 의미에서 기도이며
하느님께 경의를 표하는 행위지만,
묵주기도는 하느님의 삶과 죽음에 대한
위대한 진리를 묵상하게 하며
그 진리를 우리 마음에 더욱 가까이 다가오게 합니다.

− 추기경 존 헨리 뉴먼

하늘나라가 묵주기도로 넘치다

몇 년 전, 친정엄마는 복부에 종양이 있다는 진단을 받았다. 두 군데 병원에서 X-레이 검사 결과 종양이 발견되었고 의사의 촉진으로도 종양이 만져진다고 했다. 수술을 앞둔 엄마는 소파에 앉아 성모님께 끊임없이 묵주기도를 바치셨다.

마침내 종양 제거 수술이 시작되었다. 그러나 의사는 종양을 발견하지 못했다. 종양이 사라진 것이다! 의사는 그것이 기적이라는 데 동의할 수밖에 없었다. 우리는 하늘나라에 차고 넘치도록 엄마가 묵주기도를 바친 결과라는 것을 알았다. 이제 엄마는 우리 곁에 계시지 않지만 우리는 묵주기도를 향한 엄마의 사랑과 정성을 계속 이어 가고 있다.

| 캐나다 온타리오 에이잭스에서 앤 콕스

부모님의 기도

1999년 5월에 나는 끔찍한 자동차 사고를 당했다. 트럭이 달려와 시속 65km로 주행하던 내 차를 들이박은 것이다. 사고를 목격한 사람들은 그런 사고에서 살아남는다면 그건 하늘의 축복을 받은 것이라고 했다. 핸들에서 고개를 들었을 때 눈앞에 희미한 빛이 보이더니 그것이 1985년 세상을 떠난 엄마의 상반신 모습으로 변하는 것이었다. 엄마는 양손을 마주 잡고 나를 향해 웃고 계셨다. 나는 그 순간 엄마가 내 생명을 구해 주셨다는 것을 알았다.

엄마는 내 육신뿐 아니라 정신까지 살려 주셨다. 나는 열일곱 살에 집을 떠났고 부모님의 실망에도 아랑곳하지 않고 교회도 떠났다. 이후 25년간 휴가 때 집에 가서 가족의 평화를 위해 미사 참례를 하는 것 외에는 성당에도 가지 않았다. 나는 가톨릭 신앙과 전혀 상관이 없는 사람이고 싶었고 그런 말이 나올 때는 단호하게 내 입장을 밝혔다.

자동차 사고 이후 어렸을 때 우리 가족이 그랬던 것처럼 성당에 가고 싶은 마음이 점점 더해 갔다. 일 년이 지난 2000년 6월 30일(그날이 예수 성심 대축일이라는 사실을 나는 몰랐다), 어느새 내 발길은 매사추세츠 스톡브리지에 있는 하느님 은총의 성당으로 향하고 있었다. 그곳에서 내 생애 가장 깊은 회개에 이르는 고해성사를 보는 것으로 나는 신앙을 되찾았다.

고해성사 중에 참으로 놀라운 경험을 했다. 고백을 시작하려는데 고해소의 노란 불빛이 점차 밝아지더니 'V' 자 모양의 하얀 빛이 위에서 내려오는 것이었다. 얼굴을 스치는 미풍이 느껴졌는데 실제로 내 머리카락이 뒤로 흩날렸다. 그와 동시에 아주 커다란 문이 열리는 느낌이 들더니 아무것도 없는 고해소에서 촛불이 타는 냄새와 향기가 났다. 나는 너무나도 놀랍고 두렵기까지 했다. 그때 신부님의 목소리가 들렸다. "자매님은 아주 특별히 많은 은총을 받는 것 같군요." 고백을 끝내고 고해소를 나왔다.

그 순간 이후 내 삶은 완전히 달라졌다. 미사 참례를 전혀 하지 않다가 이제 매일 미사 참례를 하게 되었다. 텔레비전의 쓰레기 같은 프로그램에서 눈을 뗐고 그때까지 보던 시시한 내용의 책들도 내던져 버렸다. 가톨릭 방송을 시청하고 성경과 신앙 서적(특히 성인전)에 눈을 돌려 읽게 되었다. 하느님과 내 신앙에 대해 알고 싶어 목이 말랐고 갈증이 가시지 않았다. 지금은 성당에서 몇 가지 봉사 활동을 하면서 최근에 카르멜재속수도회에 입회했다.

회개한 후 일 년 쯤 지났을 때 나의 새로운 영적 지도자에게 그 이야기를 하자 그는 이렇게 말했다. "세리, 그게 뭔지 알고 있는 거예요? 그건 바로 성령께서 임하신 거예요! 하느님께서 주신 은총을 받은 거라고요. 그런데 그건 당신만을 위한 선물이 아니에요. 교회 공동체를 위해 써야 할 선물이죠. 다른 사람들과 나누어야 할 은총이에요."

내가 읽은 성경 문구가 생각났다. "그런데 갑자기 하늘에서 거센 바람이 부는 듯한 소리가 나더니, 그들이 앉아 있는 온 집 안을 가득 채웠다. 그리고 불꽃 모양의 혀들이 나타나 갈라지면서 각 사람 위에 내려앉았다. 그러자 그들은 모두 성령으로 가득 차…."(사도 2,2-4) 나와 관계가 있다고 한 번도 생각해 본 적이 없는 내용이었다.

오늘날까지 성령께서 내게 임하시고 나를 교회로 돌아오게 한 것은 나의 부모님이 내 신앙을 위해 열심히 기도해 주신 덕택이라고 굳게 믿는다. 아버지는 매일 기도 안에서 나를 지켜 주셨고 어머니는 나를 위해 끊임없이 묵주기도를 하셨다.

"아빠, 엄마, 고마워요! 엄마, 아빠 덕분에 성모님의 도우심으로 나는 하느님께로 돌아올 수 있었어요. 자동차 사고에서 내 육신을 구하셨을 뿐만 아니라 내 영혼까지 구해 주셨어요. 엄마, 아빠, 영원히 감사할게요! 하느님의 은총이 늘 함께하기를 빌어요. 엄마, 하늘나라에서 다시 만나요. 사랑해요. 엄마!"

| 뉴욕 씨쎄로에서 세리 ㄴ. 롱

성모님께서는 사랑하는 이의 고통을 덜어 줄 수 없는 것이
세상에서 가장 큰 슬픔이라는 사실을 누구보다 잘 알고 계셨습니다.
그러나 성모님께서는 기꺼이 그 고통을 함께하셨습니다.
하느님께서 그것을 청하셨기 때문입니다.
— 캐릴 하우스랜더

언덕 위의 빨간 스테이션왜건

나는 열일곱 살에 가톨릭 신자가 되었다. 부모님은 모두 알코올중독자였고 신앙생활이라고는 전혀 하지 않았지만 그런 환경에도 불구하고 나는 열심히 성당에 다녔다. 아일랜드 출신의 나이 드신 핀리 신부님께 교리를 받게 되었다. 신부님은 내게 정말 잘해 주셨다. 주님께서는 나에게 꼭 필요한 분을 보내 주신 것이다.

나는 신앙심에 불타올랐다. 고등학교 3학년 때 집을 떠나 언니와 함께 살면서 말할 수 없이 힘든 생활을 해야 했지만 나는 하느님께 온전히 의지하고 살면서 내 삶의 동반자를 보내 주시기를 기도했다. 그저 단순히 기도만 했던 것이 아니라 묵주의 9일 기도를 끊임없이 하면서 내 기도를 들어 주시리라 굳게 믿었다. 하느님께서 당신 선택으로 나를 세상에 태어나게 하셨음을 알고 있었기 때문이다. 9일 기도를 끝낸 어느 날, 나는 미래의 남편이 될 남자를 만났다. 당시 그는 가톨릭 신자가 아니었지만 나를 지도해 주신 그 훌륭한 신부님께 나중에 교리를 받았다. 그리고 29년이 지난 지금 다섯 아이들(두 아이는 태어나기 전

에 하늘나라로 가서 우리를 기다리고 있다)과 한 가족을 이루었다.

내게 기적이 일어나고 있을 때 남편도 같은 기적을 경험하고 있었다. 내가 9일 기도를 바칠 때 남편이 꿈을 꾸었는데, 긴 금발머리에 언덕 위 빨간 스테이션왜건이 세워져 있는 집에 살고 있는 '여인'을 만난 꿈이었다.

그렇지만 남편이 나를 만났을 당시에 나는 언니와 살고 있었고 언니의 집은 언덕 위의 집도 아니었고 빨간 자동차도 없었다. 그런데 그를 우리 부모님 집으로 데려간 날 그는 기절할 뻔했다. 나는 남편이 꿈에서 만난 여인과 일치하는 점이 없었기 때문에 남편은 내게 자기 꿈에 대해 아무 말도 하지 않고 있다가 그날 부모님 집을 보고서야 말해 주었다. 우리는 하느님께서 함께 살도록 계획하셨다는 것을 알았다. 나는 남편보다 아홉 달 먼저 태어났다. 그래서 나는 하느님께서 나를 위해 남편을 세상에 태어나게 하셨다고 말한다.

| 캘리포니아 엑서터에서 파멜라 수 토뮤러

매력적인 만남

요즘 같은 세속 문화에서 교황 바오로 6세의 회칙 '인간 생명 Humanae Vitae'의 가르침을 따를 남편을 찾는 여대생을 만난다는 건 드문 일이다. 우리가 데이트를 시작할 때부터 나는 이 여자가 바로 내 아내가 될 사람이라는 것을 알았다. 그런데 한 가지 문제가 있었다. 그녀는 인간의 생명과 성도덕에 관한 교회의 가르침을 온전히 받아들이기는 했지만 가톨릭 신자는 아니었다. 가톨릭 신자가 될 의향도 없었고 가톨릭 신앙에 대해 알려고도 하지 않았던 것이다.

처음에는 머지않아 그녀가 신자가 될 거라고 생각하며 데이트를 계속했다. 그러나 시간이 지날수록 약혼녀는 신앙에 대해 점점 적대적이 되어 가는 것을 느낄 수 있었다. 우리 관계도 자꾸 삐거덕거렸고 나는 우리가 성당에서 혼인을 할 수 있을지에 대해 의심하기 시작했다.

그녀가 가톨릭 신자가 되는 데 어려움을 겪는 이유 가운데 하나는 그녀가 개신교 신자였기 때문이었고, 또 하나는 나로서는 수긍하기 어려운 것으로, 내가 다니는 대학이 문제가 되었다. 나는 교회법 학자가 되기 위해 가톨릭계 대학에서 공부를 하고 있었다. 그것은 다른 말로 표현하자면 교회 내부의 법률 체계 안에서 일하게 된다는 것이다. 세속과 마찬가지로 교회법 법률가들도 서로 논쟁을 한다. 게다가 교회 문제를 다루면서 우리 신앙의 수많은 축복을 자꾸 잊어버리는 나쁜 습관을 갖게 된다. 약혼녀가 나의 가톨릭 신앙에서 자주 보게 되는 점은 대단히 억압적인 면이었다.

어느 날 아침, 나는 내 아파트에서 무거운 심정으로 앉아 있었다. 그때 갑자기 한 가지 생각이 떠올랐다. 그날은 교회법 공부를 밀어 놓고 근교에 있는 유명한 성모 성지로 순례를 가야겠다는 생각을 했다. 주말이면 여러 지역에서 온 가톨릭 신자들이 성모님께 묵주기도를 바치며 기도를 하는 곳이었다. 나는 짧은 하루 여행에 약혼녀를 초대해서 함께 가기로 했다.

조금 망설이긴 했지만 그녀는 그러겠다고 했다. 나는 곧바로 자동차를 빌려서 그녀의 아파트 앞에서 소냐―그녀의 이름이다―를 태운 다음 캐나다의 자연 속으로 차를 몰았다. 음악을 듣고, 세속과 신앙생활에 대한 이야기를 나누었다. 자연의 정취가 느껴지는 음식점에 들러 점심을 먹었다. 오래된 시골길을 따라 아름답게 물든 가을 풍경을 만끽하며 아침 드라이브가 얼마나 상쾌한지 느낄 수 있었다.

그러나 드러내 말하지는 않았지만 가톨릭 신앙에 대한 우리 사이의 긴장은 남아 있었다. 주차장에 들어서면서 그날이 다 지나가기 전에 우리 사이의 긴장감이 사라지게 해 달라고 성모님께 얼른 화살기도를 바쳤다. 성모님께서 우리를 실망시키신 적이 없다는 사실이 위안이 되었다. 우리는 첫 번째 신비를 묵상하면서 성모송을 바쳤다.

"잠깐." 소냐가 멈춰 서며 말했다. "이 기도문은 전에 들어 본 적이 있는데."

"아마 루카 복음서 앞부분에서 보았을 거야." 내가 대답했다. "성모송은 가브리엘 천사가 성모님을 찾아가서 했던 말이야. 그리고 성모님의 사촌 엘리자베스가 했던 말로 이어지는 거야."

"정말?" 소냐의 얼굴은 믿어지지 않는다는 표정이 역력했다. "이 기도문이 성경에 있다는 거야?"

"그럼. 사실 묵주기도는 주머니에 작은 성경을 넣어 가지고 다니는 것과 같아. 기도문은 '성모송'과 '주님의 기도'로 이루어져 있지만, 각각의 신비는 성경에 쓰여 있는 주님의 삶에서 일어난 특별한 사건을 묵상하는 거야."

내가 주님의 탄생을 묵상하는 동안 소냐는 그 말을 곰곰이 생각하는 듯했다. 그 표정에서 아름다운 기도문이 그녀의 마음에 파고드는 것을 볼 수 있었다. 우리가 '환희의 신비' 2단을 시작할 때 소냐는 내게

"묵주기도문을 가르쳐 줄 테야?"라고 물었다. 내 마음은 감동으로 차올랐고 그녀 역시 그랬다. 남은 '환희의 신비'를 바치며 소냐가 따라할 수 있도록 아주 천천히 기도문을 외웠다. 순례를 온 다른 사람들과 함께 '고통의 신비'를 바칠 때쯤에 소냐는 마치 모태신앙을 지닌 신자처럼 묵주기도를 바치게 되었다. 그녀가 가톨릭 신자가 아니라고 생각하는 사람은 아무도 없을 정도였다.

'영광의 신비'까지 마쳤을 때 날씨가 추워지면서 이른 저녁의 비구름이 오후의 밝은 햇살을 밀어내기 시작했다. 자동차로 돌아오면서 시내에서 저녁 식사를 할 멋진 레스토랑을 찾았으면 좋겠다는 생각을 했다. 소냐는 선물 가게가 문을 닫기 전에 잠깐 들렀으면 좋겠다고 했다. 나는 배가 고팠고 어두워지기 전에 고속도로를 타야겠다고 생각했지만 잠깐 시간을 낼 수는 있었다.

소냐는 말없이 선물 가게로 들어가서 진열장을 둘러보았다. 그곳에 봉헌 촛불처럼 빛나는 파란 유리알 묵주가 빛을 발하고 있었다. 소냐는 그것을 가리키며 계산원에게 카드를 내밀었다. "이제 나도 당신과 미래의 우리 아이들과 함께 묵주기도를 할 수 있겠네." 안전벨트를 매며 그녀가 말했다.

눈물이 났다. 묵주기도의 힘 그리고 성모님의 전구로 기적이 일어난 것이다. 육신이 치유되거나 어떤 물질적인 기적이 아니라 마음의 기적이었다. 약혼녀의 마음, 우리가 처음 만났을 때 인간 생명에 대한 교회의 가르침에 마음을 열었던 그녀의 마음이 주 예수 그리스도께서 주시는 거룩한 생명에 스스로 마음을 연 것이었다. 묵주기도는 결혼식을 하기도 전에 나의 결혼을 구원해 주었다.

마음의 기적이 일어난 지 4년이 흘렀다. 우리는 부부가 되었고 주님께서 우리의 많은 기도를 들어주시어 예쁜 첫딸을 선물로 주셨다. 마음의 기적 이래 소냐는 나와 함께 주일미사와 의무 축일 미사에 열심히 참례하고 있으며 우리는 한 가족으로 함께 기도를 바친다.

| 플로리다 노코미스에서 피터 베레

"다윗의 자손 요셉아, 두려워하지 말고 마리아를 아내로 맞아들여라. 그 몸에 잉태된 아기는 성령으로 말미암은 것이다. 마리아가 아들을 낳으리니 그 이름을 예수라고 하여라. 그분께서 당신 백성을 죄에서 구원하실 것이다."

– 마태오 복음서 1장 20-21절

힘을 주는 묵주기도

어렸을 때 우리 가족은 매일 묵주기도를 바쳤다. 그때 나는 특별히 기도를 열심히 한 것은 아니었지만 부모님과 우리 형제들은 묵주기도로 하루를 마치는 규칙적인 생활을 했다.

수도회에 입회한 후에야 비로소 묵주기도가 얼마나 특별한 것인지 알게 되었다. 또한 우리 수도회를 창설하신 복자 야고보 알베리오네 신부님께서 묵주기도를 열심히 바치셨다는 사실도 알게 되었다. 그분께서는 묵주기도를 하지 않으면 권고의 말(exhortation, 훈계)도 할 수 없을 것 같다고 하셨다. 그분의 딸인 우리에게 규칙적으로 묵주기도를 바치라고 용기를 북돋아 주셨다. 그래서 나는 묵주기도에 대한 특별한 사랑을 갖게 되었고 어디를 가나 묵주를 지니고 다닌다.

  묵주를 손에 쥐고 있으면 성모님께서 나를 보호해 주신다는 굳은 믿음을 갖는다. 묵주 없이 외출하면 불안한 느낌이 들고 아주 소중한 것을 잊고 나온 것처럼 말할 수 없이 허전하다. 묵주기도가 내게 큰 힘이 되었던 세 가지 이야기를 소개한다.

  언젠가 나는 다른 수녀 한 사람과 전교를 위한 우리 책과 카세트테이프를 들고 몇 군데 큰 사무실을 방문하게 되었다. 그때만 해도 우리 둘은 풋내기 수녀였고 교육받은 남자들을 상대로 이야기를 한다는 게 부끄럽고 열등감이 느껴졌다. 그러면서 우리 자신들에게 이런 물음을 던졌다. "우리는 소임에 따라 이 사람들에게 봉사하기 위해 파견되었다. 그런데 왜 우리가 부끄러워하고 열등감을 느끼는가? 이 두려움은 악마의 짓이다." 우리는 각자 자신과 우리가 만나는 사람들을 위해 묵주기도가 포함된 한 시간의 성체조배를 했다. 그 다음날 아무런 거리낌 없이 사무실을 방문해서 우리의 소임을 계속할 수 있었다.

  다음 이야기는 소임을 위한 여행을 마치고 혼자 밤늦게 집으로 돌아가는 길에 있었던 것이다. 아주 캄캄한 밤이었고 오가는 사람도 없었다. 마을 멀리서 밝혀진 희미한 불빛밖에 없는 길을 15분 정도 걸어가야 했다. 그 길은 사람들의 왕래가 거의 없는 곳으로 술 취한 사람들이나 이따금 지나다니는 길이라고 알려져 있었다. 나는 묵주를 꺼내 기도하기 시작했다. 옆으로 눈길도 주지 않고 집을 향해 걷다가 나중에는 달리면서 묵주기도를 바쳤다. 그러자 두려움이 사라졌다. 집에 도착해 보니 어머니는 손에 묵주를 들고 나를 기다리고 계셨다. 안도감을 느끼며 성모님께 감사했다.

마지막 이야기는 소임 여행 중이던 2001년 10월에 있었던 일이다. 여행 중에 나의 오빠 신부님이 위중하시다는 연락을 받고 6시간 동안 차를 타고 서둘러 돌아가야 했다. 너무나 상심한 상태로 차를 타자마자 거의 매달리다시피 묵주기도를 시작했다.

'환희의 신비'와 '고통의 신비'를 마치고 '영광의 신비'를 하다가 예수님의 승천을 묵상하는 부분에서 나는 신비로운 경험을 하게 되었다. 잠을 자고 있는 것인지 의식이 혼미해진 것인지 뭐라 설명할 수 없는 느낌이 들더니, 이상하다는 생각을 하는 순간 깊은 묵상에 빠져들었다. 수도원으로 돌아왔을 때 내가 그 묵상 가운데 있던 바로 그 시각에 신부님이 영원한 안식처로 떠나셨다는 소식을 들었다. 나에게는 무척 소중하고 의미 있는 경험이었다. 나의 오빠 신부님도 거룩한 묵주기도에 특별한 의탁을 했던 분이셨다.

| 인도 뭄바이에서 비말라 닐 사바리무두 수녀

성모님을 위한 장미 송이

내가 어린아이였을 때 우리 어머니는 우리의 삶을 매일 기도로 채워 주셨다. 언니와 내가 즐겁게 기도할 수 있도록 애를 쓰셨는데, 어머니(평화로운 안식을 누리게 하소서)는 우리가 함께 묵주기도를 할 때 이런 생각을 해 내셨다. '성모송'을 할 때마다 우리는 묵주알 하나하나가 각기 다른 색깔의 장미 송이라고 생각하면서 성모님께 바쳤다. 그리고 우리가 선택한 지향까지 하나씩 바쳤다. 이렇게 묵주기도는 즐겁고 기쁜 것이 되었다. 예를 들면 성모송을 하며 이렇게 말한다. "저는 세상의 모든 부자들이 그들이 가진 것을 가난한 사람들과 나누게 되기를 바라며 금빛 잎사귀가 달린 이 다이아몬드 빛 장미 송이를 성모님께 바칩니다."

얼마가 지나자 우리가 할 수 있는 거의 모든 지향을 말씀드렸기 때문에 더 이상 말씀드릴 지향이 없었다. 또한 온갖 색깔을 전부 말했기 때문에 나중에는 우리가 색깔을 지어내야 했다. 어머니는 이 세상이 많은 기도를 필요로 하기 때문에 같은 지향을 두 번 말씀드려도 된다고 하셨다.

처음 시작할 때 무척 재미있고 신기했다. 우리는 제일 슬픈 지향에는 우리가 생각할 수 있는 제일 아름다운 색깔을 바쳤다. 세월이 흐르고 나이가 들면서 우리는 묵주기도와 우리의 지향이 얼마나 중요한 것이며 얼마나 진지하게 정성껏 바쳐야 하는 것인지 깨닫게 되었다. 나는 일생동안 그렇게 묵주기도를 바칠 것이며 언젠가 내 아이들에게도 전달될 수 있기를 기도한다.

| 남아프리카 요하네스버그에서 조지아 알렉시우

성모님의 망토 아래에 안식처를 마련하고 두려워하지 마십시오.
성모님께서 여러분에게 필요한 것을 주실 것입니다.
성모님은 부유하십니다.

또한 당신의 자녀들,

특히 여러분처럼 가장 보잘것없는 자녀들에게 후한 분이십니다.

그러니 여러분에게 필요한 것이 있을 때면 언제라도

두려워하지 말고 거리낌 없이 청하십시오.

성모님께서는 주는 것을 좋아하십니다.

― 성녀 라파엘라 마리아 코라스, 예수성심수녀회 창립자

두 번 생명을 주시다

2000년 3월 29일, 우리 아들 켈리는 근무지에서 산업재해로 치명적인 부상을 입었다. 유압굴착기가 벽돌 벽에 아들을 밀어 붙여서 거의 압사당할 뻔했다. 즉시 병원으로 옮겨 응급실에서 여섯 시간 동안 조치를 받았다.

나는 본당 신부님과 며느리와 함께 마음을 졸이며 의사가 나올 때를 기다렸다. 좋지 않은 소식이 될 것 같았다. 생명을 건질 확률이 희박하다는 것을 알고 있었기 때문이다. 수없이 기도하며 오랜 시간 기다린 끝에 아들은 혼수상태로 응급실에서 실려 나와 중환자실로 옮겨졌다. 한쪽 폐는 완전히 갉아졌고 다른 한쪽은 일부만 기능하고 있는 상태였다. 의사들은 그들 용어로 설명을 하면서 그날 밤을 넘기기 어려울 것 같다고 했다.

우리 가족은 기도하면서 기다렸고 친지들은 마지막으로 켈리를 보기 위해 계속 찾아왔다. 그러나 아들은 그날 밤을 잘 넘겼고 다음날 낮

과 밤, 그리고 그 다음날 낮과 밤을 무사히 넘기고 10일째 되는 날, 의사는 마침내 그가 살아날 가망이 있다고 말했다.

나는 병원 기도실에서 계속 기도했고 친구들이 내 곁에 있어 주었다. 교우들이 성물방에서 묵주를 사다 주어 함께 성모님께 기도를 바쳤다. 묵주를 받던 날, 아들의 상태가 악화되었고 그것은 곧 죽음을 의미했다. 나는 하느님께 눈물로 기도를 드리면서 묵주를 손에서 놓지 않았다. 아들의 침대 위에 십자가를 놓아 주었다. 아들은 고난의 시간을 통과해 4주 만에 깨어났다.

회복기를 마치고 집으로 돌아온 아들은 걷는 법부터 다시 배워야 했지만 지금은 건강을 완전히 되찾았다. 의사들은 그가 살아난 것이 믿기지 않는다고 지금도 말한다. 아들이 살아나고 회복할 수 있었던 것은 기도와 믿음과 하느님의 섭리라고 말한다.

내가 묵주기도를 시작한 순간이 바로 아들이 우리에게 돌아오는 순간이었다고 말할 수는 없다. 그러나 그날부터 나는 묵주를 지니고 매일 기도를 바친다. 하느님께서는 나의 아들이 태어나도록 생명의 기적을 베풀어 주셨고, 하느님과 성모님께서 내 기도를 들으시고 사고 후에 아들이 다시 한 번 태어나도록 생명의 선물을 주셨다.

지금 켈리를 보고 그 엄청난 사고를 당했던 사람이라고 믿는 사람은 아무도 없다. 하느님께서 당신 아드님을 나에게 선물로 주셨고 두 번째로 나의 아들을 선물로 주셨다.

| 버지니아 버지니아비치에서 사만다 M. 웨스트

맥스와 성모님의 기적

2002년 4월 14일에 태어난 우리 아들 맥스는 우리 삶의 빛이 되었고 우리 생활의 중심이 되었다. 풍성한 검은 머리와 커다란 푸른 눈은 가족과 친구는 물론이고 슈퍼마켓이나 음식점 등에서 만난 처음 보는 사람들조차 시선을 떼지 못할 정도로 매력이 있었다.

아이는 온갖 사물에 관심을 보여 우리를 놀라게 했다. 전등에 대고 옹알거리고 텔레비전과 색깔 있는 물건에 대고 말을 했다. 특히 캘리포니아 샌리앤드로에 있는 우리 본당 성 펠리치타스 성당의 스테인드글라스에 대고 말하는 것을 무척 좋아했다. 마치 선원처럼 나뭇잎에 물을 내뿜고 깔깔거리며 웃는 모습이 얼마나 귀여웠는지 모른다. 한마디로 장난기가 많은 작은 어른 같았다.

아내 레슬리는 맥스가 4개월이 될 때까지 휴직한 다음 2002년 8월 13일에 아내의 이모님이 운영하시는 놀이방에 아이를 맡겼다. 맥스는 이모님의 놀이방에 있는 저보다 큰 다른 아이들에게 귀염을 받는 아이가 되었다.

8월 27일, 아내는 오전 일곱 시 삼십 분에 맥스를 놀이방에 맡기고 35분 걸리는 직장으로 서둘러 차를 몰았다. 그리고 아홉 시 삼십 분에 이모님의 아들인 노엘의 전화를 받았다. 맥스가 숨을 쉬지 않으니 빨리 놀이방으로 오라는 연락이었다. 아내는 직장을 나서며 동료에게 부탁해 나에게 연락했다. 5분 내로 내 사무실 앞에 차를 세워 나를 태우겠다고 알려왔다.

놀이방까지 차를 몰고 가는 시간은 비현실처럼 길게 느껴졌다. 열 시쯤 놀이방에 도착해 보니 경찰이 와 있었고 맥스는 이미 성 로즈 병원으로 이송되었다고 했다. 우리는 병원으로 달려가 기다렸다. 열한 시가 되어 우리는 청천벽력 같은 말을 듣고 가슴이 찢어지는 고통을 느꼈다. 맥스는 의식을 되찾지 못하고 숨을 거두었다.

2002년 8월 29일, 목요일에 살아 있는 성인이신 웨인 캠벨 신부님이 오셔서 가족과 친지, 동료, 전혀 모르는 사람들까지 300명이나 되는 사람들과 함께 맥스를 위해 밤샘 기도를 해 주셨다.

다음 날 웨인 신부님께서 맥스의 장례미사를 집전해 주셨다. 맥스가 세례를 받지 않았기 때문에 우리는 놀라움과 함께 깊은 위안을 느꼈다. 신부님께서는 우리가 곧 맥스에게 세례를 줄 계획이었고, 필요한 교리 공부를 마쳤고 규칙적으로 미사 참례를 하고 있었기 때문에 맥스는 화세(火洗, Baptism of Desire)를 받을 수 있었던 것이다.

맥스는 그날 오후 땅에 묻혔고 우리 부부는 삶에서 가장 힘들고 고통스러운 시간을 보내게 되었다. 2002년 8월 31일 토요일부터 우리는 세상을 떠난 영혼의 안식과 죄 사함을 빌며 9일 기도를 시작했다. 맥스의 경우 죄가 없었으므로 사실 우리는 우리 자신을 위해 기도했다.

9일 기도를 끝내자 우리는 가족이 모여서 함께 바치는 이 아름다운 기도를 계속하는 것이 좋겠다고 생각했다. 한 달에 한 번 우리 부부의 부모님과 형제들이 모두 모여 식사를 한 다음 이어서 묵주기도를 하기로 했다. 당시에는 몰랐지만 묵주기도는 우리의 삶을 바꾸어 놓았고 참으로 아름다운 변화를 가져오는 촉매 역할을 했다.

큰형 마누엘과 나는 5년 동안 서로 등지고 살았는데 맥스가 죽은 후 우리 형제는 화해를 했고, 놀랍게도 다이애나 형수와 어린 조카 브리안나까지 데리고 매달 모임에 참석하게 되었다. 그로써 우리는 맥스의 죽음이 헛되지 않았다고 느끼게 되었다. 성모님께서 당신 아드님께 청하셔서 주님께서 우리에게 위안을 내려 주셨다.

고통 중에 있는 한 사람이라도 내 이야기를 듣고 이 세상에서의 삶이 비록 때로는 고통스럽고 힘들어서 도저히 견딜 수 없는 것처럼 보일지라도 우리의 주님께서 절대로 우리를 버리지 않으신다는 사실을 알게 되기를 희망한다. 성모님께 청하기만 하면 그분께서는 당신 아드님을 슬쩍 찌르셔서 고통 가운데 있는 우리에게 작은 기쁨을 허락하실 것이다.

| 캘리포니아 샌리앤드로에서 빈센트 O. 아리아스

성모님의 학교

나는 다섯 아이를 홈스쿨링Home schooling으로 교육하고 있다. 13년 전, 셋째 아들을 낳고는 나팔관을 묶는 불임 시술을 했다. 그리고 일주일도 채 안 돼 내가 아주 큰 잘못을 저질렀다는 것을 알게 되었다. 그때까지 누구로부터도 불임 시술 문제에 대해 들은 바가 없긴 했지만.

남편에게 원상 복귀를 하고 싶다고 했지만 남편은 들으려고도 하지 않았다. 나는 묵주기도를 시작했다. 5년이 지나서야 남편은 찬성을 했고 나는 원상 복귀 시술을 한 다음 두 아이를 더 낳았다. 넷째 아이를 가졌을 때, 열세 살이 된 큰아이에게 어릴 때 앓던 발작 증세가 다시 찾아왔다. 처음에는 경미하게 시작되었고 이따금 찾아왔다. 그러나 곧 시간이 지나면서 심각해진 상황에서 넷째가 태어났고 일 년이 채 안 돼서 거의 매일 발작이 일어났다. 다섯째 아이를 임신했을 때는 하루에도 두세 번씩 발작을 겪어야 했다. 얼굴이 파래지면서 바닥에 쓰러져 생명이 위협을 받을 정도로 경련이 심했다.

남편은 아이를 살리기 위해 인공호흡을 해야 했지만, 성모님의 도우심으로 아이의 발작은 남편이 집에 있을 때만 일어났다. 남편은 IBM에서 일했는데 일주일에 60시간 근무를 하며 출장도 잦았다.

다섯째 아이가 태어난 직후 더 이상 홈스쿨링을 계속할 수 없다는 것을 깨달았다. 일주일에 한두 번 병원에 가야 했고 홈스쿨링을 하면서 갓 태어난 아이를 돌봐야 했다. 큰아들이 언제 또 발작을 일으킬지 모르는 긴장 속에서 그 모든 걸 한다는 것은 너무나 힘든 일이었다.

나는 열심히 기도했다. 새벽 다섯 시에 일어나 개를 데리고 산책을 나가서 승리의 모후(묵주기도의 모후로 알려진)이신 성모님께 기도하며 어떻게 해야 할지 알려 주시기를 간청했다. 언젠가 재택근무를 하게 되었던 남편은 홈스쿨링이 너무 벅차다고 하면서 아이들을 학교로 돌려보내자고 했다. 나는 그렇게 할 수 없었다.

나는 승리의 모후께 더욱 열심히 기도하며 방법을 찾도록 도와주시기를 간구했다. 성모님께서 내 남편이 원하는 바를 알고 계시지만 나는 학교 교육이 그 답이 아니라고 느꼈다. 성모님께서 그 길로 이끌어 주시기를 기도했다. 그런데 어느 날 홈스쿨링을 하던 엄마들이 내게 학교를 시작해 보라는 제의를 해 왔다. 나는 거절했다. 그 전 해에 홈스쿨링을 하는 학부모들과 협조자들과의 회의에 참석했을 때, 얼마나 많은 일들을 해야 하는지 알게 되었고 내가 처한 상황에서 그 일들을 한다는 것은 도저히 불가능하다고 생각했기 때문이다.

그리고 얼마 후에는 학교 선생님들에게서 홈스쿨링 학교를 시작해 보라는 제의가 들어오기 시작했다. 나는 그때도 할 수 없다고 거절했다. 그런데 왠지 의아한 생각이 들기 시작했다. 그리고 계속 기도했다. 2년 전 1월에 큰아들이 병원에 입원했다. 열여덟 시간 동안 발작이 계속되었던 것이다. 그것은 악몽과도 같은 시간이었지만 많은 친구들이 와서 아이와 우리 가족을 위해 기도해 주었다.

교사들과 학부모들이 또다시 내게 제의를 해 왔을 때 나는 그것이 성모님의 응답이라는 결론을 내릴 수밖에 없었다. 아직 어린 아이와 심각한 발작 증세를 겪고 있는 아들을 둔 엄마로서 홈스쿨링 학교를 어떻게 시작해야 할지 아무런 생각도 할 수 없었지만 하느님께서 도와주시리라고 판단했다.

결국 사람들에게 홈스쿨링 학교를 시작하겠다고 알렸다. 함께할 관심 있는 사람들을 수소문했고 여러 사람을 만나게 되었다. 3월에 병원에 있는 큰아들이 네 시간 동안 멈추지 않는 발작을 일으켰다. 다른 힘든 일 외에도 늘어나는 의료비는 더 큰 부담이 되기 시작했다. 일 년에 17,000달러가 넘는 비용이 들었다. 우리가 지불하기에는 너무 큰 액수였다.

5월에 홈스쿨링을 하는 동료가 프라하의 아기 예수님께 봉헌된 가톨릭 홈스쿨링 회합을 열었다. 그곳에서 재정적으로 어려움을 겪던 많은 문제들이 해결되었다. 회의가 끝날 무렵 홈스쿨링을 운영하는 사람들이 나중에는 엄청난 부채를 떠안게 된다는 결론을 주시하게 되었던 것이다. 조지아, 테네시, 앨라배마, 사우스캐롤라이나, 노스캐롤라이나, 플로리다 등지에서 온 많은 가족들이 참석했다. 그럼에도 불구하고 빚을 갚기는 충분하지 않았다. 하지만 상황이 안정되고 보니 빚은 모두 청산되었고 약간의 돈이 남기까지 했다. 불가능하다고 여겼던 일이 실제로 일어났던 것이다.

그 일로 나는 하느님께서는 그 어떤 일도 가능하게 해 주신다는 것을 알았다. 그 후로 나는 돈 걱정을 하지 않았다. 주님께서 전부 알아서 해 주실 테니까. 그리고 학교를 운영할 장소를 물색하기 시작했다. 승리의 모후께 계속 기도하면서 승리의 모후를 경외하는 의미에서 빅토리(승리) 아카데미 학교에 연락을 하기로 했다.

가톨릭과 연계(홈스쿨링과 전통 학교 교육을 연계하여 일주일에 두 번은 학교에서, 세 번은 홈스쿨링으로 교육하는 방법)를 원했던 나는 성당이 가장 적합한 홈스쿨링 장소라고 생각했다.

그 당시 개인적인 이유로 성 가타리나 성당을 떠난 지 얼마 되지 않아서 그곳에 부탁하고 싶지 않았다. 다른 성당 몇 곳에 이야기를 해 봤지만 이런저런 핑계로 거절당했다. 결국 두 군데가 남았다. 성 가타리나 성당과 주님 변모 성당이었다. 나는 속으로 이런 생각을 했다. '내가 다시 성 가타리나 성당으로 돌아가게 된다면 그건 기막힌 운명의 장난이야!' 나는 주님 변모 성당의 교육 분과 위원회 모임에 참석했다. 본당의 지원은 반가웠지만 위원회에 실망을 금할 수 없었다. 법적인 문제에 대해 많은 질문이 있었다. 나로서는 대답할 필요가 느껴지지 않는 것들이었다.

그래도 어쨌든 그 질문에 대한 답을 작성해 나가면서 성 가타리나 성당을 찾아가서 어떤 이야기를 할지 들어 보기로 했다. 내가 그 본당을 떠나 '성 베드로 사제 형제 수도회'의 라틴 전례 교회에 나간다는 것을 그들이 알고 있었기 때문에 기대를 갖지 않았다. 그런데 뜻밖에도 3개월 동안 교실을 사용할 수 있다는 이야기를 들었다. 기대한 것 이상이었지만 받아들일 수 없었다. 미리 준비한다고 해도 3개월이란 기간은 교사 채용과 학급 구성에 필요한 충분한 기간이 아니었다. 나는 적어도 한 학기는 필요하다고 판단했다. 2주가 지나가도록 다른 소식을 들을 수 없었다. 7월 말이 되었고 8월 중순에는 학교 문을 열기로 되어 있었다. 묘안이 떠오르지 않았다.

7월 말의 어느 날 아침, 남편이 말했다. 오늘이 그날이라고. 그날 소식을 듣지 못하면 개학은 다음해로 연기할 수밖에 없었다. 나는 개를 데리고 산책을 나가서 승리의 모후께 묵주기도를 바쳤다. 그리고 이렇게 말씀드렸다. "성모님, 들으셨겠지만 오늘 소식을 듣지 못하면 이제 끝이에요. 주님의 뜻이라면 여기서 끝내게 해 주시고 그렇지 않다면 오늘 제가 소식을 듣게 해 주세요."

그날 용무가 있어서 성당 근처에 가게 되었다. 기왕 거기까지 갔으니 책임자를 만나기로 했다. 그 남자는 밖에 나오는 일이 거의 없었다. 전에 그곳에 갔을 때 그는 언제나 복도 끝 그의 사무실에 있었고 그를 만나자면 비서와 약속을 해야 했다. 나는 하느님의 뜻이라면 그 책임자를 밖에서 볼 수 있을 것이라 믿었다.

놀랍게도 그는 밖에 있었다. 다용도 건물의 페인트 작업을 지휘하고 있었다. 강요하는 것으로 보이기 싫었지만 그날 나는 반드시 가부간의 답을 들어야 했다. 자동차에서 내려 그에게 다가가면서 만일 그가 안 된다고 하면 오히려 잘된 일이라는 생각이 들었다. 더 이상 추가적인 일을 하지 않아도 되었으므로. 그렇게 홀가분한 마음까지 드는 가운데 그에게 갔을 때 그는 허가되었다고 말했다.

전혀 기대하지 않았기 때문에 오히려 놀라웠다. 그에게 다시 물었다. 그는 그 건물을 사용해도 된다고 말했다. 교실 여섯 개, 육아실, 체육관, 그리고 필요하다면 운동장까지 사용할 수 있으며 전부 무료라고 했다. 정말 놀라운 소식이었다. 그는 학교가 성장해 가는 것을 보고 싶다고 했다. 나는 아무 말도 할 수 없었다.

자동차로 돌아오면서 성모님께서 응답해 주셨다는 것을 깨달았다. 할 수 없을 것이라며 두려워했던 나에게 용기를 주시고 놀라운 방법으로 나에게 알려 주셨다. 나는 거의 말을 할 수 없었다. 성모님께 간청을 했으면서도 막상 그렇게 빨리 또 그렇게 결정적인 순간에 응답을 받고 충격에 빠져 있었다.

학교 문을 열기 위한 준비에 들어갔다. 몇날 며칠 밤을 새우며 어려운 작업을 했다. 개학을 9월로 미루기로 했다. 개학 2주 전에 어떤 여성에게서 전화를 받았는데 무척 실망한 목소리였다. 다음해 9월에 같은 형태의 학교를 열기로 했고 허가까지 받았다는 것이었다. 나는 그런 사정을 몰랐다고 했고 함께 일할 수도 있지 않겠느냐고 했다.

그런데 이야기를 나누면서 내가 사용하는 가톨릭 교육과정을 그녀가 좋아하지 않는다는 것을 알았고, 많은 개신교 학교가 그런 교육과정 없이도 잘 운영되고 있기 때문에 허가를 받을 필요도 없다는 식으로 말했다. 학교 이름도 바꿔야 한다고 했다. 말하자면 그녀는 나와 의견이 일치하는 것이 아무것도 없었다. 나는 내 계획대로 밀고 나가기로 했다.

거의 한 달 동안 그녀 때문에 골치가 아팠다. 다시 허가를 받았으니 다음해에 그 건물에서 나가야 할 것이라고 했다. 자기가 월·수요일에 이용하고 내가 화·목요일에 이용하면서 학교를 운영하는 게 어떠냐는 제의를 해 왔다. 나는 한 건물에서 두 학교를 운영할 수 없다는 말로 거절했다. 그녀는 끈질기게 계속 설득했지만 한 달 후 포기했다.

학교 문을 열기 일주일 전, 남편과 나는 채무로부터 보호받기 위해 법인을 세워야 한다는 것을 알게 되었다. 법인 설립과 세무 보고로 1,500달러가 필요했고 그 외 곧 600달러가 필요했다. 우리에게는 지불할 돈이 없었다. 그 사실을 알게 되자 나는 절망에 빠졌다. 그래서 이렇게 기도했다. "성모님, 저희에게는 돈이 없습니다. 저희 재정 상태를 잘 아시잖아요. 성모님께서 이 학교를 원하신다고 생각했는데, 정말 이렇게 되기를 원하신 건가요?"

이런 기도를 마쳤을 때 전화벨이 울렸다. 어느 학부형의 전화였는데, 홍보 문제에 대해 물어온 것이었다. 나는 미안하지만 아무래도 학교 문을 열지 못할 것 같다고 말했고 그녀는 이유를 물었다. 내가 상황을 설명하자 그녀는 학생이 전부 몇 명이냐고 물었다. 20명이라고 하자 그녀는 학생들이 법인 설립 비용을 각자 30달러씩 더 지불해야 하므로 문제가 없다고 했다. 그리고 나머지 비용을 충당하기 위한 기금 모금을 하면 된다는 것이었다.

갑자기 문이 활짝 열린 것이었다. 몇 분 전만 해도 불가능해 보이던 것이 순식간에 가능해진 것이다. 나는 학부형들을 긴급 소집해서 30달러를 지불할 수 있는지 의사를 물었다. 두 학생이 나갔고 개학 첫날 세 학생이 들어왔다.

스무 명의 학생들과 첫 수업을 시작했다. 화요일과 목요일에 수업이 있었다. 5학년부터 12학년까지의 반을 편성했다. 시작은 혼돈 그 자체였다. 교재도 없었고 교육과정도 제대로 적용되지 않았기 때문이다. 그러나 우리는 정말 잘 운영해 나갔고 한 달이 못 돼 자리를 잡았다.

10월에 나는 영원한 말씀의 시녀회 수도원으로 피정을 갔다. 내게 정말 필요한 것이었다. 학교 운영과 아픈 큰아들, 육아 등이 나를 서서히 짓눌러 왔다. 거의 탈진할 지경에 이르렀다. 피정으로 육신의 휴식은 물론 정신적인 향상과 집중력을 키울 수 있었다. 피정 중에 파티마의 성모님 발현 축일을 맞이했다. 나는 파티마의 성모님께 의탁하게 되었고 2년 전에 포르투갈을 방문하는 은총을 받았다. 나는 다시 일상을 계속할 준비가 되었다.

대주교님께 우리 학교에 오셔서 미사를 집전해 주시기를 청하는 편지를 보냈다. 그분께서는 흔쾌히 허락하셨고 기적의 메달 축일을 선택하셨다. 승리의 모후와 과달루페의 성모님과 함께 기적의 메달 성모님은 내가 가장 좋아하는 성모님이 되셨다. 또한 성녀 엘리사벳 시튼(가톨릭 교구 학교를 설립하신 분으로, 나는 이분의 교육과정을 채택했다)을 알게 되었고 기적의 메달 성모님께도 의탁하게 되었다. 대주교님의 방문에 마음이 한껏 들떴다.

그분께서 오시는 날, 긴장된 가운데 만반의 준비를 했다. 도착에 맞춰 맞으러 나가기 전에 성당으로 들어갔다. 그곳엔 열 명 정도가 와 있었다. 사무장이 다가와 신자들이 너무 적게 와서 걱정이라고 했다. 나는 더 올 것이라고 자신 있게 말했지만 사실 얼마나 더 올지 알 수 없었다. 나는 무릎을 꿇고 기도했다. "주님, 주님을 위해 준비했습니다.

주님께서 바라시는 일이라고 생각했습니다. 사무장의 말을 들으셨죠. 사람들이 더 많이 와야 합니다." 그러자 마음에서 이런 소리가 들렸다. "진정해라. … 내가 너의 하느님이라는 것을 알지 않느냐." 그 순간 마음이 평화로워졌고 눈을 들어 보니 백 명이 넘는 사람들이 들어와 있었다. 하느님은 얼마나 선한 분이신지! 나는 얼마나 보잘것없는 존재인지.

우리는 학습 외에도 전례력에 따라 생활하는 데 최선을 다했다. 학생들이 전례에 따라 기념하고 생활하는 가운데 훌륭한 가톨릭 신자의 절제된 삶을 살도록, 그리고 학구적인 면에서 더욱 향상되도록 노력했다. 또한 전문성 개발학과를 두었다. 학생들은 면담 기술, 자기소개서 작성, 연설 원고 작성을 배우며, 철자법, 수학, 역사, 혹은 과학 등 전문 지식에 대한 질문에 5분 내로 답을 작성하는 법을 배운다. 우리는 이것으로 지역 대회에 나가서 수년 동안 참가한 4개 공립학교와 경쟁을 했다. 그 아이들은 일주일에 5일 연습을 했고 우리 아이들은 일주일에 하루 연습했지만, 지역에서 우승을 했고 주대회에서 준우승을 차지했다(우리는 1학년밖에 없었기 때문에 2학년 대회에는 출전하지 못했다).

3월에 프랑스 루르드 성지를 공짜로 여행할 기회가 주어졌다. 내 인생에 공짜로 받은 것이라곤 없었는데 성모님께서 내게 주셨던 것이다. 다섯 명의 자매들과 신심이 매우 깊은 세 분의 신부님이 동행하게 되었다. 그것은 은총이었다. 파리에 도착해서 루르드로 출발하기까지 세 시간의 여유가 있었다. 한 신부님이 우리를 기적의 메달 성당으로 데려가셨다. 우리가 기적의 메달 성모님께 얼마나 넘치는 은총을 받았는지를 그 신부님은 모르고 계셨다.

우리 일행은 루르드로 가서 얼음처럼 차가운 물에 몸을 담그는 침수 의식을 치렀다. 대부분의 시간을 기도하며 보냈지만 즐거운 시간도 가졌다. 이틀째 되는 날 신부님 한 분과 네 명의 자매들은 로마로 갔다. 그들이 가기 전, 신부님들은 새벽 여섯 시 특별 미사를 허가받았다. 하느님의 놀라운 은총으로 세 분의 신부님은 성 잔다르크 성당에서 미사 집전을 하셨고 참으로 놀랍게도 그날 미사의 지향은 우리 빅토리 아카데미와 나를 위해 바쳐졌다.

몇 달 전에 내 친구가 나를 위해 생미사(살아 있는 사람을 위하여 드리는 미사) 한 대를 봉헌하고 싶다고 했던 기억이 났다. 루르드로 출발하기 전에 신부님께서 미사 봉헌자 명단을 받아 가지고 오셨는데 거기 내 이름이 있었던 것이다. 아무도 그런 생각을 하지 못할 때 주님께서 내게 은총을 넘치도록 내려 주셨던 것이다.

그해 여름, 성 가타리나 성당이 대주교님으로부터 가톨릭 학교를 시작해도 된다는 허락을 받았다. 책임자는 내가 그곳에서 계속하기를 원했지만 시간이 흐르면서 더 많은 교실이 필요하다는 사실을 깨닫게 되었다. 그래서 나는 다른 장소를 찾기 시작했다. 새로운 곳을 찾는 데는 오랜 시간이 걸리지 않았다. '성 베드로 사제 형제 수도회' 출신이신 나의 영적 지도신부님께서 건물을 제공해 주셨다. 우리는 교실 14개, 커다란 체육관, 성당, 도서관을 갖게 되었고 신부님의 전적인 지원을 받았다. 첫해에는 대여료도 없었다. 주님께서 우리 학교를 축복하심이 분명했다.

준비할 일이 무척 많았다. 건물은 거의 다시 칠해야 했다. 2주 동안 매일 열 시간에서 열두 시간 정도 일을 해서 학교 시설을 마쳤다. 마침

내 그날이 왔고 우리는 문을 열었다. 장소가 학기 동안 변동이 있을 수 있었으므로 우리는 첫날까지 학생 등록을 할 수 없었다. 그건 교재도, 충분한 교사도 준비되지 않았다는 뜻이다. 그렇지만 우리는 짧은 시간 내에 모든 것을 갖출 수 있었다.

대부분의 아이들이 학교까지 오는 데 자동차로 평균 45분이 걸리는데도 불구하고 우리는 다시 20명의 아이들과 시작하게 되었다. 일주일 후 1학년부터 4학년까지 추가로 편성을 했고 한 달 후에는 유치부를 만들었다. 10월에 총 47명이 되었다. 한 명이 나가면 두 명이 들어왔다. 하느님의 배려를 뛰어넘는 것은 아무것도 없었다.

어떤 선생님들은 봉사를 자원했고 어떤 이들은 경리 등 사무실 일을 자원해서 해 주었다. 복사기와 캐비넷, 책상, 성화 등등의 물품도 기증받았다. 학교 일은 이제 공동체의 일이 되었다. 어느 관대한 이는 토마스 아퀴나스 전집을 기증해 주었다.

내게 일어난 그 모든 기적 중에서도 개인적으로 가장 놀라운 기적은 우리 큰아들이었다. 거의 4개월 동안 발작 증세가 일어나지 않았고, 지금은 제도공이 되기 위해 기술학교에 다니고 있다. 학습 장애와 약물 치료에서 오는 손 떨림 증상이 있지만 학급에서 잘하는 편에 속하며 쓰기 시험에서 90점을 받았다. 아들은 6년 동안 통제 불능의 발작을 겪고 나서 이제 독립된 생활을 할 수 있을 거라는 희망을 가졌다.

우리 학생들은 1월에 있을 전문지식 경쟁대회 준비에 박차를 가하면서 주대회와 전국대회에서 가능한 우승하기를 희망한다. 하느님의 뜻이라면.

여러분은 어느 곳에서나 성모님과 묵주기도의 힘을 만날 수 있다.

하느님의 관대하심과 그분의 기적은 어디서도 만나게 될 것이다. 많은 어려움에도 불구하고 나는 그분의 은총을 넘치게 받았다. 참으로 보잘 것없는 내가 선택받았던 것이다.

| 조지아 액워스에서 아네트 B. 휴

십자성호

친정엄마 앤 푸세토는 매일미사에 참례하고 자기 전에 매일 묵주기도를 바치는 아주 열심한 신자셨다. 언젠가 초등학교 2학년이던 우리 딸 미셸에게 묵주기도를 마치기 전에 잠이 들고 말았다는 말씀을 하셨다. 그러자 미셸은 이렇게 말했다. "괜찮아요, 할머니. 교리 시간에 마리아 라이문도 수녀님께서 말씀하셨는데요, 묵주기도를 끝내지 못하고 잠이 들면 천사들이 대신 끝까지 바쳐 준다고 하셨거든요."

엄마는 그 말을 듣고 무척 좋아하셨다. 엄마는 유방암을 앓았는데 뇌로 전이되었고 급기야 뼈로 번졌다. 엄마는 엄청난 혼란과 고통을 겪으셨다. 버지니아의 우리 집에서 내가 나고 자란 뉴욕 스테이튼 아일랜드의 친정집까지 수주일 오가며 엄마를 간호했다. 마지막 몇 주 동안 엄마와 함께 매일 밤 주님의 자비를 구하는 기도와 묵주기도를 바쳤다.

마지막 날이었던 2000년 3월 29일 밤, 남동생 마크와 여동생 수잔과 함께 마지막 숨을 몰아쉬시는 엄마 곁에서 묵주기도를 바쳤다. 10시 50분쯤 되어서 기도를 거의 마쳤을 때 임종이 가까워지고 있었다.

여동생이 "매일 밤 축복해 주셨듯이 우리 엄마에게 축복을 내려 주세요."라고 기도했다. 나는 엄마를 향해 "성부와 성자와 성령의 이름으로, 아멘." 하고 십자성호를 그었다. 내가 "아멘." 하는 그 순간 엄마는 마지막 숨을 거두셨다. 이번에는 묵주기도를 전부 마치고 영원한 잠에 드셨다.

| 버지니아 요크타운에서 파울라 F. 크로잉하우스

묵주기도를 널리 전파하십시오.
… 묵주기도는 그에 의탁하는 사람들을
성모님과 친교를 이루게 합니다.
- 교황 바오로 6세

성모님 앞에 무릎을 꿇다

1988년, 첫아이를 임신한 지 4개월이 되었을 때 단백질 수치를 측정하는 검사를 했다. 검사 결과는 양성, 이것은 척수의 문제로 선천적 결손증의 가능성이 있다는 의미였다. 내 일생 최악의 순간이었다. 의사는 태아의 염색체 이상을 판정하기 위한 양수 검사 외에 몇 가지 다른 검사를 했지만 이상이 있는지 확인할 수 없었다. 모든 검사 결과가 나오는 4주에서 6주 정도의 기간은 내 삶에서 가장 길고 두려운 시간이었다.

절망에 사로잡힌 어느 날 나는 신부님께 위로의 말씀을 듣고 싶어 성당을 찾아갔다. 가톨릭계 학교를 나왔지만 그전까지 나는 성당에 자주 가지도 않았고 성모님께 간구하거나 묵주기도를 자주 바친 적도 없었다. 고통스러운 마음으로 눈물을 흘리며 아무도 없는 성당으로 걸어 들어갔을 때 그때까지 눈여겨 본 적이 없는 어떤 성상을 보게 되었다. 내 왼편에 있는 그 성상은 루르드 동굴에 발현하신 성모님 상이었다.

성모님이나 그분의 기적에 대해 아는 바가 없었지만 나는 그 앞에 무릎을 꿇고 태어날 아기의 건강만을 위해 기도했다. 아주 오랫동안 그렇게 울며 기도하다가 고개를 들어 성모님의 얼굴을 보는 순간 마음이 편안해지면서 성모님께서 내 아기를 보호해 주신다는 확신이 느껴졌다. 그 순간부터 나는 성모님께 온전히 의탁하기로 약속했다. 약속대로 우리 집 앞에 성모상을 두고 성모님과 그분께서 내려 주신 기적에 대해 내 아이들에게 가르치고 있다.

그날 이래 아주 특별한 방식으로 내 삶이 변화되었다. 나는 성모님의 기적을 믿고 주님을 사랑하는 것만큼 성모님을 사랑한다. 성모님은 나의 힘이시며 매일 그분의 은총에 감사하고 기도하며 생활한다. 말할 것도 없이 성모님께서는 내 기도에 응답해 주셔서 예쁘고 건강한 딸을 낳았다. 아무도 없는 성당에서 성모님 앞에 쓰러져 무릎 꿇고 기도했을 때 내게 희망과 평화로움을 주신 루르드의 성모님께 대한 감사함은 말로 다할 수가 없다. 우리가 성모님께 기도하고 묵주기도를 바친다면 어떤 고통이나 어려움도 사라지게 해 주신다는 것을 안다.

| 플로리다 마이애미에서 니르카 델 발레

매달 첫 토요일,

다섯 달 동안,

고해성사를 보고,

성체를 영하고,

묵주기도를 암송하고,

묵주기도의 15신비를 묵상하면서

죄를 기워 갚는다는 마음으로 15분간

나와 함께 머물러 있어라.

그러면 나는 그들의 임종 시에

그들 영혼의 구원에 필요한

모든 은총으로 그들을 도울 것을 약속한다.

— 파티마의 성모님의 말씀

1%의 확률

2000년 8월 20일이었다. 심장 혈관 이식수술을 앞둔 남편이 우리 집 주차장 앞에서 반바지에 장화를 신고 자동차 앞 유리에 붙은 벌레들을 물로 씻어 내고 있었다. 이웃에 사는 친구가 다가와서 남편의 복장을 보고 놀렸다. 주방 창문을 통해 불어오는 산들바람을 느끼며 설거지를 하던 나는 남편과 그 친구가 하는 농담에 웃음을 짓고 있었다. 남편 로렌조는 춤출 때 신는 신발이라고 장난스레 말했다.

그런데 갑자기 친구가 소리를 질렀다. "왜 그래, 왜 그러는 거야?"

황급히 뛰쳐나가 보니 남편의 몸이 반쯤 우유 상자 위에 걸쳐진 채 누워 있었다. 맥박이 뛰지 않았다. 친구가 인공호흡을 하는 동안 나는 구급차를 불렀다. 구급 대원이 도착했을 때에도 맥박은 뛰지 않아서 세 번이나 전기 충격을 주고서야 맥박이 뛰기 시작했다. 그러나 구급차가 병원으로 가는 도중에도 다시 위급 사태가 발생했다. 응급실에서도 인공호흡기의 도움이 필요했다.

나는 묵주기도를 시작하면서 신부님께 연락했다. 미사 중이셨던 신부님은 무선호출기(삐삐)가 울리자 "나를 부르는 이 사람을 위해 그리스도의 몸을 봉헌합니다."라고 말씀하셨다. 신부님이 병원에 도착했을 때 의사들은 내 남편이 살아날 확률은 1%밖에 안 된다고 했다. 살아날 가능성이 없다는 뜻이었다.

남편은 두 달 동안 병원에 있었고 심장 혈관 이식수술을 받았다. 심장박동 조절 장치와 심장 소생기를 몸속에 이식하고 하루하루 삶을 연장할 수 있었다. 올해 우리는 결혼 45주년을 맞았다. 나는 성모님께서 내 기도를 들어주셨음에 감사한다.

| 캐나다 온타리오 피커링에서 로즈 마리 라두쎄르

그리스도의 어머니께서 저를 도와주십니다.
그렇지 않으면 저는 너무나도 약한 존재입니다.
— 성녀 잔 다르크

묵주기도가 주는 평화

내 사촌의 이웃에 사는 어느 젊은 자매가 심장마비를 일으켰다. 절친하게 지내는 그곳 교우들이 매일 저녁 7시에 본당에 모여 그 자매를 위한 묵주기도를 몇 주 동안 계속했다. 그들 대부분은 삼십대였고 오랫동안 묵주기도를 하지 않았기 때문에 내 사촌에게 묵주기도하는 방법을 배워 가며 기도했다.

묵주기도는 그 자매의 회복을 위해 열심히 기도하는 그들을 일치시켜 주었다. 불행하고 안타깝게도 그 자매는 몇 주 후에 세상을 떠났지만 그들이 함께 마음을 모아 바친 묵주기도로 그들 모두는 평화를 맛보게 되었다.

| 미주리 플로리선트에서 오드리 R. 진저

장미 향기

나는 루터교 신자이며 호스피스라는 직업 때문에 가톨릭 신자인 환자와 그 가족들을 자주 접하고 있다. 학위를 받기 위해 아직 학교에 다니고 있으며, 성인들에 대해 알고자 노력하면서 묵주기도를 하는 방법도 배우고 있다. 지난 몇 달 간 묵주기도를 바쳐 왔는데 언제 어느 기도문을 암송해야 하는지 헷갈려서 나는 종종 기도를 망치고 있다는 생각이 든다. 이 가톨릭교회의 기도를 어설프게 하고 있다는 것을 알기 때문에 나는 성모님께 죄송하다고 말씀드린다.

그렇게 묵주기도를 하면서 몇 종류의 묵주를 구입했는데, 그 중 특별한 묵주는 장미 꽃받침으로 만들어진 것이었다. 스페인 어느 수도회의 수녀님들이 장미의 꽃받침을 부수어서 묵주알로 만든 것이다. 차에다 걸어 놓으면 향기도 좋고 묵주기도를 할 때 사용하면 되겠다고 생각했다. 그런데 밀폐된 차에 두기에는 향기가 너무 강했다. 내 차를 빌려 갔던 아들도 장미향이 너무 강하다고 투덜거렸다. 향기가 좀 날아가기를 한 달 정도 기다리다가 어느 작은 성당에 갖다 놓기로 했다. 나보다 장미향을 더 좋아하는 사람이 그 묵주를 사용할 것이라고 생각하면서.

내가 구입한 다른 묵주는 코코아 열매로 만든 것이었고 묵주를 담을 주머니도 같이 구입했다. 내 마음에 쏙 드는 묵주였다. 그래서 가방에 넣어 가지고 다니고 싶었다. 그런데 바로 어제였다. 묵주 주머니에서 묵주를 꺼내는 순간 장미향이 풍겨서 나는 깜짝 놀랐다. 내가 정신이 이상해지는 건 아닌가 하는 생각을 하면서 일주일 전에 묵주 주머니를 구입한 회사에 전화를 했다. 그들은 묵주 주머니의 제품 설명서에 주머니 안감에 장미향이 나도록 했다는 문구는 없으며, 수년 동안 판매했지만 향기가 난다는 말은 들은 적이 없다고 했다.

묵주 주머니는 새것이었고 주머니나 묵주를 장미 꽃받침으로 된 묵주가 있던 곳에 놓아 둔 적도 없었다. 그리고 무엇보다 그 향기는 장미 꽃받침 묵주에서 나는 향기와 비교할 수 없이 아주 특별해서 현세의 것이 아닌 천상의 것처럼 느껴졌다.

나는 성모님께서 내가 묵주기도를 하려고 애쓰는 것이 기특해서 당신의 마음을 경이롭고 자상한 방식으로 보여 주시는 것이라고 생각한다. 내가 축복을 받아 코코아 열매 묵주와 그 주머니에서 천국의 향기가 나게 해 주셨다. 이 은총을 주신 복되신 동정 마리아께 감사드린다.

| 일리노이 맥헨리에서 사라 J. 스민지

이 지상에서 주님의 날이 올 때까지 순례하는 하느님 백성에게 확실한 희망과 위로의 표지로 빛나고 계신다.

- 제2차 바티칸공의회 교회 헌장, 68항

장미 한 송이씩

최근에 일리노이의 전원 지역에 있는 작은 대학 캠퍼스에 자리 잡게 될 뉴먼 센터의 책임자 직책을 맡아 달라는 요청을 받았다. 그 대학은 그리스도의 제자회 교회와 연계되어 있는데, 지역 교구가 대학의 가톨릭 사목을 처음 논의하게 되었을 때 학교에서 몇 가지 조건을 제시했다. 그에 대한 세부적 논의가 있은 다음 우리는 학기가 시작되는 가을에 사목을 시작하기로 했다.

나는 곧 이 일에는 이전의 어떤 일보다 더 많은 기도가 필요하다는 것을 깨달았다. 그래서 즈님 승천 대축일에 54일 기도를 시작해서 카르멜 산의 복되신 동정 마리아 축일에 마쳤다. 처음 묵주기도는 교정을 돌며 바쳤고 기도가 끝나면 교정에 있는 개신교회의 계단 사이 틈 속에 기적의 메달을 집어넣었다. 성모님께 학교 교정을 봉헌하자 기적이 일어나기 시작했다.

　개신교계 대학의 목사님은 나와 가톨릭 사목에 무척 호의적이어서 우리에게 필요한 것을 무엇이든 도와주려고 했다. 학생들이 찾아와 뉴먼 클럽의 운영에 참여하고자 했다. 학생자치기구를 관리할 임원을 뽑기 위해 회의를 하기 전에 나는 성모님께 기꺼이 봉사할 학생 세 명을 보내 주시기를 간청했다. 그러자 그들 대학 내에서 가톨릭 사목의 성장을 돕고 싶다는 학생이 다섯 명 선발되었다.

　학기가 시작되고 몇 주 후에 학교 앞 길 건너에 남북 전쟁 시절의 크고 오래된 정부 건물을 팔려고 내놓았다는 것을 알게 되었다. 그때까지 나는 학교에서 몇 블록 떨어진 성당에서 일을 보고 있었다. 나는 성모님의 메달과 성녀 리타의 메달을 그 건물 출입문 앞 갈라진 틈에 넣었다. 일주일이 되기도 전에 교구는 그 건물을 사들여 뉴먼 센터 건물이 되었다. 성모님께서 우리에게 그처럼 많은 축복을 내려 주셨기에 우리는 감사하는 마음으로 센터 이름을 '살베 레지나'로 지었다. 살베 레지나 뉴먼 센터가 문을 연 후에 학생들의 참여는 엄청나게 늘었다.

　성모님께서는 그밖에도 아주 특별한 일을 해 주셨다. 어느 날 밤 뉴먼 센터에 몇 명의 학생들이 모여 있었다. 그 중 한 학생을 위해 만든 묵주를 건네주며 기도 방법을 가르치고 있는데 개신교 신자인 다른 학생이 묵주를 눈여겨보더니 가톨릭 신자인 룸메이트에게 그게 무엇이냐고 물었다. 그녀가 묵주에 대해 설명을 해 주었고 그들 대화를 듣고 있던 나는 내가 만든 묵주와 기도서를 가톨릭 신자가 아닌 그 여학생에게 주면서 기도 방법을 알려 주었다.

　몇 주가 지나 그 여학생이 거의 매일 묵주기도를 바치고 있다는 것과 함께 그녀의 삶에 커다란 영향을 주고 있다는 소식을 전해 들었다. 그때 이래 그녀는 거의 매주 주일미사에 왔고 매일미사도 자주 참례했다. 대학생들에게 믿음이 없다고 말하는 사람이 있다면 그것은 분명 성모님과 묵주기도의 중재의 힘을 이해하지 못하는 사람일 것이다.

| 일리노이 유레카에서 베스 A. 맥머리

필요한 순간에

몇 해 전 어느 저녁, 묵주기도를 마치자마자 전화벨이 울렸다. 남동생의 아파트에 불이 났다는 연락이었다. 담뱃불로 인해 불이 났는데 피우던 담뱃불을 끄지 않고 잠이 들었던 그 사람은 불에 타 숨졌지만 동생은 무사히 빠져나왔다고 했다. 한번 잠들면 누가 업어 가도 모를 정도로 깊은 잠에 빠지는 동생이 만일 그때도 평소처럼 잠들었다면 아마도 살아남지 못했을 것이다.

나는 예수님과 성모님께 기도할 때마다 우리 가족에게 축복의 은총을 청한다. 남동생 더기가 오늘까지 살아 있는 것은 예수님과 성모님께서 보호해 주신 덕분이다. 불이 난 그 시각에 나는 묵주기도를 바치고 있었던 것이다. 동생은 비록 수년 동안 성당에 나가지 않았지만 성모님의 기적의 메달을 항상 지니고 다니며, 성모님에 대한 신심이 특별하다. 나는 동생이 성모님의 전구로 다시 성당에 다니기를 희망하며 그런 지향으로 기도를 바친다.

| 뉴저지 하이랜드 레이크에서 패트리샤 A. 맥더모트

선종

　부모님은 2남 7녀를 두셨다. 자랄 때 아버지는 이따금 술을 너무 많이 드셔서 아버지가 T형 포드를 몰고 무사히 집으로 돌아오실 때까지 불안한 마음으로 기다리곤 했다. 저녁식사 때까지 아버지가 안 돌아오시면 우리는 엄마와 함께 이층에 있는 남자형제들의 방으로 올라가서 묵주기도를 바쳤다. 그 방에서 기도를 바친 이유는 그 방 창문을 통해 언덕 꼭대기가 보였기 때문이고 그러다가 아버지가 오시는 모습이 보이면 우리는 전부 아래층으로 급히 뛰어 내려가 엄마를 도와 저녁상을 차렸다.

　나는 항상 아버지의 선종을 간구하는 묵주기도를 바쳤다. 임종하시던 날, 의식이 없는 아버지 곁에서 큰 소리로 묵주기도를 드렸다. 어느 순간 아버지는 눈을 뜨시더니 "영성체를 하고 싶구나."라고 말씀하셨다. 나는 지금도 누군가의 기도를 받지 못하는 사람들의 선종을 비는 묵주기도를 매일 바친다.

│ 오하이오 루이즈빌에서 플로렌스 B. 마셜

새 야구 글러브

　올해 나는 기쁨의 눈물을 흘리며 스무 살이 된 손자 라이언에게 줄 크리스마스 선물인 야구 글러브를 포장했다. 야구 글러브가 너무 낡기도 했지만 내년 봄에 대학 야구팀에 들어갈 준비를 하고 있기 때문이다. 우리 손자가 앞날을 계획할 수 있게 된 것을 우리는 기적이라고 부른다. 사전에서 기적이란 낱말은 '자연의 법칙과 상반되는 혹은 관계가 없는 기이하고 불가사의한 현상'이라고 정의되어 있다. 그 정의에 따르면 우리 손자가 2002년 2월 24일 이른 아침부터 지금까지 지내 온 여정은 기적의 연속이었다!

그날, 일요일 아침에 라이언은 뉴욕 주에서 고속도로를 타고 운전을 하고 집으로 오는 길에 졸음을 이기지 못하고 깜빡 잠이 들었다. 자동차는 도로를 벗어나면서 굴렀지만 뒤집히지 않은 상태로 멈추었다. 보물처럼 여겼던 자동차는 박살이 나고 손자는 찌그러진 금속과 유리 파편에 둘러싸인 채 정신을 차렸다. 의식을 잃지 않았기 때문에 휴대폰을 든 어떤 사람이 다가오는 것을 보았고 그가 절대로 움직이지 말고 그대로 있으라고 하는 말을 들었다. 그 남자는 911(한국의 119-편집자 주)에 연락해서 사고를 알리고 다시 아들 내외에게 연락했다. 라이언에게 휴대폰을 건네주며 통화를 하게 했다. 아들 내외가 손자의 부상 정도와 상관없이 느낄 두려움과 걱정을 진정시켜 주려는 배려였다.

아들 내외가 응급실에서 라이언의 얼굴을 처음 보았을 때는 누군지 알아볼 수도 없을 정도였다. 한쪽 눈이 부어올랐을 뿐만 아니라 얼굴 전체가 붓고 멍든 채 피범벅이 되어 있었다. 한쪽 귀가 떨어져 나가서 성형수술로 다시 만들어야 할 정도로 흉한 상태였다. 게다가 두피가 여러 군데 찢어져서 봉합 수술을 받아야 했다. 며느리에게 우리도 병원으로 가야겠다고 하자 "아니에요. 그렇게 심하게 다치지 않았어요. 걱정하지 마세요."라고 했다. 라이언이 팔다리를 움직이는 데도 지장이 없고 신경 반응도 정상이었기 때문이다. 담당 의사는 목 부위의 통증은 사고 당시 충격을 받아서 그런 것 같다고 했다. 하지만 X-레이 검사 결과 목이 부러지고 5번 경추 일부에 손상이 있었다. 911을 불러주고 라이언에게 절대로 움직이지 말라고 말했던 그 남자가 라이언의 생명을 구한 것이었다. 그는 우리 가족과 친구들이 평생 빚을 진 생명의 은인이었다. 사고가 난 그 순간에 그가 그곳에 있었기에 생명을 구했을 뿐 아니라 평생 장애를 막아 주었던 것이다.

이 글을 쓰는 지금까지도 '착한 사마리아 사람'인 그 남자가 누군지 우리는 찾지 못했다. 그가 사람인지 아니면 하느님께서 보내신 전령인지는 모르지만 우리는 그를 '천사'라고 부르며, 우리가 너무도 사랑하는 손자에게 그가 다가와 준 것을 주일의 기적이라고 부른다. 또한 그 끔찍한 사고에서 다른 자동차와 부딪치지 않아서 다른 사람이 다치거나 생명을 잃지 않은 것에 대해 하느님께 감사한다.

우리는 플로리다에서 한 달 간 휴가를 보내는 중에 라이언의 사고 소식과 중상을 당해 수술을 받아야 한다는 소식을 들었다. 부서진 경추 부위의 연골 용해로 인해 극히 정밀하고 위험한 수술이 필요했다. 라이언은 수술 후에 평생 장애나 어쩌면 목숨을 잃을 수도 있는 그 수술을 받기 전에 수술 동의서에 서명을 했다. 그토록 건강하고 활달했던 우리 손자가 뉴욕 시러큐스의 어느 병원 응급실에 누워 목숨을 건 수술을 앞두고 무력하게 누워 있다고 생각하니 그 심정은 말로 다할 수가 없었다. 당장 달려갈 수 없는 상황에서 할머니, 할아버지가 손자를 위해 할 수 있는 것은 열심히 기도하는 것이었다.

우리는 북부에 있는 친한 친구들에게 연락을 해서 '기도 군단'인 그들에게 알고 있는 모든 교우와 기도 단체에 연락을 해서 우리 손자 라이언을 위해 천국문을 향해 빗발치는 기도를 바쳐 달라고 부탁했다. 우리는 플로리다에 있는 친구들에게도 부탁을 하고, 우리를 가톨릭으로 개종하도록 이끌어 준 강력하고 큰 위안이 되는 전구의 기도인 묵주기도를 시작했다. 라이언이 우리가 보태 준 돈으로 산 자동차 안에서 목이 부러진 채 피를 흘리며 놀라움 가운데 홀로 앉아 있었을 때 우리는 잠을 자고 있었지만, 손자가 태어나기도 전부터 우리 부부는 그 아이를 위해 기도를 바치면서 성모님의 전구를 청했다. 우리가 바친 모든 기도와 묵주기도오 단식은 꼭 필요한 순간에 손자가 안전할 수 있도록 도와주고 보호해 주었음을 잘 알고 있다.

친구 로즈가 우리 손자를 위해 기도를 부탁한 사람들 중에는 우리 가족과 손자를 잘 알고 계시는 신부님 두 분이 계셨다. 두 분 신부님은 전화를 받자마자 병원으로 달려와 주셨는데, 한 분은 마침 라이언이 응급실을 나와서 수술실로 옮겨지던 시각에 도착하셔서 병자성사를 주시고 아들 내외와 함께 수술실에 들어가는 것을 지켜봐 주셨다. 성사를 주신 후에 신부님께서 라이언에게 기분이 어떠냐고 묻자 아이는 "네, 좋습니다."라고 대답했다. 아이는 정말 괜찮았다. 또 한 분의 신부님은 라이언을 만나지 못하셨지만 아들 내외가 단둘이 대기실에 있을 때 오셔서 함께 기다려 주셨다. 이 특별한 신부님은 하느님께서 임명하셨음이 분명했다. 아들 내외를 안아 주시고 그들과 함께 눈물을 흘리셨으며 사랑과 기도와 위로로 큰 도움을 주셨다. 우리 아들은 라이언이 하느님께서 보내 주신 사람을 만났듯이 꼭 필요한 때 신부님께서 오셨다고 했다. 하느님의 사건? 그렇다. 그것은 기적이었다고 우리는 생각한다.

라이언의 수술은 대성공이었고 사흘 후인 2월 27일에 퇴원했다. 나는 3월 5일에 집으로 돌아와서 한시라도 빨리 손자를 보고 싶으면서도 한편으로는 사고 후 처음 보는 것이라 걱정이 되기도 했다. 그러나 내 눈에 들어온 것은 말 그대로 '걸어 다니는 기적'이었다. 나를 향해 다가오는 손자는 전과 다름없이 멋지고 잘생긴 얼굴이었다. 목을 보호하고 받치기 위한 보호대와 수술 자국 외에 멍이 들거나 붓지도 않았고 얼굴 외상의 흔적도 전혀 없었고 찢어진 귀도 완벽해 보였다. 걸음걸이는 약간 불편해 보였지만 걷는 데는 지장이 없었다. 손자가 양팔로 나를 껴안았을 때 두 다리로 걸어와 두 팔로 안을 수 있음을 하느님께 감사하며 눈물을 흘렸다.

며느리는 의사의 말을 통해 라이언이 회복되는 데는 6개월의 물리치료와 더불어 일 년 정도 지나야 이전의 몸으로 돌아갈 수 있다고 했다. 우리는 뉴욕 리버풀에 있는 티 없이 순결하신 성모 성심 성당에서 매 미사 후에 묵주기도를 바치는 아주 열심한 성모님 기도 단체에 기도를 청했고, 그들은 그들 지향에 포함해서 라이언의 쾌유를 기도해 주었다. 우리 본당은 아니었지만 우리 가족은 시간을 내서 그곳 성당 미사에 참례를 했다. 그들이 라이언을 위해 정성스레 바치는 기도는 성체의 아름다움과 은총의 분명한 표시였다.

성모님은 하느님의 어머니이실 뿐만 아니라 십자가에서 내리신 당신의 아드님께서 우리에게 주신 우리 모두의 어머니이시다. 우리가 비록 그들 본당 소속 신자는 아니었지만 우리 모두가 같은 아버지와 어머니를 둔 한 가족 '한 몸'이라는 이유로 우리를 묵주기도 단체에 가족으로 받아들여 준 것은 축복이었다. 다른 많은 사람들의 기도와 함께 그 단체가 바친 기도는 라이언이 빠르고도 놀라운 회복을 하는 데 중대한 역할을 했다는 것을 안다. 라이언은 6개월이 아니라 6주간의 물리치료로 충분했고 아마도 일 년이 아니라 6, 7개월이면 다시 '옛날 몸'으로 돌아갈 것이다.

야구방망이를 휘두를 수 있을 나이 때부터 라이언은 야구를 무척 좋아했다. 그래서 우리는 어린이 야구 경기부터 고등학교 야구팀의 경기를 거의 모두 다 쫓아다니면서 응원했다. 라이언은 훌륭한 선수였다. 항상 최우수 선수는 아니었지만 최우수에 가까웠다. 수술 후에 프로야구 경기를 시청하면서 라이언은 자신이 다시 야구를 할 수 있을지 확신하지 못했다. 그러나 9월에 소프트볼 경기에 참가했고 놀랍게도 홈런을 포함해서 5할을 쳤다. 관중들은 라이언에게 큰 소리로 응원을 보냈다. 그러나 그것은 소프트볼이었다. 라이언은 타격 연습을 시작하면서 신이 나서 말했다. "수술받기 전보다 더 잘 칠 수 있어요!" 대학 야구팀에 갈 수 있을지는 더 지나 봐야 알겠지만 2002년 12월에 우리가 준 야구 글러브는 영원한 크리스마스 선물일 것이다.

| 뉴욕 리버풀에서 재클린과 찰스 버터필드

성모님께서 묵주기도를 도와주시다

수피리어호湖(북미 오대호 중의 하나-편집자 주)에는 십자가와 묵주기도에 깊은 신심을 가졌던 모호크 인디언 복녀 카테리 테카크위타에게 봉헌된 작은 성당이 있다. 그곳에 수년 동안 비가 오나 눈이 오나 매주일미사에 참례하는 에리카, 엠버, 에이미라는 어린 소녀 셋이 있다. 쌍둥이 엠버와 에이미는 열한 살이고 언니 에리카는 열두 살이다. 엄마를 잃은 아이들은 본당에서 찾아오는 아줌마들과 보내는 시간을 아주 좋아한다.

첫영성체를 준비하며 우리 집에 머물던 아이들은 어느 날 창문턱에 놓인 세 개의 묵주를 발견했다. 아이들은 묵주에 대해 알고 싶어 했는지 "이거 목걸이예요?" 하고 물었다. 나는 성모님께서 묵주를 우리에게 주신 덕분에 우리가 기도할 수 있고, 그분의 아드님을 기억하고 우리를 얼마나 사랑하시는지를 기억할 수 있다는 것을 설명해 주었다. 아이들은 묵주기도를 어떻게 하는지 알고 싶어 했다. 그래서 아이들에게 기도 방법을 배워야 한다고 말한 다음 가르치기 시작했다.

아이들은 성당에서 우리가 바치는 '주님의 기도', '영광송', '사도신경'과 '십자성호'를 알고 있었다. '성모송'은 에리카만 알고 있었다. 아이들에게 천사가 마리아께 "은총을 가득히 받은 이여, 기뻐하여라. 주께서 너와 함께 계신다."라고 인사를 했다는 이야기를 들려주었다.

그리고 마리아가 사촌 엘리사벳을 찾아갔을 때 엘리사벳이 "모든 여자들 가운데 가장 복되시며 태중의 아드님 또한 복되십니다."라고 말했다는 것을 알려 주면서, 사과나무의 열매가 사과인 것처럼 태중의 아드님이 바로 예수님이라고 설명했다. 아이들이 '태'라는 낱말을 이해하지 못해서, 여자의 심장 아래 있는 특별한 곳으로 아기들이 그 안에서 엄마의 사랑을 받으며 자란다고 설명해 주었다.

아이들은 영 이해를 못하겠다는 표정이었다. 나를 따라 기도문을 암송하게 했지만 아이들은 외우지 못했다. 내가 들려준 이야기를 떠올려 보라고 했다. '성모송'을 이해했고 마리아의 태중에 계신 분이 예수님이라는 것도 이해했지만 열심히 따라하면서도 외우지는 못했다. 결국 아이들도 나도 난감해지고 말았다.

나는 기도문을 노래로 가르치면 쉽게 외울 수 있을 것이라는 생각이 들었다. 그래서 기도문으로 노래를 불러 주었더니 아이들은 눈이 동그래지면서 마치 낯선 사람 보듯이 나를 쳐다보았다. 노래를 마치고 물었다. "내가 노래를 너무 못했니?" 아이들은 내가 무안해 할까 봐 서로 눈치만 살피며 아무 말도 하지 않았다. "노래를 따라 해 보자." 하면서 따라 하게 했지만 역시 외우지 못하는 건 마찬가지였다. 나는 결국 다음에 다시 해 보자면서 다른 놀이를 했다.

함께 어울려 놀다가 간식을 먹고 있을 때 갑자기 엠버가 말했다. "베르타놀리 아줌마, 아까 그 노래를 다시 한 번 불러 주세요. 생각이 나지 않아요. 그렇지만 그 노래가 참 좋아요." 그래서 우리는 다시 거실로 가서 노래를 불렀다. 30분 이상 '성모송'을 열심히 노래했다.

그날 이후 아이들은 나를 볼 때마다 거의 자동적으로 '성모송'을 불렀다. 기도할 일이 있거나 어려운 일, 두려운 일이 있을 때면 세 자매는 자연스레 성모송을 노래로 부르곤 했다. 아이들은 오르간 연주자에게 '성모송'을 쳐 달라고 부탁했다. 지난주에 기도에 관한 내용의 비디오를 보고 있었다. 아이들은 비디오를 보고 있으면 졸린다고 투덜거리면서도 끝까지 보았다. 그 내용은 어린이를 위한 묵주기도였다. 아이들은 졸지 않았다. 노래를 부르고 묵주기도를 열심히 따라했다. 이제 그 비디오가 너무너무 좋다고 했다.

아이들을 가르치는 것은 전적으로 성모님께서 이끌어 주시는 것이다. 내가 아무리 열심히 최선을 다해 가르쳐도 내 뜻대로 되지 않았지만, 성모님께서 아이들에게 용기를 북돋아 주시면서, 처음에는 아이들이 원하는 방향으로 이끄시다가 나중에 아이들이 기도하게 되었을 때 더욱 열심히 하도록 더 많은 용기를 주시는 것이다. 성모님께서는 아이들이 즐겁게 기도하도록 해 주셨다.

| 미시건 란세에서 신디 A. 베르타놀리

성모님의 하늘

우리 어머니는 성모님께 특별한 공경심을 갖고 계셨다. 어머니의 성모 신심을 통해 묵주기도를 배웠던 기억이 난다. 우리가 밖에 나왔을 때 하늘이 아름답고 청명한 푸른색이면 어머니는 "저것 봐라! 성모님의 하늘이다!"라고 말씀하시곤 했다.

그런 날 어머니는 특별히 '성모송'을 한 번 더 암송하셨다. 그래서 나도 이제 푸른 하늘을 올려다보는 날이면 돌아가신 어머니가 생각나고 어머니처럼 '성모송'을 한 번 더 바친다. 어머니는 푸른색 묵주를 손에 쥐고 평화롭게 하늘나라로 가셨다.

나는 언니에게 '성모님의 하늘'은 나에게 아주 큰 의미를 갖는 것이며 어머니의 뜻을 따라 우리 아이들에게도 그 전통을 이어주고 싶다고 했다. 푸른 하늘에 흰 구름이 떠 있으면 나는 '레이스가 달린 성모님의 하늘'이라고 부른다.

여러분도 '성모님의 하늘'을 수없이 보게 되기를 빌며, 물론 '레이스'도 보기를 빈다.

| 미시건 메타모라에서 재닛 R. 밀러신

어머니의 가르침

어머니의 형제는 모두 열두 분이시다. 그 형제분들은 태어나서 말을 배우고 묵주를 쥘 수 있는 나이가 되면 누구나 묵주기도를 배우고 암송하셨다. 아주 어렸을 때부터 무릎을 꿇고 형제들이 모두 모여 큰 소리로 묵주기도를 암송하셨다. 어머니는 그렇게 묵주기도를 바치는 게 때로는 정말 힘들었지만, 모두 잘 참아 냈다고 하셨다.

89세가 되신 어머니는 지금도 매일 아침 하루를 시작하기 전에 묵주기도를 바치고 계신다. 성모님께서는 우리 어머니가 정성스레 바치는 기도와 간구를 수없이 들어주셨다. 어머니는 가족의 건강과 우리 형제들과 손자손녀들에게 필요한 것을 청하는 기도를 지금까지 하고 계신다. 우리도 어머니처럼 성모님을 지극히 사랑하며 매일 잊지 않고 기도를 바친다.

이제 아이들을 매일 아침 학교에 데려다 줄 때 우리는 함께 성모상 앞에 멈춰 서서 기도를 바친다. 이따금 막내가 성모님께 꽃을 바치기도 한다. 우리는 그 시간을 정말 좋아하며 성모님께서 언제나 우리 삶에 큰 부분을 차지하시리라고 믿는다.

| 플로리다 마이애미에서 낸시 A. 버크

나의 특별한 마리아

나에게는 아주 특별한 마리아가 있는데 바로 우리 막내딸이다. 크리스마스이브에 태어났고 지금 스물여덟 살이다. 심장비대증을 앓고 있어서 특별한 도움이 필요한 성인이다. 이 아이는 나이 드신 분들을 특히 좋아해서 제일 친한 친구가 80세 되신 할머니시다.

우리 가족은 몇 년 동안 냉담했지만 2년 전에 다시 교회로 돌아왔다. 마리아는 무척 좋아했고 곧바로 성 마리아 성당의 복사가 되었다. 묵주기도회와 애덕의 부인회Ladies of Charity에도 가입했다.

처음에는 묵주기도 방법을 몰랐지만 지금은 제일 좋아하는 기도가 되었고 언제나 묵주를 지니고 다닌다. 그밖에도 아주 특별한 것은 본당에서 다른 교우들과 함께 묵주를 만들기 시작한 것이다.

마리아는 얼마 전에 할머니와 고모, 그리고 나이 드신 분들의 크리스마스 선물로 야광 묵주를 만들었다. 마리아는 묵주를 만드는 자신을 자랑스럽게 여기고 모든 이들 역시 그 아이를 자랑스럽게 생각한다. 마리아는 우리의 특별한 묵주 만드는 사람이다.

| 인디애나 프랭크포트에서 캐시 J. 레어드

가족과 함께하는 기도

내가 어렸을 때 우리 가족은 금요일 저녁식사 후에는 언제나 식탁에 둘러앉아 묵주기도를 바치곤 했다. 각자 암송하는 부분을 맡았고 일곱 형제 가운데 막내인 나는 유일하게 외우고 있는 기도문인 '주님의 기도' 부분을 바쳤다.

형제들이 자라서 집을 떠나고 나만 집에 남았을 때 그 전통은 더 이상 이어지지 않았다. 곧 묵주기도가 가족에게 얼마나 중요한지를 잊었고 삼십대가 되어서야 다시 깨닫게 되었다. 둘째 언니는 오랫동안 폐암으로 고생을 하고 있었다. 캘리포니아에 사는 언니, 오빠들 집을 오가며 지내는 그 언니를 겨우 일 년에 한 번 정도 만날 수 있었다. 시카고에 사는 다른 두 언니와 나는 8월에 아픈 언니를 만나러 가기로 했는데, 시카고에 사는 언니들이 막판에 7월로 날짜를 바꾸고 비행기 예약을 했다. 나는 회사에 알리지 않고 자리를 떠날 수 없었고 어린 두 아이를 남겨 두고 갈 수도 없는 상황이었다. 그래서 내 마음이 상할까 봐 내게 말도 하지 않고 언니 둘이서만 캘리포니아로 떠났다.

당시 언니는 아들 집에서 지내고 있었는데 갑자기 병세가 악화되어 캘리포니아에 사는 가족이 전부 월요일 밤에 언니를 보러 갔다. 큰언니가 "우리가 어렸을 때 집에서 했던 것처럼 묵주기도를 바치자."고 해서 그날 밤 언니의 병상에 둘러서서 묵주기도를 바쳤고 이틀 후 언니는 숨을 거두었다.

언니들이 그 소식을 내게 알리면서 연락하지 않고 가서 미안하다고 했다. 처음엔 나만 언니의 임종을 지키지 못했다는 것 때문에 마음이 상했다. 그런데 자세한 이야기를 듣고 보니 나도 그곳에 있었다는 것을 알았다. 월요일 밤에 나는 프란치스코회 재속회 모임에 참석했고 마침 기도로 묵주기도를 바쳤다. 모임에서 일 년에 한 번 바치는 묵주기도를 하고 있던 그 시각에 우리 가족들도 캘리포니아에서 묵주기도를 바치고 있었던 것이다.

　묵주기도는 우리를 다시 하나로 일치하게 했고, 언니를 잃은 슬픔을 극복하는 데 도움이 되었다. 묵주기도는 우리 가족이 하느님의 따뜻한 보살핌 가운데 얼마나 서로 가까이 있는가를 되새기게 해 준다.

| 노스캐롤라이나 윈스턴세일럼에서 앤 T. 머드로

성모님을 사랑하고 묵주기도를 바치십시오.
성모님의 묵주기도는 오늘 이 세상에서
악마들에 맞서 싸우는 무기이기 때문입니다.
- 성 비오 신부

함께 모여 묵주기도를

　지난 몇 년 동안 우리 학교의 행정관은 사람들을 모아 성모님의 묵주기도를 바치고 있다. 5월과 10월의 매 수요일에 우리는 함께 모여 묵주기도를 바친다. 두세 명이던 참석자들이 요즘에는 스무 명이 넘는 것을 보면 놀랍기만 하다. 종종 후식이 제공되기도 하고 참석자들 간에 우정이 싹트기도 한다.

　언젠가 우리 어머니께서 '구역 묵주기도'의 전통이 있었다는 말씀을 하셨다. 동네 교우들이 어느 한 집에 매주 모여 함께 묵주기도를 바치는 전통이었다. 아마도 불확실하고 불안한 우리 세대에 그 전통이

다시 시작되는 것이리라.

| 미시건 리보니아에서 바버라 A. 콜백

내 삶에 들어온 사랑

성모님은 내가 살면서 본받아야 할 모범이 되셨다. 성모님께 대한 사랑은 내가 작은 동네에서 자라던 예닐곱 살 때 시작되었다. 나에게는 쌍둥이 오빠와 여동생이 있는데, 그 사이에서 나는 엄마의 사랑을 받지 못했다.

예닐곱 살 어느 날 가족들과 미사 참례를 하던 중에 성모상을 바라보고 있었는데, 그때 알 수 없는 평화와 사랑이 느껴졌다. 미사 후에도 나는 계속 그 자리에 앉아 있었다. 가족들은 내가 집으로 돌아오지 않았다는 사실을 알고 나를 찾아 다시 성당으로 왔다. 나는 정말 성당을 떠나고 싶지 않았다. 그 아름다운 평화와 사랑과 기쁨의 감정을 다시 느끼지 못할까 봐 두려웠다.

그때 이후 성모님은 내 마음을 차지하셨고 내 삶으로 들어오셨다. 그리고 당신의 그 놀라운 아드님을 내게 알려 주셨다. 나는 묵주 없이는 아무 데도 가지 않게 되었다. 젊은 아가씨로서 나는 매일미사를 참례하며 내 인생의 멋진 동반자를 만나게 해 달라고 기도했다. 내 기도는 응답을 받아서 깊은 성모 신심을 지닌 남자를 만났다. 우리는 결혼한 지 40년이 되었고 세 아이와 사위 둘, 손자 셋을 은총으로 받았다.

나는 27년 동안 다른 교우 자매들과 기도 모임을 갖고 있다. 매주 화요일이면 우리는 예수님을 찬미하고 성경을 봉독하며 묵주기도를 바친다. 내가 어릴 때 성모님께서 사랑으로 나를 어루만지시던 그날, 내 삶에 모든 은총이 약속되었다고 믿는다.

| 캐나다 퀘벡 가티노에서 바버라 앤 모리

폭풍우 속의 도우심

2002년 10월 초, 나는 엄청나게 쏟아지는 폭우 속에 고속도로를 달리고 있었다. 앞이 거의 보이지 않았지만 약속된 시간에 맞춰 영성 지도 회합에 가야 했다.

나는 규칙적으로 묵주기도를 바치는 신자는 아니었다. 사실 미사가 끝나고 묵주기도가 시작되면 자리를 뜨는 신자였다. 그렇지만 그날 차 안에 있는 묵주를 보자 얼른 집어 들고 '빛의 신비'를 바치기 시작했다(그 정도는 알고 있었다). 성모님의 전구로 폭풍우를 뚫고 나아갈 수 있다는 것을 나는 굳게 믿었다.

더 이상 비가 오지 않는 지역에 이르렀을 때 나는 아름다운 무지개를, 그것도 쌍무지개를 보았다. 무지개 사진을 찍으려고 고속도로를 빠져나와서 보니 조금 멀어졌지만 무지개는 그곳에 있었다.

그 사건 이후 나는 더 자주 묵주기도를 바치게 되었다. 내 차 안에서 편안하게 바친다. 그러나 아쉬울 때만 바치지는 않는다.

| 매사추세츠 선덜랜드에서 샤론 T. 르루

특별한 선물

어느 주일 오후에 요양소에 계시는 아버지를 찾아갔다. 아버지는 몇 주 전에 그곳으로 가셨다. 수술 후에 응혈이 일어나 4~5분 동안 산소가 공급되지 못했고, 그 결과 아버지는 정신적으로 우리에게 다시는 돌아오지 못하셨다.

수술 후 아버지에게 한 가지 습관이 생겼는데 그것은 목에 생기는 가래를 뱉어 내기 위해 바튼 기침을 하신다는 것이다. 하루 종일 거의 2, 3분마다 그렇게 기침을 하셨다. 그날 오후에 나는 아버지의 묵주를 가지고 가서 아버지 곁에서 큰 소리로 묵주기도를 암송했다. 기도가 이어지면서 아버지는 점차 눈에 띄게 편안해지셨다. 기도가 끝날 때쯤에는 더 이상 바튼 기침을 하시지 않았다. 아버지는 편안하게 쉬실 수 있었다.

성모님께서 그 주일 오후에 우리 아버지를 도와주셨음을 믿는다. 아버지는 3개월 더 사셨고 그 3개월 동안 기침을 하지 않으셨다. 성모님, 감사합니다.

| 네브래스카 벨뷰에서 캐시 타운센드

하늘나라의 동정 마리아께서는 언제나 하느님 곁에 계시며
우리를 위한 기도를 결코 멈추지 않으십니다.
– 성 필립보 네리

묵주의 여인

2003년 2월로 내가 가톨릭으로 개종한 지 6년째가 된다. 가톨릭 신자가 되겠다는 결심을 하기까지 수년 동안 갈등을 겪어야 했다. 애초 침례교도였고 이후 루터교 신자가 되었던 나는 우상숭배, 특히 동정녀와 관련된 우상숭배라는 이유로 가톨릭에 거부감을 가졌다. 양아들이 가톨릭계 학교에 다니면서 신앙에 대해 여러 가지 질문하기 시작했고, 대답을 해 줄 수 없었던 나는 아들을 위해 교리 공부를 시작했다.

가톨릭 교리를 공부하면서 우상숭배를 다르게 이해할 수 있었다. 함께 성경 공부를 하는 학생 한 사람이 그에 대해 이런 설명을 했다. "어떤 남자의 마음에 들기 위해 그 남자의 어머니를 통하는 것보다 더 좋은 방법이 있겠어요?"

나는 우리 가족이 종교적 믿음으로 하나 되기를 간절히 바라게 되었다. 특히 아들들이 본당에서 운영하는 유치원에 다니고 있었고, 교회에서 혼인을 하고 싶다는 바람도 있었다.

견진성사를 받기 전에 나는 아름다운 오로라빛 크리스탈 묵주를 샀다. 그때까지도 묵주기도 방법을 몰랐기 때문에 곧 배우기로 했다. 견진성사를 받은 직후 번즈 신부님께서 욥의 눈물로 만든 묵주를 선물로 주셨다.

큰아들이 그 묵주를 보더니 마음에 든다면서 견진성사 선물로 하나 갖고 싶다고 했다. 여러 군데 성물 가게를 돌아다녀 보았지만 가까운 곳에서 욥의 눈물 묵주를 구할 수 없다는 결론을 내렸다. 아들의 견진성사 날까지는 시간이 있었다.

그 사이 나는 '성모님의 묵주 만드는 사람들'을 알게 되어 혹시라도 아들을 위한 욥의 눈물 묵주를 구할 수 있는지 물어보았지만 아는 사람이 없었다. 결국 묵주를 만들기 위한 도구와 재료를 주문해서 만들기로 했다. 나는 곧 묵주를 만들면서 뭔가 의미 있는 일을 하고 있다는 기쁨을 맛보았다.

매일미사에서 만나는 할머니 한 분이 교도 사목 봉사에 필요한 1단 묵주를 만들어 줄 수 있느냐고 물었다. 나는 기쁘게 그러마고 했다. 그 일을 마치자 이번에는 1학년생이 자기반 친구들에게 묵주 만드는 방법을 가르쳐 달라고 했다. 나는 미사 참례를 같이하는 다른 엄마에게 조르다시피 도움을 청했고 우리는 함께 일하게 되었다. 나는 우리를 '묵주의 여인들'이라고 생각했다.

1학년에게 가르친 다음 유치원생들에게 묵주 만드는 법을 가르쳤고, 새 학기가 시작되면서 2학년 반에서 피지 선교사를 위한 묵주를 만들었다. 피지에 선교사로 파견되어 사목을 하고 계신 신부님께서 감동적인 편지를 보내셨다. 그곳 아이들의 첫영성체 전에 묵주가 도착해서 아이들에게 새 묵주를 선물로 주었다는 것이었다. 우리가 만든 묵주를 든 아이들이 자랑스러운 모습으로 찍은 사진까지 보내 주셨다.

요즘 우리는 각 학급을 찾아다니며 묵주를 만들어 여러 선교 단체와 임신중절 합법화에 반대하는 단체에 기부하고 있다. 9.11사태가 일어났을 때에는 2학년생들이 묵주를 만들어 세계무역센터 근처의 가톨릭 성당에 보냈다. 아이들은 다른 사람들을 돕는 일에 큰 즐거움을 느낀다. 올해에는 각자 자기 묵주를 만들고 있다.

기금 마련을 위한 묵주 만들기 활동으로 아들 학교 학생들의 첫영성체와 견진성사 선물로 매듭 묵주를 팔기 시작했다. e베이(eBay Inc., 미국 인터넷 회사의 하나로 온라인 옥션과 쇼핑을 운영하는 웹 사이트)에서도 묵주를 판매했고 특별한 묵주를 수집하기 시작했다. 이제 우리 아이들 모두 욥의 눈물 묵주를 갖게 되었다. 어느 지역 가톨릭 용품 가게에서 내가 만든 묵주를 사서 온라인과 오프라인 매장에서 판매하고 있다.

선교를 돕기 위한 기금 마련 외에도 내 수고로 사람들이 묵주기도를 열심히 하고 성모님께 의탁하게 되기를 기도하고 있다. 내가 만든 묵주가 세계 여러 곳의 사람들 손에 쥐어져서 그들의 믿음과 예수 그리스도와 그분의 어머니께 더욱 헌신하는 데 쓰이고 있다는 사실은 나에게 말할 수 없이 큰 기쁨이다. 성령께서 내게 임하셔서 앞으로도 은총을 내려 주시기를 빌며, 내가 하는 일을 보시고 성부께서 기뻐하시기를 빈다.

| 콜로라도 오로라에서 사논 S. 노튼

묵주기도는 악마에게 절망을 주는 것이다.
– 교황 아드리아노 6세

집으로 돌아오는 여정

나는 가톨릭 집안에서 태어나 유아세례를 받고 성장했다. 어머니가 돌아가시고 본당신부님의 무신경한 말씀 한마디로 좋지 않은 상황을 겪은 후 나는 1987년에 교회를 떠났다. 신앙을 버린 것은 아니었지만 신자로서의 의무를 계속하지 않았다. 수년이 흘러 결혼을 하고 두 아이를 갖고 새 집으로 이사해 살던 중, 직장에서 인원 감축으로 해고를 당한 후에 나는 다시 교회로 돌아왔다.

어느 날, 동네 서점어 들렀는데 내 발길은 신앙 서적들이 꽂혀 있는 서고 앞에 멈추었다. 나는 영성 관련 책들을 집어 들었다. 독서와는 거리가 먼 내가 마치 무엇에 홀린 것처럼 책을 골랐다. 천사와 기적 그리고 성모 신심에 관한 책들이었다. 그때부터 닫혔던 문들이 열리기 시작했다. 내 생애 처음으로 혼자 묵주기도를 배워서 바치기 시작했다.

어느 화요일 밤, '고통의 신비'를 묵상하며 참을 수 없이 흐느끼고 또 흐느꼈다. 그러면서 내 어깨를 짓누르던 세상의 무게가 전부 사라지는 것을 느꼈다. 나는 매일 요셉 성인께 직장을 갖게 해 달라는 청을 드렸다. 이후 두 달에 걸쳐 세 군데 회사에서 연락이 왔고 마지막 날 연락이 온 곳은 이전에 일하던 직장이었다.

온전히 성모님께 의탁하게 되면서 성모님의 발현에 대해 상세히 알아보았다. 우리 가족은 서 본당에 열심히 나가기 시작했다. 책과 테이프, 다양한 온라인 가톨릭 사이트의 자료들에 도움을 받아 나는 가톨릭 신앙에 대한 새로운 지식과 이해, 감사하는 마음을 갖게 되었다. 온라인 기도 모임에 가입하고 매년 마리아 대회에 참석하면서 새로운 친구들을 많이 알게 되었다.

10여 년이 지난 지금 남편과 나, 우리는 불건전하다고 생각되는 습관들을 버렸다. 아이들은 학교생활과 교회 활동을 즐겁게 또 열심히 하고 있다. 우리 가족은 교회와 공동체를 위한 봉사를 지속적으로 하고 있다.

　우리 가족은 많은 은총을 받았다. 그러한 축복이 성모님의 전구 덕분이라고 믿으며 평화를 위한 묵주기도의 힘이라고 믿는다. 마음 깊은 곳에 느끼는 이 평화를 나의 가족과 친구, 이웃, 교회와 공동체와 나눈다. 성모님께서는 내 삶의 다른 많은 어려움 가운데에서도 그 어느 때보다 더욱 가까이 당신의 아드님 예수 그리스도께 나를 이끌어 주신다.

| 일리노이 시카고에서 제니퍼 L. 개리티

성모님께서 보내 주신 아주 특별한 은총

　나는 30년 동안 냉담하면서도 묵주기도는 이따금 바쳤다. 열아홉 살이던 막내아들이 자살로 생을 마감했지만 나는 그 일로 신앙을 다시 찾게 되었다. 나는 아들의 영혼이 천국으로 갔는지 알고 싶었다. 묵주기도를 시작하면서 아들이 천국에 있다는 것을 알게 해 달라고 간구했다. 성모님께서는 묵주기도를 바치는 이들이 알고자 하는 것을 반드시 알려 주신다고 하셨으므로.

　3개월이 지난 어느 날, 외삼촌께서 함께 마리아 대회에 가겠느냐고 물으셨다. 웨인 와이블Wayne Wible의 책을 가져가서 저자에게 사인을 받을 수 있다는 말씀도 하셨다. 나는 그 대회에 참석했다. 굉장한 경험이었다. 고해성사도 보고 영성체도 했다. 그리고 예수님께 다시는 그분을 떠나지 않겠다고 말씀드렸다.

대회가 끝나고 웨인의 사인을 받기 위해 백 명 가까운 사람들과 줄을 서서 기다렸다. 우리는 이름표를 달고 있었기 때문에 내가 그 앞에 가자 그는 "안녕하세요, 로이?" 하고 인사를 건넸다. 그가 내민 손을 잡고 악수를 했는데, 손을 놓으려던 그가 갑자기 내 손을 꽉 잡더니 잠시 내 눈을 바라보았다. 그러더니 "자매님의 사연을 알고 있어요. 내가 자매님에게 줄 게 있어요." 하는 것이었다.

그가 코트 주머니에서 뭔가를 꺼냈다. 그것은 기적의 메달이었다. 내게 그것을 건네주며 그가 말했다. "성모님께서 이걸 자매님에게 주라고 하셨어요. 메주고리예에서 성모님께서 축복해 준 것이에요."

웨인 씨, 고마워요. 성모님, 고맙습니다.

| 워싱턴 프라이데이 하버에서 로이 P. 프락터

치유를 전구해 주신 성모님

남편 톰은 수없이 바친 묵주기도로 치유를 받았다. 위장병을 앓고 있던 남편은 바지 단추를 채우지 못할 정도로 통증을 느꼈다. 병원에 갔더니 몇 가지 검사가 필요하다고 했다. 검사를 받은 다음 우리는 워싱턴주 스포캔에서 열린 성체 마리아 대회에 갔다. 그곳에서 과달루페 성모님의 성화상을 볼 수 있는 특권과 영예를 갖게 되었다. 그 성화상은 집회가 있는 곳이나 낙태 시술 병원 등 성모님의 전구가 필요한 세계 여러 곳에 모시고 다니는 것이었다.

남편은 성모님께 치유를 전구해 달라는 기도를 계속하고 있었다.

남편이 자신의 묵주를 그 성화상에 갖다 대는 즉시 그는 치유를 받았다. 통증도 사라졌고 병원에 갈 필요도 없었다.

성모님께서 주님께 전구해 주신 덕분에 남편은 오늘날까지 건강하다. 또한 우리 딸이 '클라라 관상 수녀회'에 지원한 것 역시 우리 가족이 열심히 묵주기도를 바친 결과라고 믿는다.

| 몬태나 덴튼에서 릴리언 번

"모든 세대가 나를 행복하다 하리니…."
− 루카 복음서 1장 48절

다시 발견하는 거룩함

내 이야기는 성당 교리반 아이들에게 묵주기도를 가르치면서 경험한 일들에 관한 것이다. 나는 오하이오 콜럼버스에 있는 소야고보 성당에서 4학년을, 평화의 모후 성당에서 5학년을 가르쳤다.

10월이면 아이들에게 첫영성체 때 받은 묵주를 가져오라고 했다. 다른 특별한 묵주를 가져오는 아이들도 있었지만 나 역시도 내게 아주 특별한 묵주를 가져가서 묵주와 관련된 이야기를 해 주었다. 하나는 친정아버지께서 1950년대에 로마에서 사 오신 것이고, 다른 하나는 외할머니와 친정엄마를 거쳐 내가 물려받은 것으로 첫영성체 때 받은 것이다.

내가 가르치지 않아도 묵주기도를 할 줄 아는 아이는 있게 마련이었다. 아이들이 각자 묵주를 들고 진지한 표정으로 나를 바라보았고 나는 묵주 한 단 한 단이 어떤 특별한 의미를 지니는지 설명해 주었다. 친정엄마가 내게 묵주기도를 가르쳐 주신 방법과 성모님에 대한 사랑이 특별하셨다는 것도 이야기해 주었다.

그러면 아이들은 자신의 묵주기도에 관한 경험들을 이야기하곤 했다. 가족과 함께 바친 기도, 외짝 부모와 바치는 기도, 다른 가족들과 함께 바친 기도 등에 대해서, 그리고 묵주기도를 함께 바친 가족 및 다른 사람들과 전보다 더 가까워졌다는 이야기를 했다.

많은 아이들에게 묵주기도는 친숙하지 않았다. 묵주기도를 배우는 아이들의 표정을 바라보는 것은 언제나 감동적인 경험이었다. 기도하는 태도는 각자 달랐지만 모든 아이들이 거룩하고 특별한 것으로 경외심을 가졌다.

우리는 시작 기도로 묵주기도 한 단을 바쳤다. 신비에 대해 이야기를 나누었고 아이들은 그것이 예수님과 성모 마리아의 이야기라는 것을 깨달았다. 그렇게 한 달이 지나고 전에 바치던 시작 기도로 다시 돌아가자고 하면 아이들은 마치 친구와 헤어지는 듯한 슬픔과 아쉬움을 느꼈다. 그래서 수업 중에 기도할 경우에는 묵주기도를 하기도 했지만, 10월의 그 특별한 시간에 우리가 바쳤던 묵주기도와 같을 수는 없었다.

일 년이 지나 학기를 마칠 때 제일 좋았던 때를 물어보면 아이들은 항상 묵주기도에 대해 알고, 기도 방법을 배운 것이 제일 좋았다고 했다. 아이들이 집에 와서 가족과 함께 묵주기도를 하고 싶다고 했다는 학부모도 있었다.

　묵주기도에 대해 가르치면서 나는 더 자주 묵주기도를 바치게 되었다. 성모님께 교리반 아이들과 어린이 예비신자들을 위해 전구해 주시기를, 그리고 내가 교안敎案 준비를 더욱 잘할 수 있도록 도와주시기를 간구했다. 아이들의 눈을 통해 묵주기도를 보게 되었고, 40여 년 전에 엄마가 가르쳐 주신 묵주기도의 거룩함을 다시 깨닫는 기회를 가질 수 있었다.

| 오하이오 콜럼버스에서 로레타 A. 호턴

로버트 제임스 콜린스의 죽음

　로버트 제임스 콜린스는 우리 오빠의 이름이다. 우리 부모님의 신심 덕분에 우리에게 신앙이 뿌리내리고 가족 안에서 아름다운 꽃을 피웠다. 오빠의 일생은 역경과 절망의 연속이었다. 하지만 그와 같은 굳은 신앙심을 지닌 훌륭한 아내를 만나 결혼했고 오빠 부부는 예수님의 어머니이신 마리아께 깊은 신심을 지니고 살았다. 결혼한 첫날부터 매일 묵주기도를 바쳤고 아이들 모두 그 전통을 이어받아 열심히 신앙생활을 했다. 이 이야기를 하는 것에 오빠는 당연히 기뻐할 것이다.

　식도암으로 고생을 하던 오빠는 당뇨로 더욱 악화되어 결국 세상을 떠났다. 여러 가지 치료를 시도했지만 호전되지 않았다. 그의 강한 의지로 2년을 버틸 수 있었다. 오빠는 죽음이 가까이 다가온 것을 깨닫고 고통을 참아 내기 위해 기도했다. 마지막 순간에는 의식이 거의 없었고 며칠 동안 앞을 볼 수도 말을 할 수도 없었다.

2002년 11월 26일 마지막 날, 오빠 곁에는 아내와 아들딸들, 손자손녀들이 있었다. 몇 달 전, 오빠 가족은 오빠의 주관으로 '영광의 신비'를 바치면서 녹음을 했었다. 이제 가족들이 둘러서서 묵주기도를 바치고 나서 조카가 그 녹음테이프를 틀었다. 오빠는 말을 할 수 없었지만 입술을 움직이며 테이프에서 흘러나오는 기도를 따라 했다. 오빠가 그토록 좋아하던 '영광의 신비'였다.

다섯째 신비가 끝나는 부분에서 오빠는 미소를 지으며 마지막 숨을 거두었다. 오후 2시 10분이었고, 그 시각은 수년 전 엄마가 돌아가신 바로 그 시각이었다. 성모님께서 오셔서 오빠의 손을 잡고 주님께 함께 가셨다고 나는 믿는다. 주님께서 오빠가 평화롭게 이 세상을 떠날 수 있도록 은총을 베풀어 주셨다.

착하고 충실한 종이었던 오빠, 지극히 높으신 하느님께 묵주기도를 열심히 하고 있는 오빠 가족에게 묵주기도에 대한 끊임없는 사랑과 평화로운 죽음의 은총을 내려 주시기를 전구해 주세요!

| 뉴욕 메디슨에서 마사 콜린스

카우보이 수호천사

나는 항상 묵주를 지니고 다니면서 말을 탈 때마다 묵주기도를 바친다. 말을 타고 소 떼를 몰던 어느 날이었다. 그날은 아주 길고 힘든 하루였다. 소 떼를 작은 목초지 안으로 몰아넣으려고 애를 쓰고 있었는데 소들이 도무지 협조를 하지 않는 것이었다. 그래서 나의 수호천사에게 화살기도를 바쳤다. "도와주세요, 제발!" 그랬더니 소들이 문을 통해 전부 목초지로 들어가 주었다.

| 몬테나 덴턴에서 톰 번

묵주는 기도를 위해 있는 것이며
기도는 신비를 위해 있는 것이다.
― 메이지 워드

성모님의 전구로

우리는 아르헨티나 부에노스아이레스에 살고 있는 20명의 자매들 모임으로, 매월 마지막 금요일에 모여 묵주기도를 바친다. 우리는 쉔스타트Schoenstatt의 동정 성모님의 성화상을 모시고 '성 니콜라이의 묵주기도의 성모님'께서 주신 메시지를 낭독한다. 누군가에게 어려움이 있을 때면 우리는 성모님의 메시지가 담긴 책을 아무 페이지나 펼친다. 그러면 그곳에 답이 있다.

우리의 기도는 강한 힘을 발휘해서 7년 동안 아이를 갖지 못한 우리 친구 한 사람이 임신을 했고 멋진 아들을 낳았다. 다른 친구는 몸에 이상이 있었는데 지금은 아주 건강해졌다.

| 아르헨티나 부에노스아이레스에서 모니카 멘데즈

지하실의 물

1970년대에 우리 가족에게 있었던 일이다. 부모님과 오빠와 함께 살던 때였는데, 어느 토요일 밤에 비가 억수로 쏟아지기 시작했다. 우리 집 지하실로 들어가는 통로가 거실 바닥에 있었는데 집안으로 쏟아져 들어온 물이 지하실로 흘러들어 갔다. 아버지와 오빠는 장화를 신고 대걸레와 빗자루를 이용해서 지하실에 고이기 시작한 물을 들통에 열심히 퍼 담았다. 아버지는 방문 수리에 60달러를 지불하는 조건으로 배관공을 불렀다.

엄마는 아래층에 계셨고 나는 위층 내 방에서 긴급한 상황에 도움을 청하는 묵주기도를 바치고 있었다. 묵주기도를 거의 마칠 때쯤에 아버지와 오빠의 목소리가 들려왔다. 무슨 일이 생긴 것 같아서 나는 얼른 아래층으로 내려갔다. 아버지가 물이 차들어 오던 지하실의 통로를 내려다보고 계셨다. 나는 무슨 일이냐고 물었다.

아버지는 하느님을 믿는 분이셨다. 주일미사 참례를 하시고 우리를 가톨릭계 학교에 보내셨다. 그렇지만 적극적으로 신앙생활을 하시지는 않았다. 나는 가족들에게 내가 자주 묵주기도를 한다는 사실을 한 번도 말한 적이 없었고, 지하실에 물이 넘치는 상황에서 내가 도움을 청하는 묵주기도를 하고 있는 것은 아무도 몰랐다. 그런데 아버지가 그때 나를 돌아보시더니 "기도하고 있었니?"라고 물으시는 것이었다.

아버지의 믿음을 생각해 볼 때 그것은 아버지의 말이 아니라 아버지에게 임하신 성령의 말씀이 분명했다. 나는 그렇다고 대답했다. 흘러들던 물이 갑자기 멈춘 것은 필시 내 기도와 관련이 있음을 아버지가 깨달으셨다는 것을 나는 알았다.

　이미 도착해서 '방문 수리'를 시작했던 배관공은 수리비를 청구하지 않겠다고 했다. 이 일은 큰 기적이었고, 작은 기적도 있었다. 밖에는 그때까지도 계속 비가 퍼붓고 있었다. 내가 비를 멈추게 하지는 않았지만 지하실로 들어가는 빗물을 멈추게는 했다. 성모님께서는 우리가 믿음을 갖는 한 절대로 우리를 실망시키지 않으신다. 정말 사랑이 많으신 어머니이시므로.

│ 뉴욕 스카데일에서 엘리사베스 M. 크러피

백미러에 걸려 있는 묵주

　1989년 9월 어느 날 새벽 한 시쯤이었다. 아이다호 쿠르 달랜의 어느 휴양지에서 남자 친구의 밴드 연주를 구경하고 워싱턴주 스포캔으로 돌아오는 길이었다. 무척 피곤했지만 다음날 출근을 해야 했다. 당시 나는 라디오 방송국, 작은 소매 가게, 체중 감량 클리닉, 행사 안전 요원 등 네 가지 일을 하고 있었다.

　남자 친구가 내 자동차로 다가오더니 너무 피곤해 보여서 걱정이 된다고 했다. 나는 괜찮다고 얼른 집에 가서 자면 된다고 그를 안심시켰다. 그러나 나는 그날 집으로 가지 못했다. 운전을 하면서 무척 피곤했고 스포캔 벨리에 다다랐을 때 나도 모르는 사이 깜빡 졸고 말았다 (피곤한 상태로 운전할 때 방심은 절대 금물이다. 자신도 모르는 사이 졸게 되므로. 차를 세우고 잠시 눈을 붙이라!).

고개를 들고 보니 내 차는 갓길을 질주하고 있었고 손을 쓸 사이도 없이 기울어지면서 구르기 시작했다. 그리고 정신을 잃었다. 얼마동안 그러고 있었는지 모르겠지만 하느님의 은총으로 정신을 차렸다. 그렇지 못했다면 죽었을 것이다. 그것은 하느님의 계획이었다. 정신을 차려 보니 고개를 숙인 채 차에 깔려서 머리를 돌릴 수조차도 없었다. 숨을 쉬기 위해 입속에 들어간 흙을 뱉을 수 있을 정도였다. 몸이 뒤틀린 채 왼팔과 무릎 아래쪽만 겨우 움직일 수 있었다.

상황은 충격적이었다. 나는 '이 차에서 빠져 나가서 지나가는 차를 얻어 타고 집에 가야겠다.'는 생각을 맨 먼저 했다. 평소 같으면 지나가는 차를 얻어 탄다는 건 생각도 못했을 텐데 그때는 이성적이거나 논리적인 생각은 할 수 없었던 것 같다. 통증이 느껴지는 곳은 자동차에 눌려 있는 머리였다. 온몸이 유리 파편으로 뒤덮여서 몸을 움직이려고 애를 썼더니 머리에서 얼굴로 피가 흘러내리기 시작했다.

'머리가 깨진 걸까? 얼마나 다친 거야?'

'여기가 어디지? 누군가 날 찾을 수 있을까? 살 수는 있는 걸까?'

그때 비로소 실감이 났다. '아, 진짜 사고가 났구나.' 죽을지도 모른다는 생각이 들었다. 믿어지지 않았다. 그때 내가 할 수 있는 것은 기도뿐이었다. 나는 '주님의 기도'와 '성모송'을 바치고 또 바쳤다. 내가 죽게 되더라도 가족들이 모르는 채로 낯선 곳에 누워 죽게 되는 일은 없도록 해 달라고 기도했다.

시간이 얼마나 지났는지 모르지만 자동차 소리가 들리고 사람들 목소리가 들려왔다. 나는 그때 숨이 가빠지고 몸이 마구 떨리고 있었다. 다가오는 발자국 소리가 들렸다. 쿠르 달랜에서 연주를 마치고 돌아오는 밴드였다.

사람들이 차를 옆으로 굴려 치우고 나를 구했다. 그들은 처음에 내가 죽었다고 생각했지만, 구조대를 부르고 약간 떨어져서 지켜보며 기다리고 있는데 내 다리가 움직이는 것이 보여서 그때서야 부리나케 나를 구하러 달려왔다고 했다.

내 부상 정도를 보고 나서는 구급차를 기다릴 것인가 그들 차에 태워 병원으로 갈 것인가를 고민하다가 그들이 나를 병원으로 데리고 가기로 하고, 내 이름과 나이 등을 물었다. 병원 응급실에 도착해서 상처를 치료받을 때 구급 대원들이 뛰어 들어와서 내 부상이 심각하지 않은 것에 놀라워했던 것이 기억난다. 사고 현장에서 부서진 자동차를 이미 보았고 부상자가 없는 것을 보고는 내가 식물인간이 되어 있을 것이라고 판단했던 것이다. 내 남자 친구 역시 차를 타고 병원으로 오는 길에 사고 현장을 보고는 그보다 더 심한 상태를 생각했다고 했다. 그것은 말할 것도 없이 성모님께서 도와주신 것이었다!

그래도 회복이 빠르지는 않았다. 마치 화물 운송 열차와 충돌한 것처럼 온몸이 상처와 멍투성이였다. 얼굴이 엄청나게 부어올라 눈을 뜰 수 없었다. 오른쪽 머리 부분의 머리카락이 전부 빠졌고 귀는 개가 물어뜯은 것 같았다. 목과 등에 받침대를 하고 부러진 쇄골 때문에 어깨를 둘러 붕대를 감았다. 머리에 반창고를 붙였고 오른쪽 다리에 피가 묻어 있는 모습은 마치 전쟁터에서 격전을 벌인 사람처럼 보였을 것이다. 기억력에도 문제가 있었다. 사람들이 한 이야기를 곧 잊었고 어떤 때는 내 나이도 기억나지 않았다. 말은 어눌하고 발음이 분명하지 않았다. 내가 일하던 라디오 방송국에서 나를 다시 원하는 사람은 없을 것이라고 판단했다.

아파트에서 나 혼자 지낼 수가 없었다. 부모님 집으로 가서 몇 주 동안 극진한 간호를 받았다. 부모님은 먹고 입고 목욕하는 것을 보살펴 주셨다. 한 달 반 동안 일을 쉬었다. 나를 보살펴 주신 진정한 성인이신 부모님께 은총을 내려 주시기를!

아버지는 사고 현장에 내 물건이 있는지 살펴보고 오셔서 과달루페 성모님의 묵주를 건네주셨다. 그 묵주는 부모님이 멕시코에서 사다 주신 것으로 내 차의 백미러에 걸어 두었었다. 어디에서 찾았는지 여쭈었더니 내가 걸어 두었던 바로 그 자리에 있었다고 하셨다.

어떻게 그 묵주가 그곳에 있었을까? 백미러도 어디론가 날아가서 찾을 수조차 없었는데 묵주가 그 자리에 그대로 있었다니! 내 기억으로 자동차는 세 번 정도 굴렀고 앞 유리는 전부 부서져 흩어졌다. 묵주도 백미러와 같이 어디론가 날아가는 것이 정상이었다. 묵주가 그 자리에 그대로 걸려 있었다는 사실은 논리적으로 이해가 되지 않았다.

성모님께서는 무슨 일이 있어도 내 곁을 떠나지 않겠다고 말씀하셨다. 내가 모셔 둔 그곳, 바로 그 자리에 계셨던 것이다. 자동차 사고는 심각한 부상으로 이어지게 마련이며, 치명적일 수도 있다. 안전띠를 매지 않았기 때문에 내 경우는 더욱 끔찍했을 수도 있었다.

구급 대원들이 놀라고, 자동차는 완전히 부서지고, 그러나 묵주는 그 자리에 있었던 그때 일을 생각해 보면, 그것은 성모님께서 기적이 일어나게 해 주신 것이 분명하다.

2002년이 되어 나는 멋진 남자와 결혼을 했고 한 살 된 딸을 두었다. 지금도 나는 항상 백미러에 묵주를 걸어 놓고 운전을 한다. 그리고 매일 묵주기도를 바친다. 성모님께서 나와 우리 가족을 보호해 주시고 축복해 주셨다는 것을 절대로 잊지 않는다. 성모님은 나에게 너무나도 소중한 분이시다! 부모님께서 나에게 가르쳐 주셨듯이 내 딸도 성모님을 알게 될 것이다. 성모님, 감사합니다!

| 워싱턴 오팅에서 다이애나 아폰소

은총이 가득하신 성모님, 주님께서 당신과 함께 계십니다.
당신을 통해 온 세상이 구원되었습니다.
– 성 보나벤투라

결혼 생활을 지켜 주신 무한한 사랑

나는 젊었을 때부터 주님께서 항상 내 가까이 계시다는 느낌을 갖고 살았다. 무엇을 해야 하는지 하지 말아야 하는지를 알려 주시고, 올바른 길로 이끌어 주시는 목소리가 들리는 듯했다. 행복한 날도 있었고 슬프고 힘든 날도 있었지만, 옳은 길에서 빗나갈 때에도 그 느낌들이 나를 다시 주님께 데려다 주었다. 묵주기도를 자주 하지 않았지만 어느 날부턴가 매일 열심히 묵주기도를 바치게 되었다.

결혼한 지 4년이 되어 가고 세 아이를 두었다. 하지만 3개월 전에 우리 부부의 결혼 생활에 위기가 찾아왔다. 우리가 차츰 멀어지고 있다는 이상한 느낌이 들기 시작했다. 부부 사이의 친밀감이 사라졌고 아이들과 관련된 이야기만 하며 지냈다. 나는 전업주부였고 친정 부모님과 함께 사는 우리 생활은 빠듯했다. 그것이 구실이 되어 남편은 친구들과 어울려 술을 마시고 놀다가 다음 날 아침에 들어오기도 했다.

그러던 어느 날, 친구에게서 전화가 왔다. 내 남편이 다른 여자와 있는 것을 보았다는 믿기 어려운 이야기를 했다. 가슴이 무너져 내렸다. 남편에게 단도직입적으로 물었더니 고맙게도 솔직하게 털어놓았다. 나는 제일 먼저 가까운 친구들에게 괴로운 심정을 이야기하면서 위로를 받고자 했다. 위로가 되긴 했지만 여전히 마음이 공허했다. 나는 더 열심히 기도하기 시작했다.

매일 밤 베개를 적시며 울다가 주님께 지혜와 아량과 힘을 주십사고 기도했다. 내 뜻이 아니라 그분의 뜻에 따라. 나는 정말 남편에게 짐을 싸서 나가라고 말하고 싶었지만, 내 인생의 이 시점에서 뭔가 더 좋아지기 위해 내가 할 수 있는 것은 겸손하게 나를 낮추고 예수님의 뜻을 기다리는 것이었다

그러자 저 높은 곳에서 온 것이 분명한 어떤 힘에 의해 나는 완전한 영적 변화를 경험했다. 그리고 묵주기도를 하도록 이끄심을 받았고, 외로운 밤 아이들과 함께 있을 때 그리고 가톨릭 신자들과 온라인으로 기도를 주고받을 때 성모님께서 전구해 주셨다. 성모님께서 아주 가까이 계신 것을 느낄 수 있었다. 내가 바치는 묵주기도와 함께 나를 주님께 이끌어 주셨다.

성모님께서 우리를 위해 기도하신다는 것은 주님께서 주신 선물이다. 성부와 성자와 성령과 성모님, 그리고 성인들과 더불어 하늘나라의 성가정에는 불가능한 것은 없었다. 나는 그분들 모두를 개인적으로

잘 알고 있는 듯한 느낌이었다. 이 세상 것은 나에게 아무 의미가 없었다. 영적으로 나누고 있는 관계만이 의미가 있었다.

이 특별한 관계는 이 세상에서 내가 갖는 관계를 더 잘 볼 수 있게 했다. 심지어 모르는 사람들이나 적대감을 가진 사람과의 관계까지. 주님께서 나를 무한히 사랑하신다는 것을 알았기에 남편과의 관계에서 남아 있는 혼란스러움도 별 문제가 되지 않았다. 그런 시간들을 통해 주님께서 내게 길을 열어 보여 주셨다는 것을 느꼈다. 나는 대학 공부를 다시 시작했고 남편의 외도 이후 처음으로 평화를 찾았다. 그리고 남편을 용서하는 과정에 있다는 것을 알았다.

지금 생각해 보면 성가정의 도움이 없었다면 나는 그토록 강해질 수 없었다. 주님께서 그 고통 가운데 내게 많은 것을 보여 주셨다. 어려운 시기에 우리 주님께서는 나 같은 죄인이 최선을 다하기를 바라시며 내 곁에 계셔 주셨다. 주님, 성모님을 보내 주셔서 감사합니다. 성모님, 묵주기도를 할 수 있게 해 주셔서 감사합니다.

나는 결혼 생활의 어려움 가운데 있는 부부들을 위해 기도한다.

주님의 사랑은 무한하다는 것을 기억하세요. 성모님과 성인들께서 여러분과 여러분 가족을 위해 빌어 주시기를 간절히 바랍니다.

| 하와이 카폴레이에서 안젤라 M. 빌란

브라이언의 묵주

그날 9월 8일은 복되신 동정 마리아 탄신 축일이었다. 시외 지역에서 피정을 마치고 집에 도착하자마자 전화벨이 울렸다. 남편 톰이 지금 바로 병원으로 오라고 급하게 말했다. 병원에 도착하니 남편은 아들 브라이언이 수술 중이라고 했다. 엽총 오발로 다리에 총상을 입어 동맥이 절단되었다는 것이었다.

구급차가 브라이언을 태우고 병원에 도착할 때 남편도 병원에 있었는데 남편이 보기에 브라이언은 월남전에서 부상당한 것 같은 모습이었다고 했다. 그리고 남편은 봉투 하나를 내밀면서 "브라이언의 묵주야. 진흙이 묻어 있는데 그대로 보관해 달라고 했어."라고 말했다.

나는 병원 기도실로 가서 감실 앞에 무릎을 꿇고 수술이 끝날 때까지 묵주기도를 셀 수 없이 바쳤다. 마침내 브라이언을 보게 되었을 때 나는 내 눈을 의심할 수밖에 없었다. 남편의 말을 들었을 때 최악의 상태를 상상했었는데 브라이언은 침대에 앉아 간호사들과 농담을 하고 있었던 것이다. '영건스Young Guns'라는 비디오를 틀어 달라고 부탁까지 하면서.

병원에 있으면서 브라이언은 그날 일어났던 일을 이야기해 주었다. 9월 8일 이른 아침에 아들은 이상하게도 그날 자기에게 무슨 일이 생길 것 같은 예감이 들었다고 했다. 날씨가 화창해서 가까운 숲으로 바람을 쐬러 나가기로 했다. 숲을 향해 가다가 지난여름 자기가 메주고리예에서 가져온 나무 묵주를 가지러 집으로 돌아왔다.

그리고 다시 숲속으로 가면서 표적을 찾아 엽총을 몇 발 쏘고 나서 엽총집에 넣는 순간 총이 발사되어 오른쪽 허벅지 윗부분에 맞았다. 곧 정신을 잃었다가 깨어나 보니 주변에 아무도 없었고 아무 소리도 들리지 않았다. 총에 맞았다는 것을 깨닫고 도와 달라고 소리를 질렀지만 그날 숲속에는 아무런 인기척이 없이 고요하기만 했다.

아들은 자기가 걷지 못한다는 것을 알고 한쪽발로 일어나 중심을 잡으려고 했지만 일어날 수조차 없었다. 출혈이 계속되자 힘이 빠진 아들은 배를 깔고 기기 시작했다. 그렇게 얼마 가지 않아 상처 부위를 보니 출혈이 얼마나 심했던지 입고 있는 청바지가 마치 산타클로스 옷처럼 빨갛게 물들어 있었다. 피에 젖은 옷과 기어 오면서 몸에 묻은 진흙 때문에 너무 무거워서 바지를 벗어 버리고 다시 기기 시작했다.

아들은 셔츠를 벗어서 지혈을 하려고 했지만 다리가 너무 부어올라서 지혈이 되지 않았다. 곧 탈수 증세가 일어났고 브라이언은 진흙 웅덩이로 기어가 고인 물을 조금씩 마셨다. 웅덩이 표면이 ATV(all-terrain-vehicles, 4륜 오토바이의 일종)에서 흘러나온 기름으로 뒤덮여 있어서 브라이언은 얼굴을 웅덩이에 처박고 물을 마셔야 했다. 모기가 들끓는 웅덩이 물이 그때는 그렇게 맛있을 수가 없었다고 했다.

이때부터 브라이언은 귀가 잘 들리지 않았고 숨이 차기 시작했다. 웅덩이에서 다른 웅덩이로 기어가면서 계속 도와 달라고 소리쳤지만 정말 숲속에는 아무도 없는 것 같았다. 그렇게 두 시간 반에서 세 시간쯤 시간이 흘렀다.

브라이언은 청바지를 벗어 버리기 전에 바지 주머니에 있던 메주고리에 나무 묵주를 꺼냈다. 그 묵주를 왼손에 감고 다시 웅덩이를 찾아 기어갔다. 웅덩이에서 하늘을 보고 누워 잠시 쉬며 묵주기도를 바쳤다. 묵주를 보기 전에는 너무나도 화가 났었는데 묵주기도를 바치기 시작하자 마음이 편안해지면서 숲에서 나가지 못할 수도 있다는 생각을 하게 되었다고 했다.

그렇게 기어가면서 묵주기도를 계속했다. 마침내 마지막 웅덩이라고 생각되는 곳에 다다랐을 때 눈을 들어 보니 높은 언덕이 있었다. 브라이언은 몸을 편안하게 누이고 죽음을 준비했다. 눈을 감고 묵주기도를 바치며 하느님께 자신을 구해 줄 천사를 보내 주시든지, 그것이 주님의 뜻이 아니라면 평화롭게 죽게 해 달라고 기도했다.

그런데 그때 어디선가 모터 소리가 들려왔다! 브라이언은 죽을힘을 다해 500m쯤 기어가면서 목이 터져라 소리를 질렀다. ATV를 탄 두 명의 남자가 그 소리를 듣고 다가와서 무슨 일이냐고 물었다. 그때는 피가 거의 빠져나갔기 때문에 피를 흘리지 않고 있었던 것이다. 브라이언이 총상을 입었다고 하자 그들은 손에 쥐고 있는 것이 무엇이냐고 물었다. 아들은 말은커녕 숨도 거의 못 쉴 상태로 "묵주예요."라고 가까스로 대답했다. 그때서야 그들은 브라이언을 ATV에 옮겨 태우고 30분을 달려 제일 가까운 집으로 데리고 갔고 911에 연락을 했다.

수술은 성공적이었다. 총알은 허벅지를 관통했지만 놀랍게도 뼈나 주변 근육 또는 신경에 아무런 손상을 입히지 않았다. 다음날 경찰관이 와서 브라이언에게 정말 운이 좋다는 말을 했다. 그 남자들이 브라이언을 구하지 않았더라면 목숨을 구하기 어려웠을 것이라면서, 만일 사람을 부르려고 갔다가 다시 돌아왔더라면 늦었을 것이라고 했다. 브라이언은 최악의 상태였던 것이다.

경찰관이 그 두 남자의 이름과 연락처를 알려 주었고 우리는 고맙다는 인사를 하려고 즉시 전화를 했다. 에릭 스윈들허스트와 크리스토퍼 파먼트, 이들 두 은인은 하느님께서 브라이언의 생명을 구해 주셨다고 겸손하게 말했다. 그들이 그때 그곳에 있었던 것도 하느님의 뜻이었다고 했다.

두 사람은 원래 그날 ATV를 탈 계획이 없었다고 했다. 그런데 충동적으로 ATV를 탔고 그것도 여러 달 동안 가지 않았던 그곳까지 가게 되었다고 했다. 더욱 놀라운 것은 모터 소리가 엄청나게 컸고 헬멧까지 쓰고 있었는데도 브라이언이 소리치는 것을 들을 수 있었다는 사실이었다. 그들이 브라이언을 발견한 곳은 브라이언이 기어가려던 방향과 정반대되는 곳이었다.

브라이언은 그때 의식이 가물가물해져서 방향감각을 잃고 어릴 때부터 즐겨 다니던 익숙한 숲에서 잘못된 방향으로 가고 있었던 것이다. 브라이언의 머리를 제외하고는 온몸이 진흙투성이가 되었는데도 그들이 알아보았다는 사실도 놀라운 일이었다.

몇 달이 지나서 내가 이 이야기를 들려주자 어느 간호사가 사고 후유증이 얼마나 심한지를 물었다. 후유증이 전혀 없다고 하자 간호사는 깜짝 놀라면서 오랜 시간에 걸친 과다출혈의 경우 신장, 간 또는 뇌에 손상이 오게 마련이라고 했다.

아들은 다리를 잃을 수도 있었고 오염된 물을 마셨기 때문에 심각한 감염 증상이 나타날 수도 있었다. 어떤 의사도 그런 말을 했다. 브라이언은 열흘 후에 학교로 돌아왔고 그 다음 달부터 다시 조깅을 시작했다. 게다가 처음으로 그 학기에 우등생 명단에 올랐다. 메주고리예 성모님께서 이렇게 말씀하셨다. "묵주기도만으로도 이 세상과 너희의 삶에 지금 기적이 일어날 수 있다."

| 펜실베이니아 이리에서 쥰 A. 클린즈

우리는 우리 시대를 괴롭히는 악을 치유하기 위해
묵주기도에 굳은 확신을 갖는다는 것을
공개적으로 단언하기를 주저하지 않습니다.

- 교황 비오 12세

58년간의 신혼 생활

클라라와 나는 58년 동안 신혼 생활을 즐기며 살고 있다. 우리 부부의 다섯 아이들이 결혼해서 열네 명의 손자와 열두 명의 증손자를 우리에게 선사했다.

수십 년 전, 나는 신부님께 결혼하겠다는 말씀을 드리러 성 바오로 성당으로 갔다. 아내는 열아홉 살이었고 나는 열여덟 살이었다. 지금은 돌아가신 제임슨 신부님은 이렇게 말씀하셨다. "너희들은 결혼하기엔 너무 어리잖니. 혼인미사는 집전해 주겠다만, 난 이런 전쟁 통에 하는 결혼식이 정말 싫구나. 오래가지 못하니 말이다."

당시 아내 클라라는 미국연방수사국에서 근무했고 나는 미해군으로 메릴랜드 볼티모어에 있는 해군매거진에서 복무 중이었다. 우리는 일주일 이상 서로 떨어져 있는 일은 없게 해 달라는 기도를 했고, 곧 그 기도에 확신을 가져야 할 일이 생겼다. 1945년 7월에 나는 보스턴으로 이동해서 새 전함을 타게 되었다. '성능 시험' 항해를 준비하며 태평양으로 떠나게 되어 있는 전함이었다. 보스턴의 어느 호텔에 홀로 남겨진 아내는 메인의 뱅거에 있는 집으로 갔고 내가 탄 배는 항구를 떠났다.

군종사제이신 킬렉 신부님께서 매일 아침 선실에서 미사를 거행해 주셨다. 2천6백 명 승무원 중에서 그 은총을 받는 사람은 나 혼자였다. 신부님은 "하고 싶지 않은 말을 해야겠구나. 너는 앞으로 3개월 동안 아내와 헤어져 있게 될 거야."라고 하셨다. 나는 "아니에요, 신부님. 우린 일주일 이상 떨어져 있지 않게 해 달라는 기도를 하고 있으니까 그런 일은 없을 거예요."라고 대답했다.

3일 째 되는 날 아침에 나는 킬렉 신부님과 배의 후미에 서서 배가 지나가는 자리가 수평선으로 사라져가는 것을 지켜보고 있었다. 그때 갑자기 배가 흔들리는 것 같더니 배 후미後尾의 물결이 방향을 바꿔 동쪽으로 휘는 것이었다. 해군 장교이신 킬렉 신부님은 네 개의 엔진 가운데 하나가 고장이 났다는 것을 금방 아셨다. 결국 우리는 보스턴으로 돌아왔다.

나는 클라라에게 전화를 했고 그녀는 헤어진 지 7일째 되는 날 보스턴으로 돌아왔다. 전쟁이 끝나고 배에서 내려 아내가 우리 첫아이를 낳은 뱅거에서 살림을 시작했다. 오늘까지도 나는 기도의 힘이 그 엄청난 전함의 항로를 바꾸었다고 확신한다.

| 펜실베이니아 페어필드에서 로버트 킥헤퍼

불가능한 기적

"열심히 묵주기도를 한 덕분에 기적이 일어난 경험을 해 보신 적이 있습니까?"

기적은 일어나고 있고 계속 일어난다. 나는 나 자신이 기적이라고 생각한다! 우리 가족의 묵주기도는 나의 서두로 시작되었다. 저녁 식사 후 온 가족이 무릎을 꿇고 앉으면 어린 나는 의자 사이를 돌아다니며 "아멘!"을 외쳤다. 그것이 성모님께 묵주기도의 시작을 알리는 것이었다.

어린 시절 우리 어머니는 수면제보다 더 좋은 방법으로 우리를 재우셨다. 침대로 가서 묵주기도를 바치라고 말씀하셨던 것이다. 대부분의 경우 나는 기도를 끝까지 바치지 못하고 잠들곤 했다.

고등학교 졸업반이 되어 친구들과 졸업 후 진로에 대해 긴 이야기를 나누었다. 대부분 대학 진학을 해야 한다는 것을 알았지만 로욜라 대학에 들어가기 위해 나는 시험에 합격해야 했다. 그것은 내가 사제가 되기 위해 어떤 공부를 해야 하는가를 알아야 한다는 의미였다. 그래서 주님의 뜻을 알고 이끌어 주시기를 빌며 9일 기도와 미사를 봉헌했다.

마침내 신학교에 가게 되었을 때 누나는 내가 6주 후에 돌아올 것이라고 말했다. "돌아올 거야. 신나게 데이트하고 학교 댄스파티도 그렇게 좋아하던 애니까 반드시 돌아올 거야!" 하지만 성모님의 생각은 달랐다. 물론 신학교에서 어려움을 겪기도 했고 사제가 된 후에도 그런 때가 있었지만, 나는 언제나 쫓겨날 때까지 굳세게 내 자리를 지키기로 마음을 먹었다. 그게 벌써 50년 전의 일이고 나는 아직도 쫓겨날 때를 기다리고 있다!

나는 매일 묵주기도를 바치며 성모님을 사랑하고 믿으며 일상을 살아가는 성모님의 기적이다. 사랑하는 성모님, 감사합니다. 저를 계속 보살펴 주소서. 저는 당신의 '불가능한 기적' 입니다.

| 캘리포니아 산타바버라에서 마우로 캘리 신부, 프란치스코회

후파 위에서 춤추는 천사들

여동생과 나는 맨해튼 아래 지역에서 10년 동안 아름답고 멋진 화훼 사업을 했었다. 고객은 다수의 유명 연예인이었고, 특별한 행사나 결혼식에 꽃 장식을 의뢰받기도 했다. 무척 신나고 재미있는 동시에 스트레스도 많았다. 고객의 주문과 요구 사항에 맞춰 쉽게 시들어 버리는 재료를 장식하는 일은 오랜 시간과 힘이 드는 작업이었다.

다른 사업도 마찬가지겠지만, 우리도 위기를 겪는 때가 있었다. 그럴 때면 우리는 언제나 같은 방식으로 대응했다. 엄마에게 전화를 해서 사업이 힘들다고 말씀드린다. 그러면 엄마는 우리가 힘들어 할 때 언제나 그러셨듯이 "걱정하지 마라. 지금 곧 묵주기도를 바치겠다. 성모님께서 도와주실 거다. 성모님께서 나를 실망시키신 적은 한 번도 없거든." 하고 말씀하신다.

언젠가 우리는 결혼식 장식을 의뢰받고 뉴욕시 5번가에 있는 고급 클럽 연회장을 아름답고 꼼꼼하게 꾸미게 되었다. 연회장 입구는 커다란 대리석으로 된 공간이었는데, 그곳에는 폭 3m, 높이 3m 정도 되는 거대한 장식용 벽난로가 있었다. 더 이상 불을 지피는 용도로 사용되지 않는 것이라 벽난로를 시선의 중심으로 해서 후파(Chuppah, 4개의 장대 기둥 위를 천으로 덮은 캐노피로 전통적인 유다인 결혼식에 사용한다)를 만들기로 했다. 유다교 신자의 결혼식이었기 때문이다.

　반짝이는 레이스 커튼으로 벽난로 전면을 가리고 불을 지피는 곳에는 흰색의 장미, 난초, 금어초, 수국을 놓고 외벽은 나뭇가지로 장식했다. 그런 다음 주례자인 랍비와 신랑 신부, 가족들이 그 아래 서게 될 '후파'를 만들기 위해 벽난로 앞 좌우에 2.5m 높이의 기둥을 두 개 세웠다.

　그날 두 남자가 우리 일을 도와주러 와서 벽난로 양 귀퉁이와 두 개의 기둥에 레이스를 십자로 연결하고 레이스 끝부분을 아래로 늘어뜨렸다. 그리고 레이스를 고정시키기 위해 기둥 꼭대기에 흰색 꽃을 올려놓았다. 나는 그 사람들에게 십자로 늘어뜨리는 레이스는 차분하고도 하늘하늘하게 설치하되, 사람들이 그 아래 서게 되므로 너무 낮게 늘어뜨리지 말라고 설명했다. 전부 끝내고 보니 정말 아름답고 우아하고 세련된 분위기가 났다. 신랑 신부가 혼인 서약을 하는 특별하고 로맨틱한 공간이었다.

　그곳을 끝내고 연회장의 다른 곳을 장식했다. 계단에 화환을 매달고 칵테일 파티장, 만찬장을 장식하고 마지막으로 하객들을 위한 꽃을 준비했다. 결혼식 행사의 경우 우리는 식이 끝날 때까지 그곳에 있는 것이 보통이었다.

　동생과 함께 연회장 주변에서 하객들이 도착하는 것을 지켜보고 있는데, 왠지 속이 울렁거렸다. 십자형으로 늘어뜨린 레이스가 훨씬 낮게 늘어뜨려져 있는 것이었다. 일을 도와준 남자에게 그 아래 가서 서보라고 했더니 아니나 다를까 그 사람 얼굴에 닿을 정도로 내려와 있는 것이었다. 처음 설치했을 때는 그 사람 머리 위에 있었던 것이 그 정도로 내려왔던 것이다. 뭐가 잘못된 거야? 나는 정신을 차릴 수 없었다. 이제 우리 사업도 끝이구나, 고소를 당하던지 아니면 죽도록 일하고도 땡전 한 푼 못 받게 될 것이라는 생각이 스쳐 지나갔다. 결혼식이 엉망이 되는 것은 말할 것도 없고.

후파를 설치한 남자에게 전화해서 자세히 말해 보라고 다그쳤다.

"레이스가 풍성한 느낌이 들게 하려고 천을 더 많이 사용했어요." 그가 말했다.

"제자리에 핀으로 고정했어요?" 내가 물었다.

"아뇨."

"아니라고요?" 나는 비명을 지르다시피 소리쳤다.

"지금 레이스 겹쳐진 부분이 아래로 처지고 있단 말이에요. 손 쓰기에도 이미 늦었구요. 연주자들과 하객들이 도착하고 있단 말이에요."

"죄송합니다." 그는 기어들어가는 목소리로 말했다.

나는 수화기를 내려놓았다. 어떻게 하지? 그리고 나는 언제나 그랬듯이 롱아일랜드 집에 계신 엄마에게 전화해서 울면서 자초지종을 설명했다. 엄마는 또 언제나 그러셨듯이 "걱정 마라. 묵주기도를 얼른 바칠 테니까. 성모님께서 도와주실 거야. 절대로 우릴 실망시키지 않는 분이시잖니."

"성모님께서 이 상황에서 어떻게 도와주실 수 있겠어요?" 나는 계속 울면서 말했다.

그러나 얼른 눈물을 닦고 마음을 가다듬은 다음 후파가 있는 곳으로 갔다. 식장은 2백 명의 하객들로 가득 차 있었다. 나는 곧 겪게 될 창피스러운 일을 생각하며 고개를 떨어뜨렸다.

음악이 연주되고 신부가 입장하기 직전의 고요함이 맴돌았다. 사람들은 신부가 입장하는 동시에 기쁘고 즐겁고 신부가 아름답고 예쁘다는 말을 하게 마련이지만, 나는 자꾸 아래로 처지고 있는 후파를 보고 곧 수군거리는 소리가 들려올 것이라 생각했다.

그때 동생이 내 옆구리를 찌르며 말했다. "저것 좀 봐." 그래서 고개를 들어 보니 양가의 가족들이 후파 아래 전부 서 있는 것이 보였고 그 사람들은 내가 본 사람들 중에 가장 키가 작은 사람들이었다!

결혼식 전에 만난 신부와 신부의 엄마가 아주 작다고 생각했었는데, 놀랍게도 양가 가족들이 전부 그렇게 키가 작았다. 게다가 랍비는 그들 중에서도 제일 키가 작아서 150㎝ 정도밖에 안됐다. 정말이지 믿을 수 없었다.

나는 "레이스가 더 내려오기 전에 결혼식이 끝나게 해 주세요."라고 기도했다. 그 순간 랍비가 신랑 신부에게 무척 감동적으로 말했다. "오늘은 참으로 즐거운 날입니다. 하늘나라 천사들도 기뻐하는 날입니다." 그러면서 양손을 치켜들며 극적으로 선포했다. "천사들이 이 아름다운 후파 위에서 춤을 추고 있습니다!"

'아, 안 돼요. 제발 후파 위에서 춤을 추지는 마세요!'

동생이 킥킥거렸고 나도 따라 웃었다. 예식이 끝나자마자 나는 또 언제나 그랬듯이 전화로 달려가 엄마에게 기쁜 소식을 전했다. 엄마가 옳았다. 성모님께서 도와주셨고 엄마를 실망시키지 않으셨다.

6년 전에 동생과 나는 사업을 접고 알츠하이머 진단을 받은 엄마를 간호하기 위해 집으로 돌아왔다. 엄마는 혼수상태에 빠지기 전에 마지막으로 묵주기도를 바치고 2002년 1월에 숨을 거두셨다. 엄마가 나에게 남겨 주신 유산은 성모님께 대한 신심이며 묵주기도의 힘이다. 지금도 정말 힘든 일이 생기면 나는 묵주기도를 한다. 기도를 하면서 엄마가 함께 기도해 주신다는 것을 믿으며, 성모님께서 절대로 우리를 실망시키지 않으신다는 것을 믿는다.

| 뉴욕 시포드에서 엘리자베스 M. 카임

무사 귀환

나는 성모님을 지극히 사랑한다. 어렸을 때 우리 아홉 형제는 매일 저녁 성모상 앞에 앉아 묵주기도를 바쳤다. 그런 가운데 자라면서 성모님과 묵주기도에 깊은 사랑을 갖게 되었다. 남편이 림프종 진단을 받았을 때 나는 당연히 성모님께 의탁했다. 이후 남편이 11년 동안 암과 무관하게 생활하고 있음을 감사하게 생각한다. 모든 것이 성모님 덕분이다.

우리 어머니에게서 들은 이야기다. 제2차 세계대전 당시 두 오빠가 참전했다. 어느 날 어머니는 성당에서 성모님께 기도를 하다가 두 아들이 집으로 돌아올는지를 성모님께 여쭈었다. 그랬더니 성모님께서 고개를 끄덕이셨다고 했다. 두 오빠는 상처 한 군데 없이 무사히 집으로 돌아왔다.

성모님, 다시 한 번 감사합니다.

| 오하이오 마운트버넌에서 조지애나 M. 트러셀

치유하는 사랑

　몇 년 전, 어느 금요일 밤이었다. 막 TV 영화를 보려던 차에 전화벨이 울렸다. 평소 밤 아홉 시에 내게 전화를 할 사람이 없기 때문에 뭔가 급한 일이 생겼다는 느낌이 들었다. 전화를 받으니 젊은 아가씨의 상냥한 목소리가 자신을 본당 교우 마리아라고 소개하면서, 다음날 오후 세 시에 본당에서 생명 존중 프로그램 행사가 있는데 그때 묵주기도를 주관해 달라는 것이었다. 나는 그런 일을 해 본 적이 없고 언제나 혼자 묵주기도를 바치고 있기 때문에 그런 자리에서 어떻게 해야 하는지도 모른다고 했다. 그러나 마리아는 본당에서 다른 사람을 찾을 수 없다고 하면서 계속 조르는 것이었다. 그러면서 자신도 함께 내 옆에 있으면서 마음으로 돕겠다고 했다.

　토요일이 되었다. 날씨는 무척 맑고 화창했다. 나는 행사 몇 분 전에 성당에 도착해서 아는 교우들과 인사를 했다. 그들이 누가 묵주기도를 주관하는지 묻기에 내가 한다고 했더니, 고맙다고 하면서 아름다운 메주고리예의 성모님의 사진을 주는 것이었다. 그 사진은 어느 신부님께서 로마에서 가져오신 것으로, 그 신부님이 성모님 발현을 보기 위해 메주고리예에 가서 발현을 목격한 아이들 곁에 있었는데, 신부님은 성모님 모습을 보지 못했지만 아이들이 고개를 젖힐 때 그 방향으로 카메라를 돌려 사진을 찍었다는 것이었다. 정말 놀랍게도 그 사진을 볼 때마다 예수님의 모습이 보였고 지금도 볼 수 있다.

　일곱 사람이 참석했고, 나는 그들에게 성모님께 아름다운 꽃다발을 드리듯이 묵주기도를 바치자고 청했다. 각 '주님의 기도'와 '영광송'마다 하얀 난초를, 그리고 각 '성모송'마다 연푸른 장미를 바친다고 생각하며 기도를 바치자고 했다. 기도가 시작되었고 순조롭게 이어졌다. 그런데 셋째 단을 하고 있을 때 마리아가 훌쩍거리기 시작했다. 뭔가 잘못된 것 같았다. 넷째 단을 시작할 때 마리아는 내 어깨에 얼굴을 파묻고 숨죽여 우는 것이었다. 어찌할 바를 몰랐지만 성모님께 마리아를 위로해 주십사는 청을 드리며 기도를 계속해 나갔다.

묵주기도를 끝내고 나서야 나는 울고 있는 마리아를 달래 주었고 마리아는 자신의 이야기를 들려주었다. 그녀는 두 번의 낙태를 했는데 셋째 단을 할 때까지도 자기가 무슨 잘못을 했는지 몰랐는데 갑자기 마음의 장막이 걷히는 듯하면서 두 태아에게 자기가 저지른 잘못에 대한 슬픔이 북받쳐 올랐다고 했다. 나는 마리아가 울음을 그칠 때까지 한참동안 그녀를 안아주었다.

신부님께서 4시에 미사를 거행하셨고 마리아는 제대로 올라가 그 날 자신에게 일어난 일을 사람들에게 이야기했다. 미사 후에 신부님께서 치유 안수를 해 주셨고 모든 사람들이 마리아와 함께 기도하며 그녀를 위해 또한 그녀를 위로하기 위해 자리를 같이 해 주었다. 참으로 감동적이고 놀라운 경험이었다. 내가 "네!"라고 대답했기에 하느님께서 내게 그런 경험을 허락해 해 주셨다. 주님, 감사합니다!

마리아는 그 후 잘 견뎌 냈고 지금은 귀여운 딸의 엄마가 되었다.

하느님, 찬미받으소서!

| 텍사스 빅토리아에서 카타리나 수녀

어느 어두운 밤

만일 묵주기도를 바칠 시간이 없거나 바칠 의향이 없더라도, 축복받은 묵주를 지니고 있기만 해도 그 자체로 기도이며 우리를 보호해 준다고 들었다.

십대였을 때 마약은 내 삶의 중요한 부분이 될 때가 많았다. 수없이 결심을 하고 피하려고 해도 점점 마약에 빠져들었다. 나는 그 손아귀에서 빠져나오지 못하는 포로였다. 어느 날 밤, 나는 최악의 상황에 맞닥뜨렸다. 수중에 돈은 한 푼도 없었고 마약은 절실히 필요했다. 제 정신이 아닌 상태에서 참으로 어리석고 위험한 상황으로 나 자신을 몰고 갔다.

나는 거리를 헤매고 다니다가 필요한 마약을 제공하는 사람들을 찾았다. 그들은 나를 어떤 어둡고 외딴 방으로 데리고 갔다. 정확히는 모르겠지만 네댓 명 정도 되는 사람들이 있었다. 내가 마약을 요구하자 그들은 돈을 먼저 내놓으라고 했다. 내겐 돈이 없었다. 그들은 거리의 부랑자들이었고 속임수는 좋아하지 않았다. 나는 어떻게 해야 할지 몰랐다. 그들은 실망한 기색이었고 그들 중 유난히 험악해 보이는 한 여자가 나에게 다가와 돈을 내놓으라고 윽박질렀다. 내 코앞까지 다가왔을 때 나는 돈을 꺼내는 것처럼 손을 주머니에 넣어 손에 잡히는 것을 꺼냈다. 그건 묵주였다.

그 험악한 여자의 얼굴색이 변하더니 뒤로 물러서며 곤란을 당하고 싶지 않다는 듯이 일행에게 단호한 목소리로 "얘는 건들지 마!"라고 말했다. 다른 놈이 나를 죽이려고 달려들자 그 여자는 다시 쇳소리의 차가운 목소리로 "건들지 말라고 했잖아!"라고 소리치고는 일행에게로 몸을 돌려 "여길 뜨자."라고 말했다. 그들이 사라진 후 손에 묵주를 들고 놀라움에 입을 벌린 채 나는 그 어둠 속에 홀로 남겨졌다. 성모님과 묵주의 힘은 내게 잊지 못할 인상을 남겼다.

| 워싱턴주 스포캔에서 스콧 로빈슨

어머니의 사랑의 열매

쌍둥이 자매인 웬디와 나는 1980년 3월 7일에 칠삭둥이로 태어났다. 그렇게 세상에 나오자마자 웬디는 뇌출혈을 일으켜 겨우 하루 반나절 만에 세상을 떠났다. 의사들은 나도 생존이 어렵다고 했지만 나는 살아났고, 엄마의 자궁에 있는 동안 웬디가 사실상 자신의 피를 전부 내게 주었다는 사실에 감사한다.

나는 너무나 병약한 상태로 태어난 신생아였기 때문에 두 달 반 동안 병원에 있었다. 의사의 퇴원 허가를 받은 직후 나는 뇌성마비라는 진단을 받았다. 그것은 신경학적인 장애로 결국 나는 걷지 못한 채로 지금까지 23년을 살아왔다.

1994년, 심각한 척추 측만을 교정하기 위해 척추에 철선을 넣어 용해시키는 수술을 받기로 했다. 수술 전날 밤, 일생 동안 각별하게 성모님을 사랑한 엄마가 하느님의 도움을 청하며 묵주기도를 권했다. 전에 묵주기도를 해 본 적이 없는 나로서는 그 단순한 시도를 하는 것에도 겁이 났다. 나는 진실한 마음으로 묵주기도를 제대로 하려고 애를 썼지만 겁이 나고 혼란스러워서 계속 틀리고 있었다. 그날 밤에 5단까지 기도를 바치지 못했고 결국 포기하면서 이런 생각을 했다. '기도가 너무 서툴러서 수를 제대로 세지도 못했을 거야.'

그러나 하느님의 은총으로 수술은 성공적이었고 인공호흡기의 도움 없이 숨을 쉬며 깨어날 수 있었다. 폐가 발육부전인 채 태어난 나 같은 여자의 경우 그것은 대단한 일이었다. 얼마 후, 그때까지 입원 중이던 나에게 엄마는 내가 수술을 받는 동안 수술실 앞에서 서성이며 묵주기도 5단을 다섯 번 바쳤다고 하셨다. 수술을 집도한 의사가 부모님께 수술이 잘 끝났고 회복실로 갈 것이라는 말을 하지 않았다면 계속 묵주기도를 바쳤을 것이라고 하셨다. 기도를 하면서 또한 내가 목에다 인공호흡기를 끼는 고통을 겪지 않게 해 달라고 특별히 기도했다고 말씀하셨다. 지루하고도 힘든 회복 기간 동안 내가 견뎌야 할 말할 수 없는 고통과 괴로움을 엄마는 나보다 더 잘 아셨던 것이다.

열흘 후 퇴원을 하면서 나와 우리 가족은 믿기지 않는 사실을 알게 되었다. 감사하게도 병원에 있는 동안 나는 단 하루만 집중치료실에 있었다. 나를 위문하러 왔던 많은 사람들이 전하는 말에 의하면, 옆 입원실에 있던 나와 동갑인 어느 몸이 성한 여자도 척추 용해 수술을 받았는데, 그녀는 인공호흡기를 꽂고 내가 퇴원하던 날까지 집중치료실에 있다는 것이었다.

수술 후에 내가 겪을 엄청난 고통을 미리 엄마에게 보여 주신 분은 성령이 분명하다. 수술을 받기 전에 잠시 수술 후 회복기에 대해 생각을 한 적이 있었지만 그런 엄청난 고통을 견뎌야 하리라고는 생각지도 못했다. 지금 돌이켜 보아도 내가 할 수 있는 것은 아무것도 없었을 것이다.

지금까지 겪어 온 모든 시련은 너무나도 힘들었지만 그로 인해 나는 전보다 더 가까이 하느님께 다가갈 수 있었다. 지금은 자주 묵주기도를 바치며 기도를 통해 지극히 복되신 동정 성모님께 깊고 강한 신심을 갖게 되었다. 영적 성장 덕분에, 내가 사랑하는 사람들의 열렬한 기도가 한없이 부족한 나를 완전히 변화시켜 주었다는 것을 깨닫게 되었다. 특히 깊은 신앙심과 사랑을 지니신 우리 엄마의 입술에서 암송되는 동정 마리아를 향한 끊임없는 묵주기도가 없었더라면 결과는 지금과 전혀 달랐을 것이다.

| 메릴랜드 클린턴에서 다운 펠

> 내 영혼이 괴로움을 겪을 때 성모님을 부릅니다.
> 그러면 성모님께서는 상냥하게 들어주십니다.
> — 성 보나벤투라

누구도 던져 버리지 못한다

이 이야기는 꿈을 갖고 그것을 현실로 만든 어느 남자의 아름다운 이야기다. 미네소타 리치필드에 있는 콜럼버스 기사단(the Knights of Columbus, 미국의 평신도 단체)의 일원인 어니 하세는 1970년대에 묵주를 만들기 시작했다. 그런데 사람들이 묵주를 함부로 다루는 기분 나쁜 꿈을 꾸게 되었다. 그가 꿈에서 본 사람들은 묵주를 쓰레기통에 던져 버렸다. 그래서 그는 그 누구도 묵주를 던져 버리지 못하도록 해야겠다는 결심을 했다.

세상에서 제일 커다란 묵주의 성지 성당을 짓기로 한 것이다. 그는 그 계획에 많은 기금과 수많은 희생을 봉헌했다. 다른 사람들의 동참과 더불어 그 꿈을 마침내 실현할 수 있었다. 그가 사는 지역에는 적당한 땅이 없었다. 그러나 성모님께서 도와주셨다. 성 엘리사벳 성당에 다니는 어니의 친구가 있었는데, 그 성당이 성지 성당을 짓기에 충분한 부지를 소유하고 있었던 것이다. 성 엘리사벳 본당 사목 평의회에 안건이 제출되었고 그들의 동의를 받게 되었다!

1983년 5월 18일, 미니소타 세인트 클라우드의 조지 스펠츠 주교님께서 지극히 거룩한 묵주의 성당을 봉헌하셨다.

| 미네소타 아이산티에서 이베타 J. 워터코트

성모님께서 찾아 주신 직장

1997년에 남편은 몬트리올에서 토론토의 캐나다 국영 철도 회사로 직장을 옮기게 되었다. 남편과 우리 가족에게는 여러 가지 면에서 참 잘된 일이었지만, 나는 적응하는 데 어려움을 겪었다. 몬트리올 컨커디어 대학교 생물학부 비서직이라는 안정된 직장을 떠나 세 아이와 낯설고 추운 도시에 살게 된 것이다. 게다가 토론토는 몬트리올보다 물가가 높아서 남편 수입에 보태기 위해 일을 찾아야 했다.

1999년, 여러 군데 직장을 알아보았지만 번번이 실패하고 나니 분노와 좌절이 쌓여 갔다. 어느 날, 브램턴의 고속도로 끝에 위치한 버스 정류장에 앉아 있으면서 나는 재킷 주머니에 든 묵주알을 돌리며 잠자코 묵주기도를 바치기 시작했다. 그러자 곧 긴장이 풀리면서 어린아이처럼 울음이 터졌다. 모두가 알다시피 성모님은 우리의 어머니이시다. 그 순간 어머니이신 성모님께서 바로 내 곁에 계시다는 느낌이 들었다. 게다가 내가 어느 팀에 소속되어 어느 병원에 앉아 있는 모습까지 그려지는 것이었다. 나는 혼자 미소를 지었다. 성모님께서 나를 위해 일자리를 마련해 두셨다는 것을 확신할 수 있었기 때문이다.

　나는 계속 이력서를 내고 면접을 봤다. 그리고 2주가 되기 전에 토론토 대학교와 연계된 어느 소개소에서 토론토 웨스턴 병원의 포르투갈인을 위한 정신 건강과 중독 클리닉에 임시직 의료 비서 자리를 소개해 주었다. 그곳에서 나는 포르투갈에서 성장한 사람들을 만났고 몇몇 좋은 사람들을 알게 되었다. 나는 그곳 일이 즐거웠다. 환자들 가운데 정신없이 돌아가는 그 큰 도시에 이민 와서 엄청난 괴로움을 겪는 사람들을 가까이 접하게 되었다.

　의료와 관련된 일을 하면서 소중한 경험을 쌓을 수 있었고, 그 결과 내가 잠시 일했던 법률사무소의 소장이 내가 의학 용어를 접했다는 것을 알고 연락을 해 왔다. 소장은 의료 소송 부서를 얼마 전에 개설하고 의료 소송 변호를 위해 서류를 작성할 사람이 필요했던 것이다. 그것이 3년 전의 일이고 나는 지금도 그곳에서 일하고 있다.

　성모님의 전구와 사랑은 참으로 놀랍고 감사하다. 우리 가족은 영원한 도움의 성모님 성화를 모시는 시내의 구속주회 본당에서 자주 미사 참례를 한다. 이 성화는 성모님께서 언제나 또 영원히 내 곁에 계심을 상기시키는 힘을 갖는다.

나는 네 군데 도시에서 일을 하면서 영원한 도움의 성모님께서 지켜보시는 가운데 내 영혼의 위안을 찾으라고 나를 부르는 구속주회의 성당을 찾아 갔다. 이렇게 지난 일들을 뒤돌아보면서 성모님께서 내 삶에서 보여 주신 사랑과 힘을 알기에 나는 기쁨의 눈물을 흘린다. 성모님께서는 책 한 권을 쓸 만큼 수없이 나를 위해 전구해 주셨다.

| 캐나다 온타리오 브라마리에서 미세스 데일 비산티

결혼 생활을 구한 고양이

수의사로 일하면서 가장 흥미로운 경험 가운데 하나는 다이앤과 관련된 것이다. 다이앤은 실험 농장에서 기도로 암소를 치료한 적이 있다. 다이앤의 친구 중에 커먹스에서 오신 사제 한 분이 계신데 은퇴 후에도 일을 하시는 조 신부님이셨다. 다이앤은 정상이 아니거나 건강하지 않는 것은 무엇이나 신부님께 축복을 해 달라고 청했다. 유럽에서는 보통 있는 일이지만 북미에서는 흔하지 않은 일이었다. 그러나 신부님은 공개적으로 나서서 그런 일을 하시기에는 수줍음이 많은 겸손한 분이셔서 기적을 행하시지는 않았다. 다이앤은 사람들이 거절하지 못하게 하는 재주가 있었다. 그래서 신부님은 할 수 없이 다이앤이 부탁할 때면 정말 내키지 않으실 때도 축복해 주셨다. 과실나무가 당연히 열매를 맺어야 하는데도 그렇지 못하면 조 신부님은 하느님께서 자비의 힘을 내려 주시기를 간청했다.

언젠가 실험 농장의 암소 무리가 여러 가지 합병증으로 고생을 한 적이 있었다. 조 신부님은 소 떼 전체에 축복을 해 주십사하는 상냥한 부탁의 말씀을 들었다. 다이앤은 우리 엄마와 나에게 손을 빌려 달라고 청했다. 신부님은 수의사가 와서 무얼한다면 그렇게까지 이상해 보이지는 않을 거라고 느끼셨다.

신부님은 '이방인들'이 그 자리에 참석할 기회가 적은 낮 열두 시에 축복식을 하기로 했다. 신부님을 포함한 우리 일행 네 사람은 축사 앞마당으로 갔다. 축복식은 신속하게 진행되었다. 70마리가 넘는 젖소가 10분 만에 전부 축복을 받았다. 다이앤은 젖소 떼의 건강이 좋아지고 있다고 보고했다.

그 일이 있은 후 얼마 되지 않아 나는 진찰실에서 반 혼수상태에 빠진 샴 고양이를 소생시키기 위해 전력을 다하고 있었다. 그 고양이는 FUS, 즉 고양이 비뇨기증후군이라 알려진 병을 앓고 있어 방광 감염으로 인해 요도가 막힌 심각한 상태였다. 일단 혼수상태가 되면 예후는 좋지 않다. 일반적으로 24시간 내에 상태가 호전되지 않으면 심장, 신장 또는 다른 주요 장기에 치명적인 손상이 오게 된다. 엘시와 밥의 고양이가 지금 그런 상태에 있는 것이다. 요도를 막고 있는 결석을 제거하는 조치로 고양이의 몸속 유독 화학물을 씻어 내기 위해 정맥에 유동액을 투여했다. 많은 양의 유동액 투여와 세심한 치료로 어떤 동물은 혼수상태에 있던 경우에도 며칠 후에는 반응을 보인다. 그때 다이앤과 조 신부님이 인사차 들렀다. 다이앤은 축산학과 출신으로 의학 이론에 깊은 호기심을 갖고 있었다. 고양이 비뇨기증후군에 대한 생리

학적 설명을 듣고 나서 그녀는 서둘러 옆방에 있는 신부님을 붙잡으러 갔다.

"신부님, 짐을 도와주세요. 지금 상태가 심각한 환자를 치료하고 있어요." 다이앤은 애걸하듯 말했다. 불쌍한 신부님. 신부님의 얼굴은 '저기 있는 간호사들은 비신자들일 텐데 어떻게 생각할까?' 하는 고뇌가 담긴 표정이 역력했다.

그때 그 순간을 담을 수 있는 비디오카메라가 있었어야 했다. 조 신부님은 그 비신자들이 보지 않기를 희망하며 얼른 좌우를 둘러보시고는 그리스도교 역사에 남을 가장 작고 가장 재빠른 성호를 그으셨다. 내가 지켜본 바로는 누워 있는 고양이에게 축복을 주시는 시간은 채 3초도 되지 않았다. 그리고 얼굴을 홱 돌리시고는 얼른 문을 열고 나가시더니 차에 올라타 다이앤을 기다리셨다. 다이앤은 한숨을 내쉬고는 "나도 가 봐야겠어요."하고 자동차로 갔다.

그런데 뜻밖에도 혼수상태로 널브러져 있던 고양이가 일어나더니 사지를 쭉 뻗으며 기지개를 켜고 몸을 터는 게 아닌가. 그리고 내 곁으로 살랑거리며 걸어와 몸을 비비는 것이었다. 나는 눈이 둥그레진 상태로 그냥 서 있을 수밖에 없었다. 도대체 어떻게 된 거야? 생전 듣도 보도 못한 일이 벌어진 것이다. 그때 이런 의문이 생겼다. 이 일이 실제로 일어난 것이고 만일 초자연적인 일들이 일어나고 있다면, 어째서 하느님은 참으로 겸손한 당신의 일꾼인 사제를 고양이의 생명을 구하는 데 사용하신 걸까?

다음 날에도 고양이는 정상적이고 건강한 상태로 잘 먹고 샴 고양이의 그 거만한 태도를 보였다. 나는 고양이의 주인인 엘시에게 연락해서 이제 회복되었으니 데려가도 좋다고 말했다. 처음 고양이가 왔을 때 상태가 무척 심각하고 회복되더라도 꽤 오래 걸릴 것이라고 했던 말이 민망할 지경이었다. 엘시와 밥 부부가 고양이를 데리러 왔다. 엘시는 성 패트릭 성당 교우였기에 나는 그 일을 사실대로 전부 말해 줄 수밖에 없었다. 밥은 내 말이 들리지 않는다는 표정으로 허공만 바라보았다. 나는 그때 밥에게 신앙이 없다는 것도 몰랐고, 그들 부부가 곧 이혼하게 되리라는 것도 알지 못했다. 그저 고양이의 회복이 놀라워 열심히 그 상황을 이야기했을 뿐이었다.

다이앤과 다시 전화 통화를 하며 그때의 장면을 이야기하자 그녀는 웃음을 참지 못하며 깔깔거렸고 그 이야기를 조 신부님께 전했다. 신부님은 그때 그 일에 대해 아무것도 듣고 싶지 않다고 분명히 말씀하셨다. 그러나 고양이만 호기심을 이기지 못하는 것이 아니라 때론 별난 신부님도 호기심을 억누르지 못하시나 보다. 두 달 후에 조 신부님이 전화를 하셨다.

"그 고양이가 다이앤이 말한 것처럼 정말 회복되었단 말인가요?"

"네, 신부님. 그런 경우는 처음 봤습니다. 신부님께서 여기 사무실에 취직을 하시는 건 어떨까요?"

신부님은 웃으시며 기분 좋게 거절하셨다.

"그래도 그 고양이를 다시 한 번 보고 싶군요. 호기심을 참을 수 없어서요."

"네, 그렇게 하시죠. 제가 고양이 주인에게 말해 놓겠습니다. 그 사람들도 신부님을 정말 만나고 싶어 하거든요."

나는 엘시에게 연락해 약속을 잡았다. 그들 부부와 신부님은 오래도록 즐겁고 편안한 시간을 가졌다. 또한 앨버타의 에드먼턴에서 서로 만난 적이 있다는 사실을 알게 되었다. 밥은 그곳에서 석유 채취 사업을 했고 조 신부님은 수년 동안 수학 교사로 일한 적이 있었다. 신부님과 그들 부부는 우정을 나눌 만큼 가까워졌고, 신부님은 이혼이 그들 부부의 문제 해결책이 아니라는 확신을 하셨다. 그때부터 그들은 상담을 받으며 매일매일 좋아지기 시작했다.

그리고 몇 개월 후, 캠벨리버에서 ME(Marriage Encounter)가 실시된다는 소식이 전해졌다. 요즘 ME는 꾸르실료를 더욱 발전시키기 위한 주말 프로그램을 운영하고 있다. ME는 문제가 있는 결혼 생활을 위한 것이 아니라 앞으로 겪게 될 어려움을 미리 방지하고 더 나은 결혼 생활을 하기 위한 운동이다. 그 목적 중 하나는 부부 사이의 소통이다. 소통을 위한 대화가 부족하기 때문에 흔히 이혼에 이르는 불행이 시작된다.

엘시는 어느 날 아침 미사가 끝난 후에 내게 다가와 말했다.

"짐, 당신은 ME를 했으니까 우리 집에 와서 밥에게 ME를 가라고 말 좀 해 줘요."

"알았어요. 그렇게 할게요."

나는 자신만만하게 대답했다. 그런데 나는 곧 밥이 그렇게 만만한 사람이 아니라는 사실을 알게 되었다. 그는 우리 아이들 같았다. 영적인 것에 대해 말을 꺼내자마자 그는 마음을 닫아 버렸다. 어색함을 없애려고 우리는 밥의 직업에 대해 이야기를 나누며 그가 마음을 열 수 있는 수준의 시도를 했다. 결국 예기치 못한 낭패감을 안고 나는 자리에서 일어났다. 엘시는 절박한 심정이 되어 더듬거리며 말했다.

"짐, 전에 ME를 다녀왔죠?"

나도 불편함을 숨기지 못하는 목소리로 겨우 이렇게 말했다.

"네, 갔다 왔어요. 그런데 만일 ME를 갈 생각이라면 신중하게 결정하세요. 왜냐하면 다시 사랑에 빠질 테니까요."

나는 엘시를 실망시킨 것에 마음이 무거워져서 그 집을 나섰다. ME는 그들 부부의 결혼생활을 다시 나아지게 하는 정말 좋은 기회가 될 수 있었다. 나는 아직도 어떤 문제가 생겼을 때 기도가 최선의 해결책이라는 생각에 확신을 갖지는 못하고 있다. 절망의 끝에서 또는 죽음 앞에서 기도할 뿐이다. 그런데 그때 이유를 알 수 없이 집으로 가서 침대 곁에 무릎을 꿇고 앉아 낙심한 가운데 엘시와 밥을 위해 기도를 했다. 내 생애 가장 절실하게 전구를 청하는 묵주기도였다. 마지막 '영광송'을 끝냈을 때 전화벨이 울렸다. 어머니가 받으셨는데, 엘시가 상기된 목소리로 남편 밥이 ME에 함께 가자고 했다고 전했다. 카우보이는 절대로 울면 안 되는 것을 알고 있지만 나는 눈물을 참을 수 없었다.

엘시와 밥은 이후 4년 간 더없이 행복한 결혼 생활을 했다. 그런데 어느 날 갑자기 예고도 없이, 엘시와 집에서 즐거운 시간을 보내고 있던 밥에게 심장 발작이 일어났다. 안뜰에서 엘시를 뒤쫓으며 장난을 하다가 순간 영원의 세계로 빠져든 것이다. 겉으로 보면 비극적인 일이었지만 우리 모두는 결국 언젠가는 죽는다는 사실을 다시 한 번 깨달았다. 그 샴 고양이가 그들 부부를 재결합하도록 만들지 않았다면, 그래서 밥이 다른 어떤 기쁨도 초월하는 더 진실한 사랑의 기쁨을 알지 못하고 갔다면 얼마나 슬픈 일이었겠는가.

밥이 세상을 떠난 후에 엘시는 이사를 갔다. 그곳 동물 병원에서 고양이의 병력을 보내 달라는 편지를 받았다. 나는 장난기가 발동해서 내가 취한 적절한 의료 처치와 함께 의학 용어를 사용하면서 조 신부님의 축복에 대해 그 사건의 전말을 상세히 써서 보냈다. 그쪽 수의사들은 브리티시컬럼비아에 머리가 약간 이상한 수의사가 있다고 생각했을 것이다.

엘시와 샴 고양이는 앨버타로 이사를 하기 전에 또 한 가지 사건을 일으켰다. 엘시가 캠벨리버 시내로 차를 몰고 갔던 어느 날이었다. 창밖을 내다보니 사람들이 그녀를 향해 손을 흔들고 있었다. '어머나, 여기 사람들은 참 다정하기도 하네. 나를 보고 손을 흔들고 있잖아.' 그렇게 생각하면서 계속 운전을 하고 있는데 창밖의 사람들의 표정이 무척 심각해 보이는 것이었다. 그래서 자동차에 무슨 문제가 있는가 싶어서 차를 세웠다. 그런데 자동차 위에 그 고양이가 있는 것이었다. 목숨을 부지하려고 자동차 선루프를 안전하게 네 다리로 잡고 납작 엎드려 매달려 있었던 것이다. 어쨌거나 그 고양이의 이름은 '럭키'였다.

| 캐나다 브리티시컬럼비아 캠벨리버에서 짐 두페 프락터, DMV

하느님을 사랑하는 배우자 찾기

내 이름은 마리오. 나는 자라면서 하느님께서 내가 사제가 되기를 원하신다고 생각했다. 나는 이런 생각을 잠시 미뤄 두고 12년 동안의 가톨릭계 학교 교육을 떠나 세속의 대학교로 진학했다. 그러면서 하느님께서 나를 결혼 성소로 부르셨다는 것을 깨달았다.

대학에서 나는 하느님의 뜻이라면 가톨릭 신앙을 가진 여학생을 만나 결혼할 수도 있다는 기대를 안고 가톨릭 학생회 뉴먼 클럽에 가입했다. 나는 운이 좋지 못했다. 내가 관심을 갖게 되는 상대는 전부 나를 친구로만 여겼다. 나는 아무래도 하느님께 도우심과 이끄심을 청해야겠다고 판단했다.

묵주의 9일 기도 책을 찾아서 54일 기도를 시작했다. 27일 동안 청원 기도를 바치고 이어서 27일 동안 감사 기도를 바치는 것이었다. 그렇게 열심히 기도하며 성모님께 배우자를 만나게 해 달라고 청했다.

참 이상하게도 처음 만났을 때 우리 두 사람은 서로를 장래 배우자감은 물론 데이트 상대로도 생각하지 않았다. 그녀가 보기에 나는 너무 심각한 사람이었고 내가 본 그녀는 너무 잘난 체하는 여자였다. 그러나 하느님의 계획이 진행되면서 우리는 겉으로 보이는 것 이상의 성품을 보게 되었고 진실한 면을 알기 시작했다. 또한 서로 비슷한 신앙적 확신을 갖고 있다는 것도 알게 되었다. 우리는 데이트를 시작했고 곧 천생배필을 만났다는 것을 깨달았다.

그리고 우연히 알게 된 사실은 서로를 몰랐을 때부터 우리 둘 다 9일 기도를 하고 있었다는 것이었다. 묵주기도의 여왕이신 성모님께 감사드리며 우리는 2002년 12월에 결혼 26주년을 기념했다. 한 가지 더 특별한 것은 아내의 이름이다. 사람들은 아내를 '로'라고 부르지만 진짜 이름은 묵주기도의 성모님께 공경을 표하는 이름인 바로 '로사리아'이다.

| 플로리다 오칼라에서 마리오 A. 리파리

사랑하는 할머니

나는 착한 성품을 지닌 사랑이 많은 가족들 사이에서 자라는 행운을 누렸다. 그 중에서도 가장 큰 행운은 사랑하는 나의 친할머니셨다. 내 기억 속에 할머니는 무릎 관절염을 앓고 계셨던 나이 드신 모습이다. 의자에 앉거나 일어서실 때 또는 걸음을 옮기실 때 나는 할머니를 부축해 드리곤 했다. 나는 할머니를 도와드릴 수 있는 것이 참 좋았다. 그럴 때면 할머니는 특유의 인자한 미소를 짓곤 하셨다.

할머니는 영적으로 또 감성적으로 나를 이끌어 주셨고, 나는 할머니를 물리적으로 도와드렸다. 그렇게 우리는 환상의 짝꿍이었다. 할머니는 언제나 좋아하시는 라벤더 색 옷을 입고 큰 주머니가 달린 앞치마를 입고 계셨다. 그 주머니에는 항상 묵주가 들어 있었고 침대 옆 탁자에는 성화와 기도서가 놓여 있었다. 말씀을 하실 때나 기도서를 읽으실 때, 잠깐 조실 때도 할머니는 주머니 속의 묵주를 만지작거리셨다.

할머니는 내게 묵주를 손에서 놓지 말라고 가르치셨다. 뒷마당에 앉아 있을 때면 할머니는 자주 이렇게 말씀하셨다. "이 아름다운 날을 위해 묵주기도 한 단을 바치자꾸나." 화창한 날 할머니와 함께 바치던 묵주기도는 지금도 내 마음에 남아 나를 미소 짓게 한다.

할머니는 묵주기도가 과거의 여인들과 연결되는 방법이라고 말씀하셨다. 과거에 사셨던 여인들이 우리를 위해 묵주기도를 하셨고 이제 우리가 다음 세대를 위해 묵주기도를 바치는 것이라고 말씀하셨다.

시간이 없거나 너무도 괴로워서 기도조차 할 수 없을 때는 그냥 가지고 있는 묵주를 만지면서 십자가를 만지고 묵주알에 담긴 사랑을 느끼고 성모님을 생각하면서 그분께서 주실 도움을 생각하라고 하셨다. 그 말씀은 내가 살면서 겪었던 온갖 괴로움 가운데에서 얼마나 위로가 되었는지 모른다.

| 인디애나 브라운즈버그에서 캐시 블룸

| 부록

신비에 대해서 – 고대와 현대 : 다시 찾아온 묵주기도

묵주기도의 유래 : 역사와 전승

묵주기도를 바치는 자녀들에게 성모님께서 주신 15가지 약속

묵주기도를 바치는 방법

묵주기도의 묵상

신비에 대해서-고대와 현대
… 다시 찾아온 묵주기도 …
- 리처드 N. 프라고메니 박사 -

    2002년 10월 16일, 교황 요한 바오로 2세 성하께서는 「동정 마리아의 묵주기도Rosarium Virginis Mariae」라는 제목으로 교황 교서를 발표하셨습니다. 교황님께서는 주교와 성직자와 신자들에게 보내는 이 교서에서 2002년 10월부터 2003년 10월까지를 묵주기도의 해로 선포하셨습니다. 그 선언과 함께 교황님께서는 가톨릭 신자들의 신심 생활에 묵주기도의 의미를 고취시키는 교리적 가르침을 제안하셨습니다. 이 교리는 성모님과 우리 신앙인들을 그분의 아드님이신 예수님께로 이끄시는 그분의 역할에 대한 더 깊은 묵상을 담고 있습니다. 교황님은 묵주기도를 '성모님의 학교'라고 부르시며 그 학교에서 그분의 자녀들이 당신 아드님의 일생을 '환희·고통·영광의 신비'로 관상하면서 그리스도의 가르침을 배우도록 우리를 초대하십니다.

    이렇게 이어지는 세 가지 신비는 신심 생활의 일부로 묵주기도를 바치는 신자들에게는 매우 친숙한 것입니다. 전통 속의 신비는 주님과 좀 더 깊은 관계 안에 있기를 원하는 이들의 정신과 마음에 그리스도에 대한 기억을 생생하게 살아 있는 것으로 간직하는 길입니다. 교황님께서는 진정한 의미에서 묵주기도의 신비는 성모님과 일치하는 길이며 또한 성모님께서 기억하시는 그리스도의 모습과 일치하는 길이기도 하다는 사실을 상기시켜 주십니다. "그리스도인 공동체는 묵주기도를 바치면서 성모님의 기억과 또 그 눈길과 일치하게 됩니다."(위 교서 11항) 달리 말하면 묵주기도는 복음의 요약입니다. 묵주기도를 바치는 이들은 은총의 신비로 더 깊이 들어가면서 구원의 계획으로 한 단계씩 인도됩니다. 그러나 우리는 혼자 가는 것이 아니라 우리를 이끄시는 성모님과 함께 갑니다.

'환희의 신비'는 주님의 탄생 예고로 시작됩니다. 하느님의 전령이 마리아에게 구세주의 어머니가 되시리라는 소식을 전하는 놀라운 순간입니다. 이 환희는 성모님께서 사촌 엘리사벳을 방문하시고 예수님을 낳으시는 특별한 순간으로 이어지며 더욱 빛납니다. 네 번째 '환희의 신비'는 첫 아들을 성전에 바치시는 것으로 율법이 완성됨을 묵상하도록 이끕니다. 열두 살이 되신 예수님을 성전에서 찾으시는 다섯 번째 '환희의 신비'는 기쁨과 비극이 뒤섞여 있습니다.

'고통의 신비'는 예수님의 수난과 죽음을 다시 생각하는 묵상으로 이어집니다. 복음의 핵심은 이 고통의 신비를 선포하는 것입니다. '고통의 신비'는 하느님께서 우리와 모든 피조물을 위해 당신을 전부 내어 주시는 사랑을 의미하는 그 엄청난 고통에 온전히 집중하게 합니다. 겟세마니에서의 번민으로부터 매 맞으시고, 가시관을 쓰시는 고통을 경건하게 묵주기도로 묵상하면서 우리는 성모님과 예수님께서 사랑하시는 제자들과 함께 골고타에 이르러 세상의 죄를 없애 주시는 하느님의 어린양을 바라보게 됩니다.

이어지는 '영광의 신비'는 예수님의 부활로 시작되어 죄와 죽음을 이기시는 하느님의 영광스러운 힘을 드러냅니다. 묵주기도는 그리스도의 승천과 성령 강림의 넘치는 영광을 전개합니다. 마지막 '영광의 신비'에서 우리는 다시 성모님께로 돌아가 아드님을 보시게 되는 희망을 안고 죽음을 맞으시는 성모님을 찬미하며 성모님께서 하늘로 불러올리심을 받고 천상모후의 관을 쓰심을 선포합니다.

이 열다섯 가지 신비는 천 년 가까이 교회의 신심 기도로 바쳐졌지만 교황 요한 바오로 2세께서는 묵주기도의 해 기념 서간에서 묵주기도에 새로운 다섯 가지 신비를 소개하십니다. 교황님께서는 이 새로운 신비를 '빛의 신비'라고 부르시며 이를 제안하시는 두 가지 이유를 언급하십니다.

첫째, 교황님께서는 지금까지 바쳐 온 신비들이 대단히 중요하고 훌륭한 것이지만 예수님의 일생에서 중요한 몇몇 순간이 빠져 있다고 생각하십니다. 묵주기도를 바치면서 이들 순간을 묵상하게 되면 그리스도인 공동체는 그리스도의 공생활을 통해 그분에 대해 더 많은 묵상을 하게 될 것입니다. 그런 이유로 교황 요한 바오로 2세께서는 '빛의 신비'가 기도의 깊이를 더해 주고 예수님의 삶에서 하느님께서 행하신 놀라운 일들을 올바로 인식하게 해 줄 것이라고 생각하십니다.

둘째, 교황님께서는 이 새로운 신비를 추가하여 "그리스도교 영성에서 환희와 빛과 고통과 영광의 심연인 그리스도의 깊은 마음에 이르는 참된 길인 묵주기도에 새로운 열성을 불러일으키기"(19항)를 희망하십니다. 사실 이 교서는 가톨릭 신자들에게 묵주기도를 장려하기 위한 것이라고 할 수 있습니다. 교황님께서는 묵주기도를 평화를 위한 기도, 가정을 위한 기도, 자녀들을 위한 기도, 새천년기를 위한 기도라고 찬미하십니다.

예수님의 전 생애는 어둠 속에서 빛을 선포하시는 것입니다. 그렇기 때문에 교황님께서는 예수님을 만났던 모든 이의 얼굴을 희망과 기쁨으로 빛나게 하신 다섯 가지 중요한 순간을 선택하셨습니다. "이 신비는 예수님 안에서 이미 이루어진 하느님 나라의 계시입니다."(21항) 이런 의미에서 빛의 신비는 우리가 성모님과 함께 묵상하는 예수님의 다섯 가지 공현입니다. 성모님께서는 우리에게 당신 아드님께 귀를 기울이고 그분의 가르침을 따르기를 청하십니다.

1. 예수님께서 요르단 강에서 세례 받으심

첫 번째 '빛의 신비'는 주님께서 세례를 받으심입니다. 이 신비에서 우리는 죄를 모르시지만 우리를 위하여 '죄 있는' 분이 되신 그리스도께서 요르단 강으로 들어가심을 다시금 묵상하는 것입니다. 그때 하늘이 열리고 성부께서 그분을 사랑하는 아들이라 선포하시는 한편 성령께서 그분 위에 내려오십니다. 하느님과 선한 의지를 가진 모든 이들에게 기쁜 순간입니다.

2. 카나의 혼인 잔치에서 당신을 드러내심

두 번째 '빛의 신비'는 우리를 혼인 잔치로 데려갑니다. 혼인은 계약을 맺은 사람들에게 희망과 사랑과 충성의 표시입니다. 교황님의 최근 교서는 예수님께서 카나에서 물을 포도주로 바꾸시는 첫 번째 기적을 행하셨다는 사실을 다시 한 번 우리에게 상기시키십니다. 첫 신자인 성모님의 전구로 제자들의 마음이 열리고 사람들이 그분을 믿기 시작했습니다. 그분께서는 오랜 계약의 희망을 품게 하시며 하느님과 그분 백성들 사이의 풍요로운 혼인식이 될 것입니다. 거룩한 산으로 올라가 잔치에 온 모든 이들이 최상의 포도주와 맛있는 음식을 즐길 것입니다. 그 산 위에서는 더 이상 아무도 슬픔의 눈물을 흘리지 않을 것입니다. 영원한 구원이 이루어지는 것입니다.

3. 회개의 촉구와 결부된 하느님 나라의 선포

예수님께서는 3년 동안 설교와 치유로 당신의 영광을 드러내셨습니다. 그분께서는 말씀으로 설교하시고 기적을 행하셨습니다. 병든 자를 치유하시고 죄인을 용서하셨으며 세리와 창녀들과 함께하셨습니다. 죄인들에게 회개를 청하시며 자비를 행하셨습니다. 예수님께서는 당신의 활동을 통해 겸손한 종이시며 자신을 내어 놓으시며 다른 사람을 위해 자신의 생명을 기꺼이 바치시는 하느님의 참모습을 보여 주셨습니다. 이와 같은 자비 활동을 우리, 즉 교회에 약속하시므로 우리 모두는 그리스도의 가르침을 듣고 하느님 나라에 들어갈 것을 압니다. 우리는 지금 그리고 죽음의 시간에 모든 죄인들을 위해 기도합니다. 또한 그리스도께서 우리에게 촉구하시는 회개를 위해 기도합니다.

4. 예수님의 변모

우리의 교황님께서는 이 신비를 가장 뛰어난 신비라고 하십니다. 전통적으로 타보르 산에서 있었다고 여겨지는 예수님의 변모는 영광스러운 공현입니다. 베드로, 야고보, 요한과 함께 기도하실 때 모세와 엘리야가 나타나 예수님과 말씀을 나누셨습니다. 그때 하늘이 열리고 성부께서 "이는 내가 사랑하는 아들이니 너희는 그의 말을 들어라."(마르 9,7) 하시는 순간 그분의 얼굴과 옷은 하느님의 영광으로 빛났습니다. 그리스도의 수난과 죽음을 준비하는 이 순간을 체험한 제자들이 예수님께서 어둠 속에서 돌아가신 후에도 계속 희망을 갖도록 하는 빛의 순간이었습니다. 예수님의 변모는 우리도 성령의 도움으로 변화함으로써 그리스도의 영광에 함께할 수 있다는 선언입니다.

5. 성체성사의 제정

예수님께서는 돌아가시기 전날 밤에 제자들과 함께 파스카를 기념하셨습니다. 이 마지막 '빛의 신비'는 예루살렘의 다락방으로 우리를 데려갑니다. 우리는 예수님께서 당신 친구들의 발을 씻겨 주시면서 "내가 너희를 사랑한 것처럼 너희도 서로 사랑하여라." 하고 당부하셨음을 기억합니다. 또한 같은 마음으로 예수님께서는 빵을 떼어 동료들에게 주시며 말씀하셨습니다. "이는 너희를 위하여 내어 주는 내 몸이다. 너희는 나를 기억하여 이를 행하여라." 그리고 같은 방식으로 잔을 들어 말씀하셨습니다. "이 잔은 너희를 위하여 흘리는 내 피로 맺는 새 계약이다."(루카 22,19-20) 이 말씀으로 예수님께서는 당신의 백성들을 사랑하시며 세상 끝 날까지 우리를 사랑하심을 알리셨습니다. 예수님의 죽음과 부활을 생생하게 기억하면서 그분께서 영광스럽게 다시 오실 때까지 우리는 이 빵을 먹고 이 잔을 마십니다. 그리스도의 성체의 빛이라는 선물은 교회에 계속 그 빛을 비추면서 우리가 다른 사람을 위해 봉사하는 길을 보여 줍니다.

교황님의 교서 「동정 마리아의 묵주기도」의 제3장은 교황님께서 권고하시는 묵주기도의 본질적인 방식을 개괄적으로 설명하고 있습니다. 교황님께서는 묵주기도가 반복의 형태에 기초하고 있다는 사실을 먼저 설명하십니다. 교황님께서는 이 방법을 사랑의 역동성에 비유하십니다. 사랑하는 사람들은 "사랑합니다."라는 말을 끊임없이 지치지 않고 반복합니다. 이런 의미에서 묵주기도는 우리를 성모님과 함께 그리스도의 신비를 묵상할 수 있는 내면의 깊은 곳으로 데려다 줍니다.

교황님의 교서는 이어서 묵주기도를 더욱 깊이 묵상할 수 있는 방법들을 제시하십니다. 예를 들면 교황님께서는 신비를 표현하는 성화상은 풍부한 상상력으로 우리의 눈과 마음을 특정한 신비에 집중시켜 신심을 더욱 증진할 수 있다고 제안하십니다. 각 신비를 선포한 다음에는 짧게 성경을 봉독할 수 있습니다. 성경 말씀을 경청한 후에는 잠시 제시된 신비를 묵상하는 침묵 시간을 가진 다음 '주님의 기도'와 '성모송'으로 넘어가는 것이 좋다고 하셨습니다.

교황님께서는 각 신비를 마치는 '영광송' 다음에 짧은 마침 기도가 이어지는 것이 바람직하다고 말씀하십니다. 요한 바오로 2세 교황님께서는 그러한 마침 기도가 이미 지역에 따라 행해지고 있음을 알고 계시며 "신비의 묵상이 고유한 열매를 맺도록 그 신비를 기도로 마무리한다면, 신비의 관상이 더더욱 풍요로워질 수 있다."(35항)고 말씀하십니다.

교황님께서는 마지막으로, 한 주간 동안 신비를 바치는 순서를 제안하십니다. 교황님께서는 "이러한 요일 배분은, 전례가 전례 주년의 다양한 시기를 여러 색으로 채색하는 것과 비슷한 방식으로, 요일마다 영적인 '색깔'을 부여하는 것"(38항)이라고 설명하십니다. 그러므로 월요일과 토요일에는 '환희의 신비'를, 화요일과 금요일에는 '고통의 신비'를, 수요일과 주일에는 '영광의 신비'를, 목요일에 '빛의 신비'를 묵상하게 됩니다.

묵주기도는 그리스도께 가는 성모님의 길입니다. 성모님의 학교에서 성모님께서는 지금도 당신 아드님을 기르셨듯이 당신 자녀들을 기르고 계십니다. 교황 요한 바오로 2세의 교황 교서는 이 묵주기도의 새로운 시대를 열어 줍니다. 묵주기도의 해가 성모님의 가르침 안에서 우리가 그리스도와 한층 깊은 친교를 이루는 해가 되게 하소서.

묵주기도의 유래

… 역사와 전승 …

− 리차드 그리블 신부, 성십자가수도회 −

묵주기도의 유래는 1571년의 레판토해전과 밀접한 관련이 있는 것으로 전해지고 있다. 유럽 그리스도 동맹군은 진군해 오는 오스만터키 함대에 맞서 싸우기 전에 묵주기도를 바쳐 승리를 거두었다. 그때 오스만터키군이 이겼더라면 유럽 전역은 이슬람교를 믿어야 했을 것이다. 패배할지도 모르는 두려움이 있었지만 동맹군은 놀라운 승리를 거두었고 그때 이래 10월 7일을 '묵주기도의 성모님' 혹은 '승리의 성모님'을 기념하는 날로 지내게 되었다.

아주 단순하고 소박한 이야기가 있다. 어느 사제가 동정 성모님을 본받아야 한다는 이야기를 어린 소녀들에게 해 주고 있었다. 주님 탄생 예고에 대해 이야기를 해 주면서 그 사제는 이런 설명을 했다.

"가브리엘 천사가 나타났을 때 마리아는 무엇을 하고 있었을까? 집안 청소를 하고 있었을까? 이웃 여자들과 남의 이야기를 하고 있었을까? 아니면 책을 읽고 있었을까? 아니야! 마리아는 자기 방에 조용히 앉아서 묵주기도를 하고 있었단다."

이 장면을 그려 보면서 우리는 묵주기도가 언제나 그리스도인 신심생활의 일부였다는 것을 잘 알 수 있다. 이 이야기가 사실 그대로를 말하고 있는 것은 아니지만 묵주기도는 15세기부터 대부분의 로마 가톨릭 신앙에서 특별히 공경을 받는 영적 실천 행위로 정착되어 왔다. 이 대중적인 기도의 유래는 매우 다양해서 전설과 신심, 교회의 공적인 인가와 결부되어 발전되었음을 알 수 있다.

위에서 말한 사실에 기인한 이야기 외에도 묵주기도는 가톨릭 신심의 일부로 오랜 역사를 통해 많은 전설과 전승이 첨가되었다. 묵주기도의 유래를 설명하는 데어는 두 가지 가설이 존재한다. 그 하나는 '종교의 발전' 이론에 따른 것으로, 동방 종교에서 기도의 수를 셀 때 사용되었던 묵주가 유럽으로 건너온 것이라는 내용이다. 십자군이 묵주알을 사용해서 기도하는 이슬람교의 풍습을 그리스도교에 가져왔다는 것이다. 또 다른 가설은 복되신 성모님께 묵주의 사용법과 그 효험에 대해 가르침을 받은 도미니코 성인에 의해 기본이 완성되어 우리에게 신심으로 전해졌다는 것이다.

이 두 가지 이야기에서 몇 가지 취할 점이 있기는 하지만 뒷받침할 만한 역사적 기록은 충분하지 않다. 힌두교와 불교에서는 그리스도 시대 이전부터 염주를 사용해 왔다. 그러나 이들 동양 종교의 염주와 그리스도교의 묵주가 관련이 있다는 사실을 증명할 만한 자료는 없다. 십자군이 이슬람교의 영향으로 묵주기도를 서방에 소개했다는 것 역시 사실이라기보다는 추측에 가깝다.

도미니코수도회가 성모님께서 알려 주신 묵주기도를 바쳐 온 오랜 전통은 사실 도미니코 성인이 죽은 지 2백 년 후에 시작되었다. 도미니코수도회의 복자 알라누스 더 루페는 1460년, 이단 교도들을 개종시키지 못해 낙담하고 있는 도미니코 성인에게 성모님께서 발현하신 이야기를 기술했다. 성모님께서는 이단을 물리치기 위해 필요한 것은 지성과 설교가 아니라 성모의 시편을 장려하고 성공적으로 이용하는 것이라고 말씀하셨다. 그런 다음 성모님께서 성인에게 묵주를 주시며 기도 방법을 알려 주셨고 그것이 신심으로 발전했다. 이 이야기는 특별히 잘 알려진 성인과 관련이 있다는 이유로 적극적으로 받아들여졌다. 교황 문헌은 20세기에 들어서면서 이 이야기를 뒷받침하고 있다. 학식이 높은 추기경 존 헨리 뉴먼조차도 이 전통을 뒷받침하는 데 주저하지 않았다.

도미니코수도회의 전통은 별다른 이의 없이 18세기까지 이어져 오다가 성인들의 일생을 연구하는 예수회의 볼란디스트(성인들의 전기나 성인 공경에 대해 연구하는 예수회의 학파. 설립자 Jean Bolland의 이름에서 볼란디스트라 불림-편집자 주)들의 도전을 받게 되었다. 이들 학자는 도미니코 성인에 대한 존경심으로 지어낸 이야기와 사실을 깊이 연구한 결과 성인과 묵주기도가 관련이 있다는 증거를 발견할 수 없었다. 20세기에 와서 예수회의 학자 허버트 서스턴 역시 묵주기도가 도미니코수도회에서 유래해서 보급되었다는 전통에 반기를 들었다. 그의 연구는 그 전통을 옹호하려는 사람들과 묵주기도와 관련해서 새로운 해답을 찾는 사람들 사이에 논쟁을 일으켰다.

역사적인 기록은 묵주기도가 오늘날과 같은 형태로 발전해 왔다는 개념을 잘 보여 주고 있다. 묵주의 재료와 도미니코 성인의 전통이 결합되어 발전해 왔지만 좀 더 큰 하나의 그림을 이루고 있다. 그것은 기도문의 진화, 신심 행위, '우리가 기도하는 것이 우리가 믿는 것이다Lex orandi, lex credendi'라는 오랜 격언의 완성이다.

묵주기도는 사막의 교부들이 기도를 충실하게 하려는 시도에서 시작되었다. 이들 은수자들은 하느님께 매일 기도를 하면서 기도의 횟수를 돌멩이나 자갈로 세었다. 기도를 한 번 할 때마다 자루나 주머니에 든 돌을 하나씩 꺼내서 정확하게 기도의 수를 셀 수 있었다. 시간이 흐르면서 매듭이나 금을 새긴 나무토막 같은 좀 더 오래 쓸 수 있는 도구들이 기도의 수를 세는 데 사용되었다. 그러므로 기도의 횟수를 세는 개념은 초세기 교부들 시대부터 그리스도교 신앙에 존재하는 것이었다.

보속이나 신심 행위로 기도를 소개한 공로는 7세기 아일랜드 수도사들에게 돌려야 할 것이다. 시편 150편을 50편씩 셋으로 나눈 형식이 수도사들의 보속과 기도에서 통상적으로 지정되었다. 일반적으로 후원자와 공동체 구성원의 영원한 안식을 위해 '50편'을 두 번 바치고, 50편은 개인 기도로 바치게 되어 있었다.

이 시편 묶음 기도를 유럽 대륙에 소개한 사람은 골룸바노 성인이다. 중세에 시편 암송은 글을 읽을 줄 아는 사람들에게 널리 보급되었다. 그러므로 변경할 필요가 있었다. 글을 읽을 줄 모르는 수도사들이나 읽을 줄은 알지만 라틴어 시편의 의미를 제대로 파악하지 못하는 사람들은 시편을 대신해서 그리스도를 기억하며 잘 알려진 기도문으로 기도했다. 이것이 예수님의 시편으로 알려진 것이다. 시편을 대신한 결과 끝없이 이어지는 시편 본문에 순서를 매기기 위해서 아일랜드 수도사들은 약 800년경에 '주님의 기도'를 보속을 위한 50편 형식에 도입할 수 있는 보편 기도문으로 사용할 것을 권장하기 시작했다. 보편적으로 알려진 기도를 아무 훼손 없이 이렇게 도입한 변화는 모든 사람들에게 받아들여져서 묵주기도의 주요 발전 단계가 되었던 것이다. 이 형식이 유럽 전역에 일반적인 것이 되었다. 클뤼니 수도원(1096)은 세상을 떠난 이들을 위해 50편의 시편이나 '주님의 기도'를 50번 바치도록 했다. 11세기가 시작되면서 작은 시편으로 알려진 '주님의 기도' 150번을 끈이나 구슬을 사용한 형태의 묵주로 바치는 것이 널리 퍼졌다.

'주님의 기도'가 묵주기도의 주요 기도인 '성모송'으로 대체된 것은 다소 복잡한 과정을 거치며 11세기와 12세기에 시작되었다. 캔터베리의 몇몇 대주교가 '성모 찬미 시편 150편'을 지었다. 이 기도문은 50편씩 세 부분으로 나누어진 구조였다. '성모송'은 이 특별한 성모 시편에서 근거한 것이다. 시간이 흐르면서 작은 시편과 묵주가 성모님과 성모님에 대한 신심과 결합하게 되었다.

이 특별한 시편에서 사용된 '성모송'은 오늘날 우리가 알고 있는 것이 아니었다. 15세기 이전에 성모 찬미는 전적으로 성경에서 유래한 것이었다. 루카 복음서 앞부분이 '성모송'의 출처인데, 주님의 탄생을 예고하는 가브리엘 천사의 선언이 그것이다. "은총이 가득한 이여, 기뻐하여라. 주님께서 너와 함께 계시다."(루카 1,28) 그리고 마리아가 사촌 엘리사벳을 방문했을 때 엘리사벳이 "당신은 여인들 가운데에서 가장 복되시며 당신 태중의 아기도 복되십니다."(루카 1,42)라고 말했던 부분이다. 성경의 이 두 부분의 인사말이 연결되어서 대림 넷째 주일에 성모님을 기념하는 축일 미사 봉헌에서 사용되었다. 이 기도는 또한 13세기부터 토요일 성무일도와 성모소일과에 사용되었다.

대중적인 신심은 동시대의 형태로 기도를 널리 보급하게 했다. 예수님이란 낱말은 1261년에 교황 우르바노 4세께서 첨가했다. 15세기 후반에 캔터베리의 성 안셀모와 가톨릭 종교 개혁자 사보나롤라가 보완한 기도문은 오늘날의 기도문과 거의 같은 것이었다. 트리엔트 공의회(1545-63)에서 만든 교리는 공식적으로 "천주의 성모 마리아님, 이제와 저희 죽을 때 저희 죄인을 위하여 빌어 주소서. 아멘." 하는 문구를 덧붙여 개정된 기도문을 완성했다. 그리고 1568년에 개정된 성무일도에 채택되었다.

우리가 아는 오늘날 묵주기도의 기본 구조는 15세기에 완성된 것이며, 칼바의 헨리의 작업에서 근거한 것이다. 헨리는 처음으로 성모 시편을 나누어 10편의 '성모송'마다 마치 기둥을 세우듯 '주님의 기도'를 넣어서 그 수가 15개가 되도록 했다. 이 독일 전통이 15세기에 잉글랜드로 전해졌다. 현존하는 기록에 보면 1440년 이튼칼리지의 학생들은 매일 성모 시편을 바치도록 되어 있었는데 그것은 15개의 '주님의 기도'와 150개의 '성모송'으로 이루어진 것이었다. 고고학적 증거가 이 같은 구조를 증명하고 있다. 15세기 초반의 '묵주'는 작은 구슬 열 개마다 큰 구슬 한 개가 '표시' 구슬로 엮어진 줄로 만들어졌다. 묵주의 늘어진 부분은 '사도신경, 주님의 기도, 성모송 3번, 영광송'을 바치는 부분으로 16세기와 17세기의 묵주기도 형식에서 생겨난 것이다. 17세기 초 예수회의 저서 「성모님의 정원The Garden of Our Blessed Lady」(1612)과 「묵주기도의 훈련Sacri Rosarii Excercitiones」(1622)은 그 늘어진 부분이 묵주기도 신심의 일부라고 말한다.

오늘날 우리가 바치는 '주님의 기도'는 마태오 성인이 그의 복음서 (6,9-13)에 기록한 것을 거의 그대로 사용하고 있는데, 이 '주님의 기도'와 앞서 말한 '성모송' 외에 세 가지 다른 기도가 묵주기도에 사용되고 있다. '영광송'은 '주님의 기도'를 제외하고는 묵주기도의 다른 모든 기도보다 더 오래된 기원을 갖는다. 삼위일체 기원은 히브리 성서의 권고 말씀인 "주님 찬미받으소서God be praised"에서 가져온 것으로, 교부들의 시대 초기에 일반화되었다. 현재 우리가 바치는 '영광송'은 529년 초 제2차 베종 공의회에서 모든 시편을 바친 다음에 바치도록 정식으로 허가되었다. 묵주기도에 '영광송'이 삽입된 것은 르네상스 시대부터이다. 약 1500년경에 제작된 어느 기도서는 "거룩한 삼위일체 기도문을 시편의 각 주님의 기도 다음에 바치는 것이 바람직하다."고 말한다. 1566년의 또 다른 기도서는 '성모송'을 10번 바친 후에 '영광송'을 바칠 것을 청하고 있다. 이상하게도 '영광송'은 묵주기도의 일부로 공적인 인가를 받은 적이 없다. 레오 13세는 회칙 「최고 사도직무Supremi Apostolatus」에서 묵주기도의 본질에 대해 설명하였지만 신자들에게 보편적으로 '영광송'을 바치라고 언급하지는 않았다.

교부들의 시대에 암브로시오 성인과 루피노 성인(약 380년경)은 '사도신경'을 설명하고 사도들이 원작자라고 주장했다. 중세의 전통은 이 이론을 발전시켜 오순절에 성령의 영감을 받아 씌어졌다고 했다. 현대의 학자들은 '사도신경'이 15세기 로마에서 세례식 때 바친 신경의 한 형태임을 보여 준다. 신경이 묵주기도의 일부 기도문으로 처음 언급된 곳은 1495년 출간된 「가장 유용한 책Libellus Perutilis」에서다. 작자는 신경을 50번의 '성모송'과 '사도신경'으로 이루어진 원형 고리로 보았다. 16세기에 시토수도회의 수사들은 성모 시편을 바칠 때 '성모송'과 '주님의 기도'와 함께 '사도신경'을 바치라는 지시를 받았다.

살베 레지나 또는 성모 찬송은 라틴교회의 전례 기도로 삽입되었다. 13세기에 시토수도회와 프란치스코수도회는 저녁 기도에 '성모송'을 채택했고, 이는 14세기부터 라틴 성무일도의 저녁 기도 후에 보편적으로 바쳐지기 시작했다. '성모송'의 원작자는 분명하지 않다. 네 사람 정도가 원작자로 여겨지고 있는데 그중 한 사람이 클레르보의 베르나르도 성인이다.

묵주기도가 공인된 기도가 된 것은 교회의 다른 사건과 부합된 결과였다. 1568년에 비오 5세는 삼위일체 대축일부터 대림 제1주일까지 저녁 기도 후에 '성모송'을 바쳐야 한다는 교령을 반포했다. 묵주기도에 대한 교황의 공적 인식은 동시에 몇 가지 관련 사항을 제시했지만 그 관련의 진위는 분명하지 않다.

표면적으로 볼 때 묵주기도는 지향이 없는 단순한 기도문의 반복이었다. 그러나 사실은 그렇지 않다. 묵주기도를 바치면서 묵상하는 신비는 이 신심의 핵심이며 그리스도와 그분의 어머니 마리아의 일생을 깊이 생각하게 한다. 묵주기도와 연관된 묵상은 15세기 초에 시작되었다. 프러시아의 도미니코는 그의 저서 「수련을 위한 책Liber experientiarium」에 전형적인 '50편'을 바칠 때 각 '성모송'에 50개의 묵상 문구를 지었다. 이들 문구의 주제는 예수님의 생애와 마리아와 그분의 관계 전체를 포함하는 것이었다. 이들 묵상은 나중에 묵주기도 전체의 각 '성모송'으로 확대되어 150개의 문구가 되었다. 외우기가 너무 어려워서 책으로 발간된 이들 묵상 문구는 성경에서 유래한 '성모송'에 덧붙여졌다. 예를 들면, 첫 번째 '성모송'은 "은총이 가득하신 마리아님 기뻐하소서. 주님께서 함께 계시니 여인 중에 복되시며 태중의 아들 예수님 또한 복되시도다. 당신께서는 천사의 아룀으로 성령으로 잉태하셨나이다. 아멘."이 되었다.

150개 문구의 신비가 오늘날의 15개 신비로 변화된 것은 16세기 초 카스텔로의 알베르토에서 시작되었다. 1521년에 펴낸 그의 저서 「영광스런 동정녀의 묵주기도Rosario della Gloriosa Virgine」에서 그는 신비라는 용어를 묵주기도와 연관해서 처음으로 사용하고 있다. 150개의 문구는 그대로 유지되지만 그것을 10개로 묶었고 그 '주님의 기도'를 주제로 한 10개 문구 다음에 10번의 '성모송'을 바치도록 한 것이다.

당시 15개의 신비가 영광, 환희, 고통의 순서로 배열되어 있는 정확한 출처가 몇 가지 전해진다. 다양한 형태의 유형의 증거는 신비가 여러 개로 묶여 있었다는 것을 보여 준다. 1483년에 출간된 작자 미상의 어느 기도문에는 신비를 세 부분으로 나누어 배열하고 있다. 프랑크푸르트에 있는 어느 도미니코수도회의 제단 뒤 장식은 오늘날의 15개 신비를 모두 포함하고 있다. 묵주기도서의 원전 가운데 하나인 「묵주기도의 세 가지 신비와 성모님의 시편Unser Lieben Frauen Psalter」에는 3쪽이 삽입되어 있는데 성모 승천에 포함된 성모님께서 천상 모후의 관을 쓰시는 신비를 제외하고 각 쪽에는 오늘날 우리가 바치는 신비가 다섯 장면의 채색 석판화로 실려 있다. 1573년의 「지극히 거룩한 묵주기도Rosario Della Sacratissima」 원문에는 당대의 신비 묶음이 실려 있다.

묵주기도의 묵상은 예수회가 창설되면서 그들에게 큰 옹호를 받았다. 그 예증이 되는 책의 제목에서 그것을 알 수 있다. 1573년에 예수회의 가스파르는 「우리의 어머니, 복되신 동정 성모님의 묵주기도의 신비를 묵상하는 방법에 대한 조언과 제의Advice and Suggestions on the Manner of Meditating on the Mysteries of the Rosary of the Blessed Virgin, Our Mother」라는 책을 펴냈다. 출간되자마자 프랑스어 원문이 독일어, 라틴어, 스페인어, 포르투갈어로 신속하게 번역된 것을 보면 그 영향은 막대했던 것이 분명하다.

교회가 묵주기도를 신심에 도움이 되는 기도로 공인한 것은 앞서 말한 알라누스 더 루페에서 시작된다. 도미니코수도회에서 비롯한 묵주기도의 전통을 시작으로 복자 알라누스는 1470년에 묵주기도 형제회를 설립한다. 이 시기 이전의 묵주기도는 개인 신심행위였기에 묵주기도를 공인받게 하려는 집중적인 노력이 없었다. 루페가 설립한 단체는 쾰른의 야곱 스프랭거가 시작한 그와 유사한 단체에 흡수되었다. 스프랭거가 설립한 단체는 급속히 성장했다. 1479년에 회원이 50만 명이라는 보고가 있다. 이렇게 인기가 높았던 이유는 이 단체에 가입하기 위한 조건이 간단했기 때문이다. 일주일에 한 번 성모 시편을 바치고 매달 첫 주일에 영성체를 하는 것이 그 조건이었다. 스프랭거가 만든 이 단체의 지침서는 전체 시편(15단)을 바쳐야 한다는 것으로, '흰 장미 열 송이 다음에 붉은 장미 한 송이를 삽입해야 한다.'는 한 번의 '주님의 기도' 다음에 열 번의 '성모송'을 바쳐야 한다는 정의가 된다.

묵주기도 형제회는 교회 활동의 선두에 신심을 가져왔다. 거의 백 년 후인 1571년 돈 후안이 터키군에 맞서 싸운 레판토 전투에서의 승리는 묵주기도에 공헌했다. 비오 5세는 그날 미사를 봉헌하는 가운데 10월 7일을 묵주기도 축일로 선포하게 된다. 1573년에는 도미니코수도회의 요청에 따라 그레고리오 13세 교황이 10월 첫 주일을 지극히 거룩한 묵주기도 축일로 제정했다. 처음에 이 축일은 묵주기도를 봉헌한 제대가 있는 교회에서만 지냈지만 1671년 교황 클레멘스 10세가 전체 교회의 축일로 확대했다. 오늘날에는 이 축일을 10월 7일 의무축일로 지내고 있다. 10월 7일의 성무일도는 묵주기도를 공적으로 이렇게 규정하고 있다. "묵주기도는 기도의 한 형태로, 주님의 기도와 함께 성모송을 15단 바치며 그 사이에 경건한 묵상을 통해 수많은 우리 구원의 신비를 생각한다."

묵주기도 신심은 종교개혁 이후에 많은 사랑을 받아왔다. 몽포르의 루도비코 마리아 성인은 그의 저서 「지극히 거룩한 묵주기도의 비결」(1680)에서 이 신심의 간략한 역사를 밝히고 있다. 또한 이 책은 묵주기도를 바치는 사람들의 지침서로 사용되고 있는 책이기도 하다. 19세기에 교황 레오 13세는 묵주기도 신심을 장려하는 12항의 회칙과 그밖에 다른 서한을 발표하셨다. 교황은 회칙 「최고 사도직Supremi Apostolatus」에서 10월을 묵주기도 신심을 위한 특별한 달로 정한 교황들 가운데 한 분이다. 더 최근에는 성십자가수도회의 패트릭 페이튼 신부가 여러 번에 걸쳐 전 세계를 다니며 묵주기도를 가족이 함께하는 기도의 중심으로 장려하고 있다.

현대의 가톨릭 신앙에서 묵주기도는 그 빛을 잃어가고 있는 것 같다. 그러나 신앙의 전통에서 이 기도의 굳건한 뿌리는 언젠가 다시 밝게 빛날 것임을 시사하고 있다. 이 특별한 기도와 그 신비에 대한 역사적 뿌리를 올바로 인식함으로서 우리가 다시 새로운 마음을 갖고 가톨릭 신심생활의 중요성과 그 영향을 재발견하도록 도움을 줄 수 있을 것이다.

- 성십자가수도회의 그리블 신부는 「묵주기도의 역사와 신심The History and Devotion of the Rosary」외에 많은 저서를 펴냈다. 패트릭 페이턴 신부님의 생애를 담은 책이 곧 출간될 예정이다.

묵주기도를 바치는 자녀들에게
⋯ 성모님께서 주신 15가지 약속 ⋯

1. 나는 묵주기도를 바치는 모든 이들에게 나의 특별한 보호와 아주 큰 은총을 약속한다.
2. 나에게 묵주기도를 성실히 바치는 모든 이들은, 특별한 은총을 받을 것이다.
3. 묵주기도는 지옥에 대항하는 강력한 무기이며, 악을 쳐부수고, 죄를 없애고, 그리고 이단을 패배시킬 것이다.
4. 묵주기도는 덕과 선행을 풍성케 할 것이며, 영혼들을 위해 하느님의 풍성한 자비를 얻게 할 것이다. 묵주기도는 인간의 마음을 세상에 대한 사랑과 그 허무함으로부터 이끌어 낼 것이며, 그 마음을 영원한 것에 대한 바람으로 들어 올릴 것이다. 오, 그 영혼들은 묵주기도를 통해 성화될 것이다.
5. 묵주기도를 바치며 그 영혼을 나에게 의탁하는 자는 멸망하지 않을 것이다.
6. 매 신비를 묵상하며, 묵주기도를 열심히 바치는 자는 누구든지, 불행에 의해서 결코 정복되지 않을 것이다. 하느님께서는 심판 때에 그를 벌하지 않을 것이며, 그는 갑작스러운 죽음을 당하지 않을 것이다. 죄인들은 회개할 것이고 의인들은 하느님의 은총 안에 머물고 영원한 생명을 얻게 될 것이다.
7. 묵주기도에 대한 참된 신심을 지닌 자는 누구든지, 성교회의 성사

의 은총 없이는 죽지 않을 것이다.
8. 묵주기도를 바치는 데 충실한 자들은 살아 있을 때나 죽을 때에 하느님의 빛과 풍부한 하느님의 은총을 받을 것이다. 죽을 때에 그들은 천국에 있는 성인들의 공로를 나누어 받을 것이다.
9. 나는 묵주기도를 열심히 바쳤던 자들을 연옥에서 즉시 구출할 것이다.
10. 묵주기도에 충실한 자녀들은 하늘나라에서 큰 영광을 받게 될 것이다.
11. 너희가 묵주기도를 통해서 나에게 청하는 것은 모두 얻게 될 것이다.
12. 거룩한 묵주기도를 전파하는 모든 이들은 필요시에 나의 도움을 받게 될 것이다.
13. 묵주기도를 옹호하는 모든 이들은 살아 있을 때나 죽을 때에 천국의 모든 성인들의 중재를 받을 수 있음을 하느님이신 나의 성자로부터 약속을 받았다.
14. 묵주기도를 바치는 모든 이들은 나의 자녀이며, 예수 그리스도의 형제자매이다.
15. 나의 묵주기도에 대한 신심은 바로 구원에 대한 위대한 표시이다.

… 묵주기도를 바치는 방법 …

묵주기도를 바치는 방법은 마치 자전거를 타거나 신발을 신는 것과 비슷하다고 할 수 있습니다. 일단 알고 나면 쉽지만 그 방법을 '설명하기'는 어렵다는 점에서 그렇습니다. 그렇지만 아래 나와 있는 순서와 기도문을 보고 하나하나 따라 하면서 시작해 보는 것이 가장 좋은 방법이라고 생각합니다. 처음부터 완벽하게 하려고 너무 애를 쓰면 분명히 실망하게 될 것입니다. 처음 한두 번은 틀려도 신경 쓰지 말고 순서에 따라 차근차근 해 보는 것이 중요합니다. 처음 자전거를 배워 타게 되면 주변 경치를 즐길 때까지는 시간이 걸리게 마련이니까요.

자, 이제 묵주기도를 시작합니다. 어렵게 생각하지 마세요. 묵주가 없어도 괜찮습니다. 수를 셀 수 있는 도구로 열 손가락이면 되고 동전 열 개가 있어도 됩니다.

1단계 – 십자성호를 그으며 성호경을 바칩니다.

오른쪽 손을 들어 이마에 대며 "성부와" 손을 가슴 한가운데 대며 "성자와" 손을 왼쪽 어깨에 대고 다시 오른쪽 어깨로 옮기며 "성령의 이름으로. 아멘." 하면 됩니다.

2단계 – 시작 기도로 사도신경을 바칩니다.

묵주가 있다면 묵주의 십자가를 손에 들고 바치면 됩니다.

사도신경

전능하신 천주 성부

천지의 창조주를 저는 믿나이다.

그 외아들 우리 주 예수 그리스도님

(밑줄 부분에서 고개를 깊이 숙인다.)

<u>성령으로 인하여 동정 마리아께 잉태되어 나시고</u>

본시오 빌라도 통치 아래서 고난을 받으시고

십자가에 못 박혀 돌아가시고 묻히셨으며

저승에 가시어 사흗날에 죽은 이들 가운데서 부활하시고

하늘에 올라 전능하신 천주 성부 오른편에 앉으시며

그리로부터 산 이와 죽은 이를 심판하러 오시리라 믿나이다.

성령을 믿으며

거룩하고 보편된 교회와 모든 성인의 통공을 믿으며

죄의 용서와 육신의 부활을 믿으며

영원한 삶을 믿나이다.

아멘.

3단계 - 주님의 기도를 바칩니다.
묵주의 십자가 다음 첫 묵주알을 잡고 바칩니다.

주님의 기도

하늘에 계신 우리 아버지,

아버지의 이름이 거룩히 빛나시며

아버지의 나라가 오시며

아버지의 뜻이 하늘에서와 같이

땅에서도 이루어지소서!

오늘 저희에게 일용할 양식을 주시고

저희에게 잘못한 이를 저희가 용서하오니

저희 죄를 용서하시고

저희를 유혹에 빠지지 않게 하시고

악에서 구하소서.

아멘.

4단계 – 연이은 세 개의 묵주알을 하나씩 잡고 성모송을 세 번 바칩니다.

성모송

은총이 가득하신 마리아님, 기뻐하소서!

주님께서 함께 계시니 여인 중에 복되시며

태중의 아들 예수님 또한 복되시나이다.

천주의 성모 마리아님,

이제와 저희 죽을 때에

저희 죄인을 위하여 빌어 주소서.

아멘.

5단계 – 다섯 번째 묵주알을 잡고 영광송을 바칩니다.

영광송

(밑줄 부분에서 고개를 숙이며)

영광이 성부와 성자와 성령께

처음과 같이

이제와 항상 영원히.

아멘.

잘 했습니다! 여러분은 묵주기도 첫 부분을 바쳤습니다. 나머지 부분도 위 세 가지 기도문, 즉 '주님의 기도, 성모송, 영광송'으로 바치면 됩니다. 묵주기도에서 더 알아야 할 새로운 기도문은 없습니다. 여기까지 배운 다음에는 자전거를 탈 때와 마찬가지로 묵주기도를 바치는 방법은 생각할 필요 없이 곧 익숙하게 기도할 수 있을 것입니다!

묵주기도를 바치게 되면 바칠 때마다 매번 다르다는 것을 알게 됩니다. 마치 산책을 하는 것처럼 언제나 같은 길을 걷는데도 여러분 앞에 항상 새로운 것이 보입니다. 묵주기도에는 각각의 신비에 따라 다섯 가지 단순한 묵상이 있습니다. 복잡하다고 생각할 필요는 없습니다. 생각을 단순하게 하고 성령께서 새로운 영적 체험의 길로 이끌어 주시도록 맡기면 됩니다. 눈송이가 전부 다른 모양이듯이 묵주기도의 신비를 묵상할 때마다 수없이 다른 느낌을 갖게 됩니다. 묵주기도를 몇 번 바치게 되면 새로운 시각을 갖도록 해 주는 책이나 작은 책자에서 보았던 누군가를 떠올리면서 묵상을 하고 싶어질 것입니다. 그렇지만 생각을 단순하게 모으는 것이 기도를 잘 바치는 길이며 힘 있는 기도가 될 것입니다.

묵주기도의 신비에는 네 가지가 있습니다. 각 신비는 예수님과 성모님의 일생을 아주 특별한 방법으로 묵상하도록 해 줍니다.

> 환희의 신비 – 성가족의 일생 – 예수님께서 태어나시고 성장하심
> 빛의 신비 – 예수님의 공생활 – 예수님의 설교와 기적
> 고통의 신비 – 예수님께서 우리를 위해 돌아가심
> 영광의 신비 – 예수님께서 우리를 위해 하늘나라를 열어 주심

언제, 어디서, 어떻게 묵주기도를 바치는가는 여러분에게 달려 있습니다. 여러분이 기도할 때는 여러분이 하느님과 함께하는 특별한 시간입니다. 많은 사람들이 매일 다른 신비를 묵상하며 기도합니다. 요한 바오로 2세 교황께서는 요일 분배를 이렇게 제안하셨습니다.

> 환희의 신비 – 월요일과 토요일
> 고통의 신비 – 화요일과 금요일
> 빛의 신비 – 목요일
> 영광의 신비 – 수요일과 주일

각 신비는 복음서에 따라 다섯 개의 장으로 이루어져 있습니다. 환희의 신비를 시작하면 이런 순서로 하게 됩니다.

1. 환희의 신비 1단
　마리아께서 예수님을 잉태하심을 묵상합시다.
　'주님의 기도' 한 번

'성모송' 열 번

'영광송' 한 번

2. **환희의 신비 2단**

    마리아께서 엘리사벳을 찾아보심을 묵상합시다.

    '주님의 기도' 한 번

    '성모송' 열 번

    '영광송' 한 번

3. **환희의 신비 3단**

    마리아께서 예수님을 낳으심을 묵상합시다.

    '주님의 기도' 한 번

    '성모송' 열 번

    '영광송' 한 번

4. **환희의 신비 4단**

    마리아께서 예수님을 성전에 바치심을 묵상합시다.

    '주님의 기도' 한 번

    '성모송' 열 번

    '영광송' 한 번

5. **환희의 신비 5단**

    마리아께서 잃으셨던 예수님을 성전에서 찾으심을 묵상합시다.

'주님의 기도' 한 번

'성모송' 열 번

'영광송' 한 번

묵주기도를 성모 찬송으로 마치고 싶을 수도 있을 것입니다.

성모 찬송

○ 모후이시며 사랑이 넘친 어머니,

　우리의 생명, 기쁨, 희망이시여,

● 당신 우러러 하와의 그 자손들이

　눈물을 흘리며 부르짖나이다.

　슬픔의 골짜기에서.

○ 우리들의 보호자 성모님,

　불쌍한 저희를

　인자로운 눈으로 굽어보소서.

● 귀양살이 끝날 때에

　당신의 아들 우리 즈 예수님 뵙게 하소서.

　너그러우시고, 자애로우시며

　오! 아름다우신 동정 마리아 님.

○ 천주의 성모님, 저희를 위하여 빌어 주시어

● 그리스도께서 약속하신 영원한 생명을 얻게 하소서.

✚ 기도합시다

하느님, 외아드님이

삶과 죽음과 부활로써

저희에게 영원한 구원을 마련해 주셨나이다.

복되신 동정 마리아와 함께 이 신비를 묵상하며

묵주기도를 바치오니

저희가 그 가르침을 따라

영원한 생명을 얻게 하소서.

우리 주 그리스도를 통하여 비나이다.

◉ 아멘.

마지막으로 십자성호를 그으며 "성부와 성자와 성령의 이름으로. 아멘." 하고 성호경을 바치면 묵주기도를 마치는 것입니다.

··· 묵주기도의 묵상 ···

묵주기도는 우리가 입술로 하느님을 찬미하고 우리 마음으로 그분께 가까이 다가가고자 하는 기도를 묵상적으로 표현하는 것입니다. 「가톨릭 교리서」는 그것을 이렇게 말합니다.

"묵상에는 사고력, 상상력, 감정과 의욕이 모두 동원된다. 이러한 동원은 신앙의 확신을 심화하고, 마음의 회개를 불러일으키며, 그리스도를 따르고자 하는 의지를 강화하기 위하여 필요하다. 기도하는 그리스도인은 ··· 그리스도의 신비를 묵상하는 데에 더 마음을 쏟다."

묵주기도에서 우리는 네 가지 신비를 묵상합니다. 환희의 신비, 빛의 신비, 고통의 신비, 영광의 신비가 그것인데, 각 신비는 5단으로 이루어져 있고, 시작 기도와 함께 이것으로 한 꿰미의 묵주를 바치게 됩니다.

각 단은 시작 기도인 '주님의 기도, 성모송, 영광송'을 각각 한 번, 열 번, 한 번 합니다. '주님의 기도'를 시작으로 각 단을 바칠 때 그 신비를 생각하며 보고 듣고 느끼게 됩니다. 열 번의 '성모송'을 바칠 때는 여러분 앞에 그 이야기가 펼쳐져서 그리스도께서 우리를 위해 활동하시는 것을 알게 됩니다. 각 신비를 설명하는 구절을 읽으면서 여러분의 마음이 새로워지고 중요한 부분에 집중하면서 새로운 시각을 얻게 됩니다. 한 번의 '영광송'으로 각 신비를 끝내는 것은 하느님께 감사를 표하는 것입니다.

시작 기도

성호경

(십자성호를 그으며) 성부와 성자와 성령의 이름으로. 아멘.

사도신경

전능하신 천주 성부

천지의 창조주를 저는 믿나이다.

그 외아들 우리 주 예수 그리스도님

(밑줄 부분에서 고개를 깊이 숙인다.)

<u>성령으로 인하여 동정 마리아께 잉태되어 나시고</u>

본시오 빌라도 통치 아래서 고난을 받으시고

십자가에 못 박혀 돌아가시고 묻히셨으며

저승에 가시어 사흗날에 죽은 이들 가운데서 부활하시고

하늘에 올라 전능하신 천주 성부 오른편에 앉으시며

그리로부터 산 이와 죽은 이를 심판하러 오시리라 믿나이다.

성령을 믿으며

거룩하고 보편된 교회와 모든 성인의 통공을 믿으며

죄의 용서와 육신의 부활을 믿으며

영원한 삶을 믿나이다.

아멘.

주님의 기도

하늘에 계신 우리 아버지,

아버지의 이름이 거룩히 빛나시며

아버지의 나라가 오시며

아버지의 뜻이 하늘에서와 같이

땅에서도 이루어지소서!

오늘 저희에게 일용할 양식을 주시고

저희에게 잘못한 이를 저희가 용서하오니

저희 죄를 용서하시고

저희를 유혹에 빠지지 않게 하시고

악에서 구하소서.

아멘.

성모송

은총이 가득하신 마리아님, 기뻐하소서!

주님께서 함께 계시니 여인 중에 복되시며

태중의 아들 예수님 또한 복되시나이다.

천주의 성모 마리아님,

이제와 저희 죽을 때에

저희 죄인을 위하여 빌어 주소서.

아멘.

영광송

(밑줄 부분에서 고개를 숙이며)

영광이 성부와 성자와 성령께

처음과 같이

이제와 항상 영원히.

아멘.

환희의 신비

1. 마리아께서 예수님을 잉태하심을 묵상합시다.

루카 복음서 1장 26-38절

35절 : 천사가 마리아에게 대답하였다. "성령께서 너에게 내려오시고 지극히 높으신 분의 힘이 너를 덮을 것이다. 그러므로 태어날 아기는 거룩하신 분, 하느님의 아드님이라고 불릴 것이다."

2. 마리아께서 엘리사벳을 찾아보심을 묵상합시다.

루카 복음서 1장 39-56절

41-43절 : 엘리사벳이 마리아의 인사말을 들을 때 그의 태 안에서 아기가 뛰놀았다. 엘리사벳은 성령으로 가득 차 큰 소리로 외쳤다. "당신은 여인들 가운데에서 가장 복되시며 당신 태중의 아기도 복되십니다. 내 주님의 어머니께서 저에게 오시다니 어찌 된 일입니까?"

3. 마리아께서 예수님을 낳으심을 묵상합시다.

루카 복음서 2장 1-20절

7절 : 첫아들을 낳았다. 그들은 아기를 포대기에 싸서 구유에 뉘었다. 여관에는 그들이 들어갈 자리가 없었던 것이다.

4. 마리아께서 예수님을 성전에 바치심을 묵상합시다.

루카 복음서 2장 21-38절

28-32절 : (시메온)그는 아기를 두 팔에 받아 안고 이렇게 하느님을 찬미하였다. "주님, 이제야 말씀하신 대로 당신 종을 평화로이 떠나게 해 주셨습니다. 제 눈이 당신의 구원을 본 것입니다. 이는 당신께서 모든 민족들 앞에서 마련하신 것으로 다른 민족들에게는 계시의 빛이며 당신 백성 이스라엘에게는 영광입니다."

5. 마리아께서 잃으셨던 예수님을 성전에서 찾으심을 묵상합시다.

루카 복음서 2장 41-52절

44-47절 : 친척들과 친지들 사이에서 찾아보았지만, 찾아내지 못하였다. 그래서 예루살렘으로 돌아가 그를 찾아다녔다. 사흘 뒤에야 성전에서 그를 찾아냈는데, 그는 율법 교사들 가운데에 앉아 그들의 말을 듣기도 하고 그들에게 묻기도 하고 있었다. 그의 말을 듣는 이들은 모두 그의 슬기로운 답변에 경탄하였다.

(마침 기도)

빛의 신비

2002년 10월 16일, 교황 요한 바오로 2세 성하께서 발표하신 교황 교서 「동정 마리아의 묵주기도Rosarium Virginis Mariae」의 원문 인용.

1. 예수님께서 세례 받으심을 묵상합시다.

요르단 강에서 받으신 세례는 무엇보다도 빛의 신비입니다. 여기에서 죄를 모르시지만 우리를 위하여 "죄 있는" 분이 되신(2코린 5,21 참조) 그리스도께서 물속으로 걸어 들어가실 때, 하늘이 열리고 그분을 당신의 사랑하는 아들로 선언하시는 하느님의 목소리가 들려오는 한편(마태 3,17과 다른 복음서들의 병행 구절), 성령께서 그분 위에 내려오시어 그분께 영원한 임무를 부여하십니다.

2. 예수님께서 카나에서 첫 기적을 행하심을 묵상합시다.

카나에서 행하신 첫 기적이 빛의 신비입니다(요한 2,1-12 참조). 첫 신자인 성모님의 전구로, 그리스도께서는 물을 포도주로 변화시키시고 제자들의 마음을 신앙으로 열어 주십니다.

3. 예수님께서 하느님 나라를 선포하심을 묵상합시다.

또한 예수님의 선포 자체가 빛의 신비입니다. 예수님께서는 하느님의 나라가 다가왔다고 알리시고 회개를 촉구하시며(마르 1,15) 겸손한 믿음으로 당신께 다가오는 모든 사람의 죄를 용서해 주십니다(마르 2,3-13; 루카 7,47-48 참조). 이렇게 시작하신 자비 활동을 그리스도께서는 특히 당신 교회에 맡기신 고해성사를 통하여(요한 20,22-23 참조) 세상 끝 날 때까지 계속하여 수행하십니다.

4. 예수님께서 거룩하게 변모하심을 묵상합시다.

가장 뛰어난 빛의 신비는 전통적으로 타보르 산에서 있었다고 여겨지는 변모입니다. 그리스도의 얼굴에 하느님의 영광이 빛나고, 하느님께서는 놀란 제자들에게 "그의 말을 들어라."(루카 9,35와 다른 복음서들의 병행 구절) 하시며 성령으로 변모된 삶과 부활의 기쁨을 그리스도와 함께 나누려면 그리스도와 함께 수난의 고통을 겪을 준비를 하라고 명령하십니다.

5. 예수님께서 성체성사를 세우심을 묵상합시다.

마지막 빛의 신비는 성체성사의 제정입니다. 그리스도께서는 빵과 포도주의 형상으로 당신의 몸과 피를 음식으로 내어 주시며, 인류 구원을 위하여 이제 곧 당신 자신을 희생 제물로 바치실 "극진한"(요한 13,1 참조) 인간 사랑을 보여 주십니다.

(마침 기도)

고통의 신비

1. 예수님께서 우리를 위하여 피땀 흘리심을 묵상합시다.

루카 복음서 22장 39-46절

41-42절과 44절 : 그리고 나서 돌을 던지면 닿을 만한 곳에 혼자 가시어 무릎을 꿇고 기도하셨다. "아버지, 아버지께서 원하시면 이 잔을 저

에게서 거두어 주십시오. 그러나 제 뜻이 아니라 아버지의 뜻이 이루어지게 하십시오." … 예수님께서 고뇌에 싸여 더욱 간절히 기도하시니, 땀이 핏방울처럼 되어 땅에 떨어졌다.

2. 예수님께서 우리를 위하여 매 맞으심을 묵상합시다.

마태오 복음서 27장 15-26절

26절 : 그래서 빌라도는 바라빠를 풀어 주고 예수님을 채찍질하게 한 다음 십자가에 못 박으라고 넘겨주었다.

3. 예수님께서 우리를 위하여 가시관 쓰심을 묵상합시다.

마태오 복음서 27장 27-31절

29-30절 : 그리고 가시나무로 관을 엮어 그분 머리에 씌우고 오른손에 갈대를 들리고서는, 그분 앞에 무릎을 꿇고 "유다인들의 임금님, 만세!" 하며 조롱하였다. 또 그분께 침을 뱉고 갈대를 빼앗아 그분의 머리를 때렸다.

4. 예수님께서 우리를 위하여 십자가 지심을 묵상합시다.

요한 복음서 19장 16-17절

16-17절 : 그리하여 빌라도는 예수님을 십자가에 못 박으라고 그들에게 넘겨주었다. 그들은 예수님을 넘겨받았다. 예수님께서는 몸소 십자가를 지시고 '해골 터'라는 곳으로 나가셨다. 그곳은 히브리말로 골고타라고 한다.

5. 예수님께서 우리를 위하여 십자가에 못 박혀 돌아가심을 묵상합시다.

루카 복음서 23장 33-49절

44-46절 : 낮 열두 시쯤 되자 어둠이 온 땅에 덮여 오후 세 시까지 계속되었다. 해가 어두워진 것이다. 그때에 성전 휘장 한가운데가 두 갈래로 찢어졌다. 그리고 예수님께서 큰 소리로 외치셨다. "아버지, '제 영을 아버지 손에 맡깁니다.'" 이 말씀을 하시고 숨을 거두셨다.

(마침 기도)

영광의 신비

1. 예수님께서 부활하심을 묵상합시다.

루카 복음서 24장 1-12절

5-7절 : 여자들이 두려워 얼굴을 땅으로 숙이자 두 남자가 그들에게 말하였다. "어찌하여 살아 계신 분을 죽은 이들 가운데에서 찾고 있느냐? 그분께서는 여기에 계시지 않는다. 되살아나셨다. 그분께서 갈릴래아에 계실 때에 너희에게 무엇이라고 말씀하셨는지 기억해 보아라. 사람의 아들은 죄인들의 손에 넘겨져 십자가에 못 박히셨다가 사흘 만에 다시 살아나셔야 한다고 말씀하셨다."

2. 예수님께서 승천하심을 묵상합시다.

사도행전 1장 6-12절

9-11절 : 예수님께서는 이렇게 이르신 다음 그들이 보는 앞에서 하늘

로 오르셨는데, 구름에 감싸여 그들의 시야에서 사라지셨다. 예수님께서 올라가시는 동안 그들이 하늘을 유심히 바라보는데, 갑자기 흰 옷을 입은 두 사람이 그들 곁에 서서, 이렇게 말하였다. "갈릴래아 사람들아, 왜 하늘을 쳐다보며 서 있느냐? 너희를 떠나 승천하신 저 예수님께서는, 너희가 보는 앞에서 하늘로 올라가신 모습 그대로 다시 오실 것이다."

3. 예수님께서 성령을 보내심을 묵상합시다.

사도행전 2장 1-13절

2-4절 : 그런데 갑자기 하늘에서 거센 바람이 부는 듯한 소리가 나더니, 그들이 앉아 있는 온 집 안을 가득 채웠다. 그리고 불꽃 모양의 혀들이 나타나 갈라지면서 각 사람 위에 내려앉았다. 그러자 그들은 모두 성령으로 가득 차, 성령께서 표현의 능력을 주시는 대로 다른 언어들로 말하기 시작하였다.

4. 예수님께서 마리아를 하늘에 불러올리심을 묵상합시다.

가톨릭교회 교리서 974항 : 지극히 거룩한 동정 마리아는 지상 생활을 마치고 영혼과 육신이 천상 영광으로 들어 올려졌으며, 그곳에서 이미 당신 아드님의 부활의 영광에 참여하여, 아드님의 신비체에 딸린 모든 지체들의 부활을 앞당겨 누렸다.

5. 예수님께서 마리아께 천상 모후의 관을 씌우심을 묵상합시다.

요한 묵시록 12장 1절

1절 : 그리고 하늘에 큰 표징이 나타났습니다. 태양을 입고 발 밑에 달을 두고 머리에 열두 거 별로 된 관을 쓴 여인이 나타난 것입니다.

마침 기도

성모 찬송

◯ 모후이시며 사랑이 넘친 어머니,
　우리의 생명, 기쁨, 희망이시여.
● 당신 우러러 하와의 그 자손들이
　눈물을 흘리며 부르짖나이다.
　슬픔의 골짜기에서.
◯ 우리들의 보호자 성모님,
　불쌍한 저희를
　인자로운 눈으로 굽어보소서.
● 귀양살이 끝날 때에
　당신의 아들 우리 주 예수님 뵙게 하소서.
　너그러우시고, 자애로우시며
　오! 아름다우신 동정 마리아 님.
◯ 천주의 성모님, 저희를 위하여 빌어 주시어
● 그리스도께서 약속하신 영원한 생명을 얻게 하소서.

＋ 기도합시다
　하느님, 외아드님이

삶과 죽음과 부활로써

저희에게 영원한 구원을 마련해 주셨나이다.

복되신 동정 마리아와 함께 이 신비를 묵상하며

묵주기도를 바치오니

저희가 그 가르침을 따라

영원한 생명을 얻게 하소서.

우리 주 그리스도를 통하여 비나이다.

◉ 아멘.

(십자성호를 그으며)

성부와 성자와 성령의 이름으로.

아멘.

www.rosaryshop.com에 기고한 세스 머리의 글입니다.